2021年度教育部人文社会科学研究规划基金项目：脱贫村开放治理研究（21YJA810006）

| 光明学术文库 | 法律与社会书系 |

脱贫村开放治理研究
——基于S省Z县的经验研究

李小红 ∣ 著

光明日报出版社

图书在版编目（CIP）数据

脱贫村开放治理研究：基于 S 省 Z 县的经验研究 / 李
小红著 . -- 北京：光明日报出版社，2022.11

ISBN 978-7-5194-6896-5

Ⅰ.①脱… Ⅱ.①李… Ⅲ.①农村—社会管理—研究
—中国 Ⅳ.① C912.82

中国版本图书馆 CIP 数据核字（2022）第 212746 号

脱贫村开放治理研究：基于 S 省 Z 县的经验研究

TUOPINCUN KAIFANG ZHILI YANJIU：JIYU S SHENG Z XIAN DE JINGYAN YANJIU

著　者：李小红			
责任编辑：刘兴华		责任校对：阮书平	
封面设计：中联华文		责任印制：曹　净	

出版发行：光明日报出版社

地　　址：北京市西城区永安路 106 号，100050

电　　话：010-63169890（咨询），010-63131930（邮购）

传　　真：010-63131930

网　　址：http：//book.gmw.cn

E - mail：gmrbcbs@gmw.cn

法律顾问：北京市兰台律师事务所龚柳方律师

印　　刷：三河市华东印刷有限公司

装　　订：三河市华东印刷有限公司

本书如有破损、缺页、装订错误，请与本社联系调换，电话：010-63131930

开　　本：170mm×240mm

字　　数：223 千字　　　　　　印　　张：14.5

版　　次：2023 年 1 月第 1 版　　印　　次：2023 年 1 月第 1 次印刷

书　　号：ISBN 978-7-5194-6896-5

定　　价：89.00 元

序　言

　　脱贫村的开放治理是脱贫村夯实乡村振兴治理基础的重要面向，更是脱贫村积极吸引外部力量和资源参与其振兴进程的重要前提。在脱贫攻坚胜利收官、乡村振兴战略顺利推进以及国家推进基层治理体系和治理能力现代化的背景下，脱贫村治理必然走向开放。

　　2012年年底，党中央强调"小康不小康，关键看老乡，关键在贫困的老乡能不能脱贫"，并庄严承诺小康道路上决不能落下一个贫困地区和一个贫困群众，自此，拉开了新时代中国脱贫攻坚的序幕。2013年11月，习近平总书记在湖南湘西考察时，提出在扶贫工作中要坚持"实事求是、因地制宜、分类指导、精准扶贫"的原则。2014年1月，中共中央办公厅详细制定了精准扶贫工作的顶层设计，推动了"精准扶贫"思想的落地。2015年，党中央召开扶贫开发工作会议，提出脱贫攻坚的总体思路——"六个精准""五个一批"。2015年11月29日，《中共中央国务院关于打赢脱贫攻坚战的决定》发布，要求到2020年农村贫困人口全部实现脱贫。2017年，党的十九大对脱贫攻坚进行了进一步的部署，提出动员全党全国全社会力量，坚持精准扶贫、精准脱贫，坚持中央统筹省负总责市县抓落实的工作机制，强化党政一把手负总责的责任制，重点攻克深度贫困地区的脱贫任务。全国上下同心协力，于2020年年底全面完成脱贫攻坚任务。2021年2月25日，习近平总书记在全国脱贫攻坚总结表彰大会上的讲话中明确指出，我国的脱贫攻坚战取得了全面胜利，现行标准下9899万农村贫困人口全部脱贫，832个贫困县全部摘帽，12.8万个贫困村全部出列，区域性整体贫困得到解决，完成了消除绝对贫困的艰巨任务。

脱贫攻坚期间，由于贫困村社会经济长期的欠发展状态，社会经济发展资源大量外流，导致许多地方陷入了拉格纳·纳克斯（Ragnar Nurkse）的贫困恶性循环"因为穷所以穷"。贫困村发展的长期滞后表明贫困村缺乏自我发展的能力和基础，需要外力强力介入并启动贫困村的发展进程。基于贫困村落后的发展条件和社会主义共同富裕的内在诉求，脱贫攻坚期间形成了以政府为主体并发挥主导作用的精准扶贫模式。脱贫攻坚期间，坚持一把手负责制，中西部22个省党政主要负责同志向中央签署脱贫攻坚责任书，立下"军令状"，各级地方政府依据行政层级依次同上级政府签订脱贫责任书和军令状。全国累计派出25.5万个驻村工作队，300多万名第一书记和驻村干部。中央和地方财政投入扶贫专项资金近1.6万亿元，土地增减挂指标跨省域调剂和省域内流转资金4400多亿元，扶贫小额信贷累计发放7100多亿元，扶贫再贷款累计发放6688亿元，金融精准扶贫贷款发放9.2万亿元，东部9省市共向扶贫协作地区投入财政援助和社会帮扶资金超过1005亿元，东部地区企业赴扶贫协作地区累计投资1万多亿元。

贫困村脱贫摘帽只是贫困村发展的阶段性目标，解决的是贫困群众的基本生产生活需要，即不愁吃、不愁穿，义务教育、基本医疗、住房安全有保障。贫困村脱贫摘帽后的发展早在脱贫攻坚战略实施期间，就已经纳入党和政府的工作议程。2017年10月18日，党的十九大报告提出实施乡村振兴战略。2018年的中央一号文件《中共中央国务院关于实施乡村振兴战略的意见》就打好精准脱贫攻坚战做出进一步的部署，并明确提出做好实施乡村振兴战略与打好精准脱贫攻坚战的有机衔接。2021年4月29日，第十三届全国人民代表大会常务委员会第二十八次会议审议通过了《中华人民共和国乡村振兴促进法》，明确要求各级人民政府应当采取措施增强脱贫地区内生发展能力，建立农村低收入人口、欠发达地区帮扶长效机制，持续推进脱贫地区发展，实现巩固拓展脱贫攻坚成果同乡村振兴的有效衔接。

乡村振兴是脱贫村发展的新阶段，其发展任务和发展条件与贫困村的脱贫攻坚存在重大差异。发展任务方面：乡村振兴的总目标是产业兴旺、生态宜居、乡风文明、治理有效、生活富裕，乡村振兴是要实现农村的全面振兴和人们生活的富裕。贫困村脱贫攻坚要解决的是贫困村群众生产生活的基本需要。2019年6月国务院扶贫开发领导小组会议审议通过的《关于解决"两不愁三保障"突出问题的指导意见》要求,"贫困人口退出的标准是收入稳定超过国家扶贫标准且吃穿不愁,义务教育、基本医疗、住房安全有保障。各地区各部门要坚持这个标准不动摇,既不拔高,也不降低"。贫困村脱贫攻坚和脱贫村乡村振兴的发展条件也存在重大差异,贫困村脱贫攻坚的成果是脱贫村乡村振兴的基础。脱贫村振兴和贫困村脱贫摘帽在发展任务和发展条件方面的变化,使得脱贫村振兴的发展模式、支持力量、优惠政策等都需要做出相应的调整。脱贫村振兴要逐步从脱贫攻坚期间政府主导和主体作用向市场主导和村民主体转型,脱贫村振兴的支持力量也应从脱贫攻坚期间的政府为主、企业和社会组织为辅向以企业和社会组织为主、政府为辅转型。

市场力量和社会力量对脱贫村振兴进程的深度参与,必然导致脱贫村现有利益结构的深刻调整,并引发新的利益矛盾和冲突。市场力量和社会力量为了维护自身利益,必然产生介入脱贫村治理的诉求,通过治理层面的协商共治,调解彼此的利益冲突和矛盾,进而实现经济层面的共赢。目前,在村民自治制度、户籍制度、集体产权制度、既有治理的惯性等诸多因素的综合作用下,脱贫村形成了一个以脱贫村行政区划为地理边界,以户籍和农村集体产权为权利分配边界,以户籍村民为主体、户籍村民的差异化组合为基础的各类组织为依托、以户籍村民的直接参与和少数服从多数为基本形式的封闭治理格局。面对封闭的治理格局,行政力量可以依靠严密的政权组织体系和政治权力体系,强行进入脱贫村治理场域并主导其治理过程,但市场力量和社会力量由于缺乏行政化力量的强制力,其对脱贫村治理的参与则必须基于脱贫村现有治理的开放。

基层治理作为国家治理的重要组成部分和基石,其在国家治理体系和治理能力现代化中发挥着重要的作用。2021年,中共中央 国务院发布了《关于加强基层治理体系和治理能力现代化建设的意见》,提出基层治理体系和治理能力现代化的目标是,以习近平新时代中国特色社会主义思想为指导,力争用五年左右时间,建立起党组织统一领导、政府依法履责、各类组织积极协同、群众广泛参与,自治、法治、德治相结合的基层治理体系,健全常态化管理和应急管理动态衔接的基层治理机制,构建网格化管理、精细化服务、信息化支撑、开放共享的基层管理服务平台；党建引领基层治理机制全面完善，基层政权坚强有力，基层群众自治充满活力，基层公共服务精准高效，党的执政基础更加坚实，基层治理体系和治理能力现代化水平明显提高。在此基础上力争再用 10 年时间，基本实现基层治理体系和治理能力现代化，中国特色基层治理制度优势充分展现。基层治理体系和治理能力现代化也内含着建立开放农村治理的诉求，因此，脱贫村的开放治理也是基层治理体系和治理能力现代化建设的重要方向。

脱贫村开放治理研究主要涉及脱贫村开放治理的理论建构和脱贫村开放治理实现路径探索两方面的内容。现有的相关研究散见于农村治理的文献中，研究内容主要涉及农村多元主体的合作共治、农村治理体制机制的完善和农村党组织开放等，这些研究成果对脱贫村开放治理有积极的借鉴价值，但缺乏以脱贫村开放治理为主题的系统化研究。通过收集整理西方开放社会理论、马克思主义开放思想、中国国家治理理论，并基于贫困村和脱贫村治理经验教训等方面文献以及对 S 省 Z 县脱贫村治理的经验研究，总结凝练脱贫村开放治理的内涵、特征及理论框架，并探索脱贫村开放治理的实现路径。

本研究创新性地提出了脱贫村开放治理是治理主体、治理结构、治理过程和治理方式的有机统一。其中，治理主体是脱贫村开放治理的基础，治理主体的开放体现为治理主体的自为多元。治理主体自为多元的实现路径为：转变脱贫村治理理念，推动政府主导向政府引导转型，优化脱贫村人力资源配置，发展脱贫村开放的治理组织，壮大脱贫村集体经济和推动脱贫村户籍制度改革。治理结构是脱贫村开放治理的结构载体，治理结构的开放体现在治理结构的弹性化。治理结构弹性化的实现路径为：完善脱贫村治权分配标准，强化脱贫村治理中个体的地位，打破脱贫村固化的利益结构和创新脱贫村治理结构。治理过程是脱贫村开放治理的核心，治理过程的开放体现为多元治理主体对治理过程的有效介入。治理过程有效介入的实现路径为：完善脱贫村信息公开机制、强化脱贫村党内民主，优化脱贫村决策机制，推动外部力量参与脱贫村村务监督。治理方式是脱贫村开放治理的工具支撑，治理方式的开放体现在治理方式的现代化。治理方式现代化的实现路径为：完善脱贫村自治，推进脱贫村法治，加速脱贫村德治转型，发展脱贫村智治并积极推进"四治"的有机结合。治理主体自为多元、治理结构弹性化、治理过程有效介入以及治理方式现代化共同推动并实现脱贫村开放治理。

通过对脱贫村开放治理的研究，一方面从理论上厘清开放治理的内涵及核心要素，构建脱贫村开放治理的基本理论框架，拓展中国农村治理的研究视角和研究领域。另一方面基于脱贫村开放治理的理论框架，结合脱贫村治理的实践，从治理主体自为多元、治理结构弹性化、治理过程有效介入和治理方式现代化四个维度探索脱贫村开放治理的实现路径。为从实践层面消除外部市场力量和社会力量参与脱贫村振兴发展的体制机制性障碍、推动外部市场力量和社会力量对脱贫村振兴进程的全面参与、在脱贫村形成内外部力量共治共建共享格局提供政策参考。

李小红

山西农业大学

2022年6月

目　录
CONTENTS

第一章 绪 论

第一节 问题的提出

脱贫村脱胎于贫困村，是脱贫攻坚胜利收官的产物。当前，脱贫村正处在脱贫攻坚和乡村振兴的衔接过渡期，按照国家的整体战略，脱贫攻坚期间的主要帮扶措施在衔接过渡期内整体保持稳定，因此，政府继续向脱贫村派出驻村工作队和第一书记，继续向脱贫村提供资金和项目等的直接支持，政府也在一定程度上主导着脱贫村的发展和治理过程。但随着国家乡村振兴、共同富裕以及基层治理体系和治理能力现代化等重大战略的推进，政府对脱贫村的支持模式、脱贫村的发展模式以及外部支持力量等都必然面临转型，这些都需要脱贫村从治理层面做出回应。

一、研究背景

2020年年底，我国的脱贫攻坚战略取得了全面胜利，12.8万个贫困村全部脱贫摘帽。贫困村脱贫摘帽只是贫困村发展的阶段性目标，贫困村脱贫摘帽后的发展早在脱贫攻坚战略实施期间，就已经纳入党和政府的议事日程。2017年10月，党的十九大报告中提出实施乡村振兴战略。2018年中央一号文件《中共中央国务院关于实施乡村振兴战略的意见》就乡村振兴做出明确的部署，提出做好实施乡村振兴战略与打好精准脱贫攻坚战的有机衔接。 2021年，脱贫攻坚取得全面胜利后的中央一号文件《中共中央国务院关于全面推进乡村振兴加快农业农村现代化的意见》，又明确设立为期五年的脱贫攻坚和乡村振兴的衔接过渡期。2021 年 4 月 29 日，第十三届全国人民代表大会常务委员会又审议通过了《中华人民共和国乡村振兴促进法》(以下简称《乡村振兴促进法》)，明确要求各级人民政府应当采取措施增强脱贫地区内生发展能力，建立长效帮扶机制、动态监测预警机制等巩固脱贫攻坚成果与乡村振兴的有机衔接。贫困村的脱贫攻坚转向脱贫村的乡村振兴，开启了脱贫村发展的新征程。脱贫村振兴的新的发展目标正在推动脱贫村发展模式、支持力量和治理模式的转型。乡村振兴，治理有效是基础，而脱贫攻坚主要解决的是农村的绝对贫困问题，目标是实现贫困群众的"两不愁三保障"，对贫困村的治理并没有投入太多的关注。另外，政府对脱贫攻坚的主导也在一定程度上掩盖了贫困村治理问题，因此，脱贫村振兴亟须夯实其有效治理的基础。

党和政府近些年来一直高度关注农村的治理问题，建立农村多元治理体系，更新农村治理方式，提升农村治理能力。基层治理作为国家治理的基石，是国家治理体系和治理能力现代化的基础工程。为了夯实国家治理的基层基础，推动基层治理现代化，中共中央国务院于 2021 年发布《关于加强基层治理体系和治理能力现代化建设的意见》。该意见明确提出，力争用五年左右时间，建立起党组织统一领导、政府依法履责、各类组织积极协同、群众广泛参与，自治、法治、德治相结合的基层治理体系……构建网格化管理、精细化服务、信息化支撑、开放共享的基层管理服务平台。基层治理体系和治理能力现代化要建设的是一个多元主体共建共治共享的基层治理体系，要实现基层治理的精细化、信息化和开放共享。刚刚脱离绝对贫困的脱贫村，其治理水平相对滞后且治理体系较为封闭，亟须以基层治理体系和治理能力的现代化为契机，推动脱贫村治理走向开放，提高其治理水平和绩效。

二、研究问题

乡村振兴是乡村在经济、政治、生态、社会和文化等方面的全方位发展振兴。脱贫村内生发展和治理能力不足、脱贫攻坚奠定的经济社会发展条件有限，使得脱贫村不可能仅仅依靠自身的力量实现乡村振兴，脱贫村未来发展还需要外部力量的支持和参与。当前脱贫村的外部支持力量以地方党委政府为主，但随着五年衔接过渡期的结束，政府对脱贫村的支持也面临转型，地方党委政府也将从直接帮扶转为通过提供优惠政策间接参与和支持，并且社会主义市场经济的发展实践也一再证明，经济的高质量发展要靠市场和社会主体发挥基础性作用，因此脱贫村的未来发展需要外部市场力量和社会力量的强力支持。

外部市场力量和社会力量参与脱贫村振兴的第一推动力必然是利益。正如马克思所言："人们为之奋斗的一切，都同他们的利益有关。"外部市场主体和社会主体在国家惠农政策的支持下进入脱贫村，参与脱贫村的振兴，必然打破脱贫村原有的利益结构和分配方式，形成新的利益格局和分配方式，也就必然引发相应的利益矛盾和冲突。政治是利益的集中反映，也必然着力实现和维护相应的利益。外来市场主体和社会主体为了更好地维护和实现其参与脱贫村振兴的利益，必然会产生进入脱贫村治理领域的诉求，通过分享脱贫村政治权力，介入脱贫村治理过程，进而通过治理层面的合作共治实现经济社会发展层面的合作共赢。

外部市场力量和社会力量对脱贫村治理直接参与的逻辑不同于政府。政府可以依靠法定的权力体系和政权组织体系，强行进入脱贫村治理场域并主导其治理过程，但市场力量和社会力量由于缺乏行政化力量的强制力，其参与必须基于脱贫村现有治理体系的同意。当前，脱贫村在户籍制度、集体产权制度以及既有治理的惯性等诸多因素的综合作用下，形成了一个以脱贫村行政区划为地理边界，以脱贫村户籍和集体产权为权利分配边界，以户籍村民为主体、户籍村民的差异化组合为基础的各类组织为依托，以户籍村民的直接参与和少数服从多数为基本形式的较为封闭的治理格局。面对脱贫村封闭的治理格局，外来市场主体和社会主体参与脱贫村治理面临一系列的困难。一是由于直接参与渠道的缺乏，一方面使得外来利益主体在与农村原生利益主体发生利益纠葛后，很难通过脱贫村治理体系获得平等保护；另一方面使得外部市场主体和社会主体主要通过地方党委政府等途径间接参与脱贫村的治理过程，弱化了当地民众对外来项目决策和实施过程的有效参与，引发决策和项目落地中的各种障碍。二是脱贫村治理的封闭，无法实现外部市场主体和社会主体对脱贫村振兴的全面参与，更无法激发外部市场主体和社会主体对脱贫村发展振兴的主人翁责任感，反而会进一步强化外部市场主体和社会主体的趋利动机，造成其在脱贫村振兴中的短视效应和谋利动机。

脱贫村发展振兴亟须外部市场力量和社会力量的全面直接参与，并且在脱贫村建设多主体开放共治的新治理格局也是基层治理体系和治理能力现代化的必然要求，因此，脱贫村治理必然走向开放。学术界现有的研究只是涉及脱贫村内生治理主体的培养、脱贫村内部治理机制的优化、多元帮扶体系的建立及互动、脱贫村党组织的开放发展等，其无法有效支撑脱贫村治理的开放和振兴。脱贫村开放治理亟须进行系统深入的研究，既需要从理论层面厘清脱贫村开放治理的内涵、特征及核心要素，建构脱贫村开放治理的理论框架，还需结合脱贫村治理的实践及其面临的新环境和新目标探索其实现的具体路径。

三、研究意义

脱贫村开放治理是脱贫村治理方式的深刻变革，是脱贫村未来可持续发展的治理保障，也是脱贫村治理体系和治理能力现代化的必然要求。脱贫村开放治理的研究将从理论和实践两个层面产生重要意义。

（一）理论意义

脱贫村开放治理研究理论层面的意义主要体现在三方面。一是通过建构脱贫村开放治理理论，丰富和扩展脱贫村乃至农村治理的研究领域，为脱贫村治理模式转型以及外部市场力量和社会力量全方位参与脱贫村发展和治理提供新的理论参考。二是基于脱贫村开放治理的理论框架，从治理主体自为多元、治理结构弹性化、治理过程有效介入和治理方式现代化四个维度探索脱贫村开放治理的实现路径，为脱贫村乃至农村的开放治理提供具体可行的实现路径。三是与西方的"开放社会理论""治理理论"等开展理论对话与交流，在比较分析中建构、发展和完善中国特色的脱贫村开放治理理论，为基层治理体系和治理能力现代化贡献力量。

（二）实践意义

实践层面的意义主要体现在两方面。一是消除外部市场力量和社会力量参与脱贫村振兴进程的体制机制性障碍，推动外部市场力量和社会力量对脱贫村发展进程的全面直接参与，通过内外力量的合作共治实现合作共赢，最终推动脱贫村的全面振兴。二是通过对脱贫村开放治理的研究，以治理层面的开放为突破口推动脱贫村的经济、社会、政治等方面的全面开放。

第二节　文献综述

农村治理是国内外学者研究的热点，但通过对国内外农村治理相关文献的梳理，发现当前的研究鲜有以脱贫村开放治理为主题的相关研究。国外农村治理的研究主要涉及多元治理主体在农村治理中的协同和互动、NGO（Non-Governmental Organization，非政府组织）对农村治理的参与、基层民主参与以及农村治理结构的改革等方面。国内的相关研究也刚刚起步。脱贫村是中国新出现的一类重要的农村类型。2020年年底，中国脱贫攻坚胜利收官，全国12.8万贫困村脱贫摘帽成为脱贫村，脱贫村治理的相关研究得以持续展开，并产生了一些有价值的研究成果。脱贫村开放治理的相关研究主要涉及内生治理能力的培养、多元反贫困治理体系建设、贫困村治理向脱贫村治理转型、农村治理的局部开放等。

一、国外研究综述

农村治理是西方学者较为关注的研究领域。国外的农村治理研究已经发展成为一门横跨经济学、政治学、社会学、心理学、管理学等多学科的综合研究领域。农村治理研究领域主要集中在农村多元主体合作治理、NGO参与农村治理、农村基层民主参与以及农村治理结构创新等方面，其中零散地蕴含农村开放治理的内容。

（一）农村多元主体合作治理研究

农村多元主体合作治理方面的研究主要关注多元行动主体在农村治理中的作用及其互动过程。农村发展涉及政府、村委会、村民、农民专业合作社、企业、金融机构和 NGO 等诸多行动主体，村委会和村民是农村发展的主体力量，NGO 组织是农村环境改善的领导者，农村合作社是农村经济发展的推动者，企业是农村建设和农村发展的加速器。[①] 诺曼和米卡拉（Normann & Mikaela，2012）揭示了地方政府部门和公民团体在农村网络治理实践中的角色及其互动关系。[②] 莫里森等（Morrison，et al.，2012）强调地方政府要制定一个有效的乡村区域发展框架，让政府和企业发挥明确的作用。[③] 麦克唐纳德等（Mcdonald，et al.，2013）强调政府部门、企业、NGO 组织和社区组织之间的正式伙伴关系能够通过微观过程生成沟通网络，并在关键政策参与者之间建立政治资本，提高农村政策制定的效率。[④] 陆和雅各布斯（Lu & Jacobs，2013）研究了美国农业部资源保护与发展计划中的政府、私营企业、个人和利益集团的联盟，其将地方利益、专业知识和政府政策结合起来，在服务供给、问题解决和经济发展方面提供支持。[⑤] 乌莉比娜（Ulybina，2014）通过国家、私营部门和 NGO 之间的互动和合作治理来研究俄罗斯森林的"非国家"治理。[⑥] 本杰斯提格和塞德斯德姆（Bjarstig & Sandstrom，2017）

① WANG X, WANG X, WU J W. Social network analysis of actors in rural development: a case study of Yan–he village, Hubei Province, China [J].Growth and change, 2017, 48（4）: 869–882.

② NORMANN R, MIKAELA V. Municipalities as governance network actors in rural communities [J]. European planning studies, 2012, 20（6）: 941–960.

③ MORRISON T, WILSON C, BELL M. The role of private corporations in regional planning and development: opportunities and challenges for the governance of housing and land use [J]. Journal of rural studies, 2012, 28（10）: 478–489.

④ MCDONALD C, KIRK B, Frost L, et al. Partnerships and integrated responses to rural decline: the role of collective efficacy and political capital in northwest Tasmania, Australia [J]. Journal of rural studies, 2013, 32（5）: 346–356.

⑤ LU M, JACOBS J. Rural regional governance in the United States: the case of the resource conservation and development program [J]. Geographical review, 2013, 103（1）: 80–99.

⑥ ULYBINA O. Interaction, cooperation and governance in the Russian Forest Sector [J]. Journal of rural studies, 2014, 34（4）: 246–253.

强调公私伙伴关系（PPP）是农村可持续发展的重要解决方案。① 威尔森等
（Wilson, et al., 2017）强调了在农村和偏远社区，资源公司有潜力发挥元治
理（meta governance）作用。② 库普曼斯等（Koopmans, et al., 2018）提出了
支持乡村多元治理的六个关键性条件：非正式网络的角色（the role of informal
networks）、有效的协调（effective coordination）、多中心（polycentricity）、自
下而上的倡议（bottom-up initiatives）、代理（agency）、信任和透明度（trust
and transparency）。非正式网络可以在平衡不同利益和加强长期合作方面发挥
重要作用；多方参与过程的良好管理能够使参与农村发展的多方主体围绕农
村利益确定长远目标并展开长期合作；政府正越来越多地扮演"授权政府"
的角色，通过整合不同的项目和协调更广泛的农业农村发展目标，进而更好
地响应农村行动者的要求。③ 莫瑞尔（Morell, 2019）揭示了公私伙伴关系在
扶贫治理中的运行策略：强制性策略、偶尔合作的策略和深思熟虑的策略。④
陈曦和刘敬平（Chen & Liu, 2021）强调了村委会主任与政府及村民之间的正
式和非正式联系，认为村干部有强烈的动机充当双重代理人，可以使政策执
行更加灵活。⑤ 欧姆多等（Olmedo, et al., 2021）揭示农村社会企业的"场所
嵌入性"治理，强调农村社会企业对农村治理领域和过程的嵌入。⑥

① BJARSTIG T, SANDSTROM C. Public-private partnerships in a Swedish rural context: a
policy tool for the authorities to achieve sustainable rural development? ［J］. Journal of rural
studies, 2017, 49（1）: 58-68.

② WILSON C. MORRISON T, EVERINGHAM J. Linking the "meta-governance" imperative to
regional governance in resource communities ［J］. Journal of rural studies, 2017, 50（2）:
188-197.

③ KOOPMANS M, ROGGE E, METTEPENNINGEN E, et al. The role of multi-actor
governance in aligning farm modernization and sustainable rural development ［J］. Journal of
rural studies, 2018, 59（4）: 252-262.

④ MORELL A. The role of public private partnership in the governance of racialised poverty in a
marginalised rural municipality in Hungary ［J］.Sociologia Ruralis, 2019, 59（3）: 494-
516.

⑤ CHEN X, LIU J. Village leaders, dual brokerage and political order in rural China ［J］. The
China quarterly, 2021, 247（9）: 662-680.

⑥ OLMEDO L, VAN TWUIJVER M, O'SHAUGHNESSY M. Rurality as context for innovative
responses to social challenges—the role of rural social enterprises ［J］. Journal of rural
studies, 2021.

（二）NGO 参与农村治理研究

NGO 参与农村治理方面的研究主要强调 NGO 的参与对农村治理的重要性以及 NGO 参与农村治理机制的完善等。奥罗拉·乔恩森（Arora-Jonsson，2017）强调志愿协会是乡村政策和治理的核心，是实现"自下而上发展"的合作伙伴。[①] 王静培等（Wang, et al., 2017）揭示了澳大利亚"通过社区代表进行治理"的农村社区治理模式。[②] 刘清等（Liu, et al., 2018）研究发现，NGO 开展的项目与当地农民的实际需求之间存在三类冲突：一是 NGO 往往关注农村的长远发展而忽视了农民短期的、最为迫切的需求；二是 NGO 通常将项目的开展与既有政府政策（如社会主义新农村建设）相结合，却与农民的现实考量相冲突；三是 NGO 提倡通过发展集体经济以促进农村地区的共同富裕，却忽略了集体经济在农村的失败经历和农民发展私有经济的诉求。[③] 库姆普雷宁和索爱尼（Kumpulainen & Soini, 2019）认为，通过乡村协会的社区发展实践能够推动农村地区文化和社会网络的发展。[④] 科瓦特悠科和柯蒂斯（Kvartiuk & Curtiss, 2019）认为，地方财政支持对于农村社会组织存续非常重要。[⑤] 林宏（Lin, 2018）以《中华人民共和国环境保护法》修改过程为例，分析了 NGO 参与环境治理的主体合法性、参与方式的法治化和参与结果的有效性。[⑥] 邓艳华和欧博文（Deng & O'Brien, 2021）基于 P 村的案例研究发现，

① AROLA-JONSSON S. The realm of freedom in new rural governance: micro-politics of democracy in Sweden [J]. Geoforum, 2017, 79（2）: 58-69.

② WANG J, HOCHMAN Z, TAYLOR B, et al. Governing through representatives of the community: a case study on farmer organizations in rural Australia [J]. Journal of rural studies, 2017, 53（7）: 68-77.

③ LIU Q, WANG R, DANG, H. The hidden gaps in rural development: examining peasant-NGO relations through a post-earthquake recovery project in Sichuan, China [J]. The China quarterly, 2018, 233（1）: 43-63.

④ KUMPULAINEN K, SOINI K. How do community development activities affect the construction of rural places? A Case study from Finland [J]. Sociologia ruralis, 2019, 59（2）: 294-313.

⑤ KVARTIUK V, CURTISS J. Participatory rural development without participation: insights from Ukraine [J]. Journal of rural studies, 2019, 69（7）: 76-86.

⑥ LIN H. Constructing legitimacy: how do Chinese NGOs become legitimate participants in environmental governance? The case of Environmental Protection Law Revision [J]. The journal of Chinese sociology, 2018, 5（1）: 1-19.

中国农村 NGO 的成功运作必须基于其服务对象和与之合作的政府的信任。[①] 王宇和刘清（Wang & Liu, 2021）探讨了 NGO 和农村社区如何通过村干部进行互动，发现村干部在 NGO 组织项目的运作方面具有相当大的影响力。[②]

（三）农村基层民主参与研究

农村基层民主参与方面的研究关注基层参与式治理的性质、村民参与的价值以及村民参与农村治理方式等。艾沃索尔舒（Eversole, 2011）认为，参与式治理不是一个具有多个参与者的单一过程，而是不同治理方式的并置，使政府和基层社区以新的方式合作成为可能。[③] 穆勒等（Muller, et al., 2020）通过对欧盟国家基层"参与式治理"的研究，强调"参与"作为一种社会实践，首先必须以一种符合绩效的方式实现和定义，并在特定的物理空间环境中协商和合法化。[④] 杨云贞（Yang, 2018）基于韩国两个乡村的案例研究发现，村庄可持续发展出现差异的原因主要在于参与的不同性质和村庄治理的不同类型，"有机"参与的"自我动员"型基层社区发展是韩国新村运动长期成功的真正动力。[⑤] 谭明娇等（Tan, et al., 2019）强调了村规民约在乡村振兴过程中的积极作用。[⑥] 中国农村的民主参与能够成为整个国家的稳定器，填

① DENG Y, O'BRIEN K. Value clashes, power competition and community trust: why an NGO's earthquake recovery program faltered in rural China [J]. The journal of peasant studies, 2021, 48 (6): 1187-1206.

② WANG R, LIU Q. Probing NGO-community interactions through village cadres and principal-agent relationships: local effects on the operation of NGO projects in rural China [J]. Journal of contemporary China, 2021, 31 (135): 1-14.

③ EVERSOLE R. Community agency and community engagement: re-theorising participation in governance [J]. Journal of public policy, 2011, 31 (1): 51-71.

④ MULLER O, SUTTER O, WOHLGEMUTH S. Learning to LEADER: ritualised performances of "participation" in local arenas of participatory rural governance [J].Sociologia ruralis, 2020, 60 (1): 222-242.

⑤ YANG Y. Community participation for sustainable rural development: revisiting South Korean rural modernization of the 1970s [J]. Community development journal, 2018, 53 (1): 61-77.

⑥ TAN M, YAN X, FENG W. The mechanism and empirical study of village rules in rural revitalization and ecological governance [J]. Revista de cercetare si Interventie Sociala, 2019, 64 (3): 276-299.

补自上而下的政府检查可能存在的漏洞。[①]中国农村自上而下和自下而上两个正式制度之间的互动存在互补性、替代性、适应性和竞争性四种类型，其对中国社会的稳定和发展都有积极的作用。[②]乌拜尔斯等（Ubles, et al., 2019）运用库伊曼的治理理论研究荷兰小村庄自治能力的发展。研究认为，自治能力是一个动态变化的过程，其随着时间的变化而变化。公共权威的参与程度、公共资金的可用性以及公民对这种支持的依赖，可以对此类变化产生决定性影响。然而，自治的连续性是脆弱的，这不仅是因为它依赖公共资金，也源于对公民自愿参与以及社会和文化资本方面的社区资源的依赖。[③]格莫索尔（Gomersall, 2020）揭示了治理过程中权力影响的决定性作用，而村民则利用多重的政治和经济资源重新定位自己，并挑战界定统治者和被统治者之间关系的各种规范。[④]科塞克和万特切肯（Kosec & Wantchekon, 2020）强调利用信息技术改善农村地区的治理和公共服务。[⑤]卡勒特等（Kallert, et al., 2021）通过对德国汉森农村不平衡发展的案例分析提出，基层政府提供充足的资金和推动民主参与是实现农村发展的必要条件。[⑥]

（四）农村治理结构创新研究

农村治理结构创新研究强调农村社会治理结构的创新性、适应性和结构弹性对农村可持续发展的积极影响。莫里森（Morrison, 2014）通过对美国中西部和澳大利亚东北部两个农村地区的案例研究，提出了影响区域有效治

① XI J, WEN F. Sustainable rural governance: how rural elections in China lead to long-term social stability? [J]. Sustainability, 2019, 11 (22): 1–13.

② WANG Y. Institutional interaction and decision making in China's rural development [J]. Journal of rural studies, 2020, 76 (5): 111–119.

③ UBLES H, BOCK B, HAARTSEN T. The dynamics of self-governance capacity: the Dutch rural civic Initiative "Project Ulrum 2034" [J]. Sociologia ruralis, 2019, 59 (4): 763–788.

④ GOMERSALL K. Imposition to agonism: voluntary poverty alleviation resettlement in rural China [J]. Political geography, 2020, 82 (10): 102250.

⑤ KOSEC K, WANTCHEKON L. Can information improve rural governance and service delivery? [J]. World development, 2020, 125 (1): 104376.

⑥ KALLERT A, BELINA B, MIESSNER M, et al. The cultural political economy of rural governance: regional development in Hesse (Germany) [J]. Journal of rural studies, 2021, 87 (10): 327–337.

理的四个要素，即区域网络的参与度（engagement in regional networks），治理方式组合的多元化和协同效应（diversity and synergies across the instrument mix），治理方式设计的刚性与适用性（robustness and adaptability in instrument design），更广泛的财政、行政与民主支持（broader fiscal, administrative and democratic support）。其中，区域网络的参与度和更广泛的财政、行政与民主支持对农村社区的有效治理更加重要。[①]库珀和韦尔勒（Cooper & Wheeler, 2015）强调桥接能力对增强基层社区治理系统适应性至关重要。[②]艾姆派欧和文克雷（Imperiale & Vanclay 2016）认为，农村的可持续发展需要建立拥抱变革的多样化和多层次的行为主体治理结构。[③]宏姆格韧等（Holmgren, et al., 2017）分析了瑞典农村的新治理安排，即权力共享、促进互动和责任向下。[④]科尼考尔等（Knickel, et al., 2018）基于14个案例分析了推动农村治理系统变革的影响因素，即建设变革能力、支持共同学习、对传统智慧和方法进行批判性的反思、对主流之外的思想和实践持开放态度。[⑤]卡斯特罗阿克等（Castro-Arce et al., 2019）揭示了乡村社会治理体系的创新需要具备以下条件：不同行为主体的参与；多元化的价值观、兴趣、视角和管理方法；有效地调和冲突。[⑥]乔治格瑞斯和巴拉尔（Georgios & Barrai, 2021）通过奥地利、葡萄牙和希腊三个边远农村社区的比较研究提出了乡村社会治理创新的要素，即去中心化的政府结构、先进的跨区域网络、利益相关者和公民社会之间的话

---

① MORRISON T. Developing a regional governance index: The institutional potential of rural regions [J]. Journal of rural studies, 2014, 35 (6): 101-111.

② COOPER S, WHEELER T. Adaptive governance: livelihood innovation for climate resilience in Uganda [J]. Geoforum, 2015, 65 (10): 96-107.

③ IMPERIALE A, VANCLAY F. Experiencing local community resilience in action: learning from post-disaster communities [J]. Journal of rural studies, 2016, 47 (10): 204-219.

④ HOLMGREN L, SANDSTORM C, ZACHRISSON A. Protected area governance in Sweden: new modes of governance or business as usual? [J]. Local environment, 2017, 22 (1): 22-37.

⑤ KNICKEL K, REDMAN M, DARNHOFER A, et al. Between aspirations and reality: making farming, food systems and rural areas more resilient, sustainable and equitable [J]. Journal of rural studies, 2018, 59 (4): 197-210.

⑥ CASTRO-ARCE K, PARRA C, VANCLAY F. Social innovation, sustainability and the governance of protected areas: revealing theory as itplays out in practice in Costa Rica [J]. Journal of environmental planning and management, 2019, 62 (13): 2255-2272.

语传播以及参与社会创新机构的组织稳定性。① 杨波等（Yang, et al., 2020）研究了"自治社区""合作社区"和"权威社区"的弹性问题。研究发现，合作社区的弹性最高，自治社区的弹性最低，农村社会生态系统对农村社区弹性具有显著影响。②

（五）国外农村治理研究述评

梳理国外农村治理的研究发现，国外鲜有以农村开放治理为主题的研究。国外学术界对农村治理的研究主要集中在农村多元主体合作治理、NGO 参与农村治理、农村基层民主参与、农村治理结构创新等方面。农村多元主体合作治理研究强调多元主体参与对农村治理和发展的重要作用，要强化农村多元主体的互动和协作；NGO 参与农村治理研究强调 NGO 对农村治理的重要性以及完善 NGO 参与的机制；农村基层民主参与研究强调基层民主参与对农村治理的价值、基层民主参与的影响因素及参与机制的完善等。农村治理结构创新研究强调农村治理结构的创新性和适应性建设。这些研究为农村开放治理提供了诸多参考和借鉴，诸如农村治理要推进多主体的协同、NGO 参与对农村治理的价值、强化村民的民主参与以及乡村治理结构的创新、适应性和弹性建设等。然而，国外农村开放治理的研究也存在诸多不足：一方面，相关的研究只是涉及农村开放治理的某些局部，诸如多主体参与治理、治理结构弹性等；另一方面，缺乏以开放治理为主题的系统性研究，对开放治理的理论框架、核心要素、研究路径都没有涉及。

二、国内文献综述

脱贫村脱胎于贫困村，并且处在脱贫攻坚和乡村振兴的衔接过渡期。脱贫攻坚期间的帮扶政策得以延续，使得脱贫村治理依然深受贫困村治理的影

---

① GEORGIOS C, BARRAI H. Social innovation in rural governance: a comparative case study across the marginalised rural EU ［J］. Journal of rural studies, 2021.

② YANG B, FELDMAN M, and Li S. The status of perceived community resilience in transitional rural society: an empirical study from central China ［J］. Journal of rural studies, 2020, 80（11）: 427–438.

响。另外，脱贫村的治理面临乡村振兴和基层治理现代化等新环境的挑战也表现出了部分新特点。因此，国内文献的梳理将从贫困村治理、脱贫村治理、农村既有治理的开放等方面进行。

（一）贫困村治理的相关研究

2012年年底，中国开始实施脱贫攻坚战略，贫困村的治理也逐渐进入人们的视野。贫困村治理研究主要集中在多元贫困治理体系建设、贫困治理机制的完善以及贫困村内生治理能力的培养等方面。

多元贫困治理体系建设方面的研究：刘娟（2012）提出构建包括政府组织管理体系、社会辅助参与体系、贫困户参与接受体系在内的农村合作式反贫困治理体系。[①] 王晓毅（2017）认为，村级治理层面的国家、社区和市场的三重缺位是制约扶贫效果的关键。建议在村庄层面建立稳定的行政管理机构，确保国家在场；强化社区参与，确保社区在场；推动企业下乡，确保市场在场。[②] 左停等（2017）提出，中国的反贫困体系不仅包括跨部门联动，还包括目标人群、社区居民、合作社、社会组织和企业的参与。[③] 吴理财和瞿奴春（2018）探讨了反贫困中以利益分配为基础的政府、企业和贫困户的关系耦合机制。[④] 刘建生等（2019）提出，以第一书记和驻村工作队为代表的国家力量和以村"两委"为代表的基层治理力量的合作共治推动了贫困村的脱贫摘帽。[⑤] 李晚莲等（2020）基于多中心治理理论，提出构建基层党组织领导下的政府、企业、村民自治组织、村民和社会组织共同参与的多中心贫困治理模式。[⑥]

① 刘娟. 扶贫新挑战与农村反贫困治理结构和机制创新［J］. 探索，2012（3）：110-114.

② 王晓毅. 社会治理与精准扶贫［J］. 贵州民族大学学报（哲学社会科学版），2017（1）：46-57.

③ 左停，金菁，李卓. 中国打赢脱贫攻坚战中反贫困治理体系的创新维度［J］. 河海大学学报（哲学社会科学版），2017，19（5）：6-12+189.

④ 吴理财，瞿奴春. 反贫困中的政府、企业与贫困户的利益耦合机制［J］. 西北农林科技大学学报（社会科学版），2018，18（3）：115-122.

⑤ 刘建生，涂琦瑶，施晨. "双轨双层"治理：第一书记与村"两委"的基层贫困治理研究［J］. 中国行政管理，2019（11）：138-144.

⑥ 李晚莲，高光涵，黄建红. 乡村振兴战略背景下多中心农村贫困治理模式研究——基于粤北L村的考察［J］. 广西社会科学，2020（10）：59-66.

贫困治理机制完善方面的研究：邢成举（2014）从乡村社会内的权力、制度和社会结构的角度分析了扶贫资源分配中的精英俘获问题。认为村庄精英灵活运用国家权力，既建构了自己在乡村的权威与合法性，也获取了大量的利益和资源。因此，国家扶贫政策的有效实施必须建构坚实的社会基础与权力基础。[①] 许汉泽（2016）考察了西南某国家级贫困县的治理实践，发现其采取了运动型贫困治理策略，在集中资源扶贫的同时，出现扶贫致贫、精英捕获和碎片化治理的问题，亟须推动其从运动式治理向制度化治理转型。[②] 骆希和庄天慧（2016）提出，从贫困对象参与激励制度建设、内生发展能力培养和政府支持三方面培育农民的集体行动能力。[③] 郑万军（2016）提出人口空心化背景下，应对贫困村治理人才危机的策略，即通过发展地方特色产业留住农民，为农村定向培养人才，完善大学生村官和干部下乡等外部人才输入机制。[④] 贺雪峰（2018）提出反贫困中要坚持扶贫政策与社会保障政策相结合，扶贫政策要为有劳动力的农户增收创造条件，社会保障政策则要为缺少劳动力的农户提供基本生活保障。[⑤] 李晓梅和白浩然（2019）认为，提升贫困治理绩效不仅要构建良好的干群帮扶关系，而且要推动基层政府权力与上级政府权力的有效配合。[⑥] 王驰和燕连福（2020）认为，长效反贫困需要强化党的领导、完善教育体系和动员全社会的力量。[⑦] 张铮和何琪（2021）从治理主体与治理任务衔接、行动思想与价值理念衔接、组织动员与资源整合衔接三个维

---

① 邢成举.乡村扶贫资源分配中的精英俘获——制度、权力与社会结构的视角［D］.北京：中国农业大学，2014.

② 许汉泽.精准扶贫与动员型治理：基层政权的贫困治理实践及其后果——以滇南 M 县"扶贫攻坚"工作为个案［J］.山西农业大学学报（社会科学版），2016，15（8）：545-550.

③ 骆希，庄天慧.贫困治理视域下小农集体行动的现实需求、困境与培育［J］.农村经济，2016（5）：80-86.

④ 郑万军.谁选谁：人口空心化下贫困村"两委"换届的困境与治理［J］.学术论坛，2016，39（8）：31-36.

⑤ 贺雪峰.中国农村反贫困战略中的扶贫政策与社会保障政策［J］.武汉大学学报（哲学社会科学版），2018，71（3）：147-153.

⑥ 李晓梅，白浩然.双重政府权力运作：农村脱贫场景的治理逻辑——基于国家级贫困县村庄减贫实践的调研［J］公共管理学报，2019，16（4）：48-60.

⑦ 王驰，燕连福.构建反贫困长效机制推动国家治理体系和治理能力现代化［J］.广西社会科学，2020（11）：67-71.

度探索了贫困治理机制。①

贫困村内生治理能力培养方面的研究。钱宁和卜文虎（2017）提出，社会组织应通过主体性培育、能力建设、组织建设和文化建设提升贫困村内生能力。②芮洋（2018）提出，应通过文化建设、生产发展、协同治理等方式培育贫困地区的内源发展动力。③李小红等（2018）根据脱贫村内生治理主体的条件，提出了习得型现代化和异地融入型现代化两种贫困村内生治理主体现代化的道路。④刘雪梅（2018）认为，社会组织应通过对村民的教育培训、产业扶持、村民议事规则完善和议事能力培养等为乡村发展赋能。⑤林移刚（2019）总结了四川外国语大学社工团队在重庆市城口县的扶贫经验，认为社工团队通过孵化社区组织、发掘优秀文化资源、发展特色产业、开展儿童教育、培养人才等措施培养了贫困村的内生治理能力。⑥张跃平和徐凯（2019）提出，通过建立市场化扶贫机制和"扶志"与"扶智"的耦合机制来调动内生治理主体的发展动能。⑦

贫困村治理的相关研究涉及建立政府、村"两委"、企业和社会组织的多元帮扶体系，帮扶的领域集中在教育、产业、基础设施、文化资源、组织建设等诸多方面，采取的措施主要有政府多方位支持、内生主体培育、外部人才输入、发展特色产业、发展基础教育和职业教育、企业带动和社会组织参与等。

---

① 张铮，何琪.从脱贫到振兴：党建引领乡村治贫长效机制探析［J］.中国行政管理，2021（11）：37-42.

② 钱宁，卜文虎.以内源发展的社会政策思维助力"精准扶贫"——兼论农村社会工作的策略与方法［J］.湖南师范大学社会科学学报，2017，46（3）：123-129.

③ 芮洋.内源发展视角下社会工作介入农村精准扶贫的路径探索——基于重庆"三区"社工人才支持计划项目的结项评估数据［J］.云南行政学院学报，2018，20（3）：25-29.

④ 李小红，吕维，牛世鹏.精准扶贫视域下贫困村内生治理现代化［J］.山西农业大学学报（社会科学版），2018，17（5）：42-46.

⑤ 刘雪梅.社会力量促进乡村振兴的模式及机制研究——基于公益组织S赋能乡村M案例［J］.四川行政学院学报，2018（6）：90-97.

⑥ 林移刚.社会工作介入贫困乡村社会治理的创新模式——四川外国语大学社工团队在重庆市城口县的实践［J］.中国社会工作，2019（24）：18-19.

⑦ 张跃平，徐凯.深度贫困民族地区贫困特征及"扶志"与"扶智"的耦合机制建设［J］.中南民族大学学报（人文社会科学版），2019，39（5）：149-153.

（二）脱贫村治理的相关研究

随着脱贫攻坚的深入和贫困村的脱贫摘帽，贫困村脱贫摘帽后的发展成为党和政府关注的焦点。2017 年 10 月 18 日，党的十九大报告首次提出实施乡村振兴战略，并强调要做好脱贫攻坚和乡村振兴的有机衔接。随即脱贫攻坚和乡村振兴衔接过渡期的治理成为学界研究的热点。相关研究除了继续关注脱贫村内生治理能力的培养外，还重点分析了脱贫攻坚向乡村振兴转型所推动的治理模式的转换。

脱贫村内生治理能力培养方面的研究：鲁可荣（2019）认为，脱贫村的振兴要将内源发展与外部干预有机结合起来，传承和重塑优秀乡村文化，激发和整合乡村精英和新乡贤力量，发挥村民的主体性和积极性。[1] 戴中亮（2020）从完善脱贫村党组织建设的角度提出了脱贫村治理之道，即选好配好村党支部书记、合理定位村级组织职责、完善村级经费保障机制和调动无职党员的积极性。[2] 丁智才和陈意（2020）认为，脱贫村应推动内源式发展、推进资源价值化、实施产业拓展和文化赋能。[3] 张和清和闫红红（2020）提出将村民的生计需求与乡村资产重建结合起来，建立村民生产合作社，促进互助合作的社区生计发展；将乡村生计发展与城乡合作相结合，以公平贸易提升乡村生计发展的内生动力。[4] 郑瑞强和郭如良（2021）认为，要从加强村党组织建设，建设乡村振兴组织体系，推进村组两级协商民主，建立村民、新乡贤和其他社会力量共建共享格局等方面推进衔接过渡期的治理。[5] 王文彬（2021）认为，衔接过渡期内，要由各级政府、农村"两委"、驻村干部、农民、企业和社会组织建立乡村振兴共同体，建立乡村振兴协商平台推动乡村

①　鲁可荣.脱贫村的文化重塑与乡村振兴［J］.广西民族大学学报（哲学社会科学版），2019，41（1）：64-69.

②　戴中亮.脱贫村后续发展的治理路径［J］.人民论坛，2020（29）：94-95.

③　丁智才，陈意.内源式发展：后脱贫时代生态型脱贫村产业选择［J］.青海社会科学，2020（6）：71-76.

④　张和清，闫红红.乡村振兴背景下社区经济的乡村减贫实务模式研究——以西南少数民族村落反贫困社会工作项目为例［J］.社会工作，2020（6）：14-22+108.

⑤　郑瑞强，郭如良."双循环"格局下脱贫攻坚与乡村振兴有效衔接的进路研究［J］.华中农业大学学报（社会科学版），2021（3）：19-30.

振兴。[①] 何侍昌（2021）提出，通过弘扬美德、资源倾斜、健全基层组织、发展脱贫产业等激发脱贫村内生动力。[②] 朱冬亮和殷文梅（2022）认为，脱贫攻坚和乡村振兴有效衔接需建立脱贫村内生和外生融合发展的长效防贫治理制度体系。[③]

治理模式转型方面的研究：左停等（2019）认为，过渡期要实现驻村工作队常态化、建立乡村服务站、推进乡村振兴工作队与村"两委"互补治理模式。[④] 邓婷鹤和聂凤英（2020）认为，衔接过渡期内，要积极推动城乡基本公共服务均等化、建立系统的防返贫治理体系及相关机制、物质帮扶向能力提升全面转型。[⑤] 叶敬忠（2020）认为，推动中国贫困治理从绝对贫困到相对贫困的结构性转型，需要治理思维上从"解决"向"应对"转变，治理目标设定从"实现全面小康社会"向"实现共同富裕"转变，并借鉴发达地区的相对贫困治理经验。[⑥] 李小红和段雪辉（2020）认为，脱贫村的有效治理需要从构建内外部力量的合作治理模式、重塑困难群体帮扶合法性、农村治理体系的开放以及村民政治参与等角度推进。[⑦] 涂圣伟（2020）认为，脱贫攻坚与乡村振兴衔接的重点是加快政策深化调整、工作体系转变和资源配置方式转型。[⑧] 李小红和段雪辉（2020）探讨了外部市场力量和社会力量从贫困村脱贫攻坚到脱贫村乡村振兴的不同发展阶段参与其治理的不同模式，其中脱贫村

① 王文彬.由点及面：脱贫攻坚转向乡村振兴的战略思考［J］.西北农林科技大学学报（社会科学版），2021，21（1）：52-59.

② 何侍昌.激发贫困治理共同体内生动力的影响因素及其应对策略［J］.重庆社会科学，2021（10）：17-29.

③ 朱冬亮，殷文梅.内生与外生：巩固拓展脱贫攻坚成果同乡村振兴有效衔接的防贫治理［J］.学术研究，2022（1）：48-55，177-178.

④ 左停，刘文婧，李博.梯度推进与优化升级：脱贫攻坚与乡村振兴有效衔接研究［J］.华中农业大学学报（社会科学版），2019（5）：21-28.

⑤ 邓婷鹤，聂凤英.后扶贫时代深度贫困地区脱贫攻坚与乡村振兴衔接的困境及政策调适研究——基于H省4县17村的调查［J］.兰州学刊，2020（8）：186-194.

⑥ 叶敬忠.中国贫困治理的路径转向——从绝对贫困消除的政府主导到相对贫困治理的社会政策［J］.社会发展研究，2020，7（3）：28-38.

⑦ 李小红，段雪辉.后脱贫时代脱贫村有效治理的实现路径研究［J］.云南民族大学学报（哲学社会科学版），2020，37（1）：100-105.

⑧ 涂圣伟.脱贫攻坚与乡村振兴有机衔接：目标导向、重点领域与关键举措［J］.中国农村经济，2020（8）：2-12.

振兴阶段应推进外部力量融入脱贫村治理的融合治理模式。[①] 卫志民和吴茜（2021）认为，价值转变、组织变革、规则重组是推进脱贫攻坚和乡村振兴衔接的路径。[②] 曹兵妥和李仙娥（2021）认为，应从完善社会化服务体系，提升乡村数字化治理水平，推进自治、法治和德治结合治理等方面推进衔接期的治理。[③] 章军杰（2021）从空间再生产的角度出发，认为从脱贫攻坚到乡村振兴的空间再生产转换的主导力量应从行政力量转为资本力量，推动这种空间再生产，需要深化政策衔接、优化产业结构、强化集体行动。[④] 覃志敏（2021）研究了行政主导、市场主导和社会主导三种类型的巩固脱贫攻坚实践。认为，行政主导型优势在于资源充沛，行动能力强，能快速巩固脱贫成果；市场主导型需建立企业化组织吸纳脱贫攻坚资源；社会主导型强调脱贫村整体发展和社区内部团结，强调成立村级社会组织聚集脱贫村的各类资源，发展收益采取有利于社区整合的方式进行配置，遵循社会团结的分配原则。[⑤] 王克岭等（2022）认为，脱贫攻坚和乡村振兴的耦合受到经济驱动力、产业带动力、基础设施推动力、环境支撑力、民生保障力等因素影响，进而从制定参与主体协调联动机制、构建持续发展观下新的农村产业体系、优化政策制度体系等方面提出了促进脱贫攻坚与乡村振兴耦合的政策建议。[⑥]

脱贫攻坚向乡村振兴转型衔接过渡期的脱贫村治理研究涉及建立脱贫村振兴共同体、物质帮扶向能力提升转换、外部帮扶常态化、脱贫村内生治理能力培养、外部支持力量从政府向市场力量转化、治理体系开放以及文化和产业的全面赋能等。

---

① 李小红，段雪辉.外力参与贫困村振兴的治理模式演进［J］.理论探讨，2020（4）：171-176.

② 卫志民，吴茜.脱贫攻坚与乡村振兴的战略耦合：角色、逻辑与路径［J］.求索，2021（4）：164-171.

③ 曹兵妥，李仙娥.村域脱贫攻坚与乡村振兴的衔接机制及路径［J］.西北农林科技大学学报（社会科学版），2021，21（4）：9-16.

④ 章军杰.从脱贫攻坚到乡村振兴：脱贫村空间再生产——以茶卡村为例［J］.西北农林科技大学学报（社会科学版），2021，21（4）：1-8.

⑤ 覃志敏.巩固拓展脱贫成果的基层实践类型与治理逻辑——以西部 3 个脱贫村产业帮扶为例［J］.南京农业大学学报（社会科学版），2021，21（6）：23-32.

⑥ 王克岭，普源镭，唐丽艳.脱贫攻坚与乡村振兴耦合衔接的时空格局及其驱动因子——基于西南五省份的分析［J］.世界农业，2022（2）：42-54.

（三）农村既有治理开放的相关研究

脱贫村开放治理受农村治理的制约。20世纪50年代末确立城乡二元体制后，农村治理趋于封闭。改革开放后，农村在经济、政治和社会等方面不断改革，但治理层面开放的进展较为缓慢。目前农村治理的开放主要体现在农村党组织开放和农村治理公开两方面。农村党组织的开放性研究主要集中在农村党组织选人用人和农村党组织的横向扩展和联系两方面，农村治理公开主要体现在农村的党务、村务和财务公开等方面。

党组织选人用人方面的研究：马建新（2016）认为，农村党组织建设中，要加强对致富能手、科技带头人、致富带头人、返乡大学生、复员退伍军人的党性教育和培养；要通过"派、调、引、选、培"等方式，拓宽选人用人渠道；要深化大学生村官计划和选派第一书记工作。[①]周忠丽（2017）认为，农村基层党组织要从封闭走向开放，创新农村基层党组织领导人选任机制，跳出"本村人当本村官"的传统模式。[②]马勇进（2017）提出，农村基层党组织要坚持网络化开放治理的逻辑，以开放的组织结构吸纳社会力量参与乡村治理，通过民主协商的方式决定乡村公共事务。[③]聂继红和吴春梅（2018）提出，打破地域、身份、单位和行业限制，通过上级委派、兼职和外请等形式从外部择优选拔优秀人才充实农村党组织。[④]刘渊（2019）提出，西部农村党组织的组织力建设可以从培育多元治理主体，对外出务工等社会精英群体进行政治吸纳以及对社会上不同的经济团体和社会团体的组织嵌入等方面着手。[⑤]胡小君（2020）提出，建立选派第一书记的长效机制，加大从机关干部、高校和专业技术部门选派第一书记的力度；学习城市"在职党员进社区"的

① 马建新.城镇化进程中农村基层党组织建设面临的挑战及对策［J］.中州学刊，2016（9）：12–17.

② 周忠丽.利益、组织与价值：农村基层党组织凝聚力弱化的三维解释框架［J］.行政论坛，2017，24（6）：88–93.

③ 马勇进.农村基层党组织功能及实现路径［J］.青海社会科学，2017（5）：94–101.

④ 聂继红，吴春梅.乡村振兴战略背景下的农村基层党组织带头人队伍建设［J］.江淮论坛，2018（5）：39–43.

⑤ 刘渊.西部农村党组织组织力建设的内涵解析、现实反思与实践进路——基于三个行政村的调研［J］.探索，2019（6）：120–128.

做法，以灵活的方式将下乡人才中的党员吸纳进党组织。①鲁杰和王帅（2021）认为，农村基层党组织发展要建立"内育外引"的人才机制。②

农村党组织的横向扩展和联系方面的研究：江俊伟（2010）总结了福建福清和长汀县村企党组织联建的经验，通过党建工作联创、人才双向联培、和谐环境联营，实现了村企双赢。③王重贤（2014）提出，创新农村党组织设置模式，在产业链、专业协会、农民专业合作经济组织中设立党组织，探索村村、村企、村居联建党组织实践。④佟磊（2018）认为，农村党组织要破除城乡、系统和区域界限，跨区域、跨行业设置，深入推进"龙头企业 + 支部""专业合作组织 + 支部""协会 + 支部"等模式⑤。尹红英（2018）提出，打破地域、行业等限制，推动农村党组织的城乡联建、村企联建、村村联建、村协联建；实施机关党组织、科研院所党组织和企业党组织对口支援村党组织的行动；依托产业链，建立跨区域的党组织。⑥董江爱和张瑞飞（2020）认为，乡村振兴背景下联村党支部有利于凝聚农村党组织力量，实现资源共享和优势互补。⑦

农村治理公开也是农村治理开放的重要方面。农村治理公开研究以个案研究居多，涉及党务、政务、村务、财务公开以及"四议两公开"等。王同昌和蒲玲（2015）认为，推进农村党务公开应从干部队伍建设、基层党组织

---

① 胡小君 . 从维持型运作到振兴型建设：乡村振兴战略下农村党组织转型提升研究［J］. 河南社会科学，2020，28（1）：52-59.

② 鲁杰，王帅 . 乡村振兴战略背景下农村基层党组织的定位、困境与发展［J］. 西北农林科技大学学报（社会科学版），2021，21（6）：20-25.

③ 江俊伟 . 福建省福清长汀两县村企党组织联建活动比较研究［J］. 经济与社会发展，2010，8（2）：25-27.

④ 王重贤 . 新时期甘肃贫困地区农村基层党组织建设创新研究［J］. 内蒙古农业大学学报（社会科学版），2014，16（4）：12-15.

⑤ 佟磊 . 农村基层党组织组织力建设：问题、成因及思路创新［J］. 中共山西省委党校学报，2018，41（3）：36-39.

⑥ 尹红英 . 乡村振兴战略背景下强化农村基层党组织整体功能建设的对策［J］. 桂海论丛，2018，34（6）：87-91.

⑦ 董江爱，张瑞飞 . 联村党支部：乡村振兴背景下农村基层党建方式创新［J］. 中共福建省委党校（福建行政学院）学报，2020（2）：60-66.

建设、发展农村经济和提高农民素质等方面着手[①]。马建新（2016）以河南省"四议两公开"工作法为例，从制定村级权力清单、议事规则的针对性和灵活性相结合、乡村关系和"两委"关系、建立跟踪反馈机制等角度提出完善策略。[②] 周敏和张锐昕（2017）通过对 X 镇电子村务公开的调研，发现 X 镇在电子村务公开中形成了"三公开、三跟踪、三评价"运行机制，有力改善了该镇所属农村的村务公开。[③] 杨凌云（2017）认为，农村财务公开要从加强财务管理制度、会计队伍建设、财务公开力度和拓宽监督审计渠道等方面着手。[④] 董丽（2017）认为，推进村务公开要进一步规范财务公开制度，创新财务公开形式如手机报、网络、QQ 群、微信群，完善村务监督委员会制度。[⑤] 贾金云（2018）提出，农村治理公开要坚持党对党务公开的领导、党务村务一体公开、坚持对党务公开进行公开评议、顶层设计与基层创新相结合。[⑥] 陈淑倩（2020）认为，农村财务公开应从完善财务公开制度、加强政府的财务公开监督、调动村干部和财务人员的积极性等方面着手。[⑦]

农村开放治理方面的研究强化了农村党组织开放在农村开放治理中的核心地位，内容主要涉及从社会精英中选拔任用农村党支部书记，从机关和国有企事业单位中选派优秀党员到农村任职第一书记，跨村联建、村企联建、村居联建党组织等。农村治理公开也是农村治理开放的重要内容，农村治理公开方面的研究强调了党组织对农村治理公开的领导权，公开领域涉及农村的党务、村务和财务等，并强调公开机制的完善。

① 王同昌，蒲玲.农村基层党务公开制度建设的现状及对策 [J].桂海论丛，2015，31（1）：62-65.

② 马建新."四议两公开"工作法制度化问题研究——以河南省为例 [J].中共山西省直机关党校学报，2016（6）：29-33.

③ 周敏，张锐昕.电子村务：超越 X 镇村务公开模式的探讨 [J].电子政务，2017（8）：75-83.

④ 杨凌云.完善郑州农村财务管理模式的策略探讨 [J].农业经济，2017（11）：60-62.

⑤ 董丽.农村财务监督机制有效性检验 [J].华南农业大学学报（社会科学版），2017，16（2）：102-109.

⑥ 贾金云.村级党务公开实践探索的经验、启示与价值分析——以湖北省襄阳市襄城区黄家湾社区（贾洲村）为例 [J].廉政文化研究，2018，9（4）：1-7.

⑦ 陈淑倩.农村集体财务公开的措施研究 [J].农业经济，2020（6）：62-64.

（四）国内相关研究述评

脱贫村治理的相关研究强调脱贫村内生主体治理能力的培养，建立内外治理主体共同参与的脱贫村治理共同体，外部支持力量从政府向企业转换，支持政策、支持方式、治理理念等的转换，城乡公共服务均等化等。农村既有治理开放的研究主要强调农村党组织的开放和农村的信息公开等。现有的研究可以为脱贫村开放治理提供诸多借鉴，诸如建立脱贫村振兴共同体、培养脱贫村内生治理能力、农村党组织的选人用人以及横向扩展、农村信息公开等。但现有的脱贫村治理研究主要以脱贫村内部治理的优化和自我完善为主，农村开放治理的研究只涉及农村治理的局部开放。总体来讲，现有的研究无法有效回应乡村振兴、共同富裕以及基层治理体系和治理能力现代化给脱贫村治理带来的新挑战，无法从治理层面有效吸纳和整合脱贫村振兴亟须的外部市场力量和社会力量。当前，亟须开展脱贫村开放治理的相关研究，明确脱贫村开放治理的内涵及特征，建构脱贫村开放治理的基本理论框架，探索脱贫村开放治理的具体实现路径，进而为外部市场主体和社会主体助力脱贫村振兴和共同富裕，为提升脱贫村治理能力以及实现脱贫村有效治理提供理论支撑。

第三节　核心概念、研究思路和研究内容

一、核心概念

（一）脱贫村开放治理

脱贫村是指脱贫攻坚中被确定为建档立卡的贫困村，在国家脱贫攻坚战略的支持下，已经实现脱贫摘帽的农村。脱贫村开放治理是在借鉴西方开放社会理论的合理内核、马克思主义开放思想以及国家治理理论的基础上，并结合脱贫村治理实践，最终将其界定为脱贫村治理场域内，自为多元的治理主体，基于实现和维护共同利益的需要，在弹性治理结构基础上，运用现代化的治理

技术和手段，通过持续互动和平等协商，实现脱贫村持续有效治理的活动。

（二）治理主体自为多元

脱贫村治理主体的自为多元包含"自为"和"多元"两重含义。"自为"的界定借鉴了马克思和英国著名史学家汤普森"自为阶级"的界定，马克思在《哲学的贫困》中写道："经济条件首先把大批的居民变成工人。资本的统治为这批人创造了同等的地位和共同的利害关系。所以，这批人对资本说来已经形成一个阶级，但还不是自为的阶级。在斗争（我们仅仅谈到它的某些阶段）中，这批人逐渐团结起来，形成一个自为的阶级。"[①] 马克思主义的"自为"强调对共同利益有明确认知并团结起来主动为共同利益的实现而斗争的群体。汤普森认为，"自为"的阶级是"具有共同经验的人们，不仅感受并表达他们之间利益的认同，同时也感受并表达与他们利益相异的人们的差异"[②]。因此，自为治理主体就是对自己的利益和角色有准确的认知并为之积极努力的主体。多元治理主体强调的是突破脱贫村现有治理主体的局限，将脱贫村户籍村民和当地政府之外的市场主体和社会主体引入脱贫村治理场域，治理主体的多元化包括个体和组织两个层面的多元化。

（三）治理结构弹性化

脱贫村治理结构的弹性化借鉴了 Seville、Johnson、吴松江、刘锋和米正华等国内外学者关于组织弹性化的界定。Seville 和 Elliott 从组织力出发，将组织弹性界定为组织在动态复杂环境中的情景意识能力、关键弱点的管理能力以及适应能力。[③] Johnson 和 Elliott 认为，组织弹性是组织在外来干扰下，推动组织结构和功能转型的能力。[④] 吴松江等（2017）认为，"弹性化的组织结

---

① 中共中央马克思恩格斯列宁斯大林著作编译局. 马克思恩格斯选集（第一卷）[M].北京：人民出版社，2012：274.

② THOMPSON E P. The making of the English working class [M]. New York：Vintage，1963：9.

③ SEVILLE E，BHAMRA R，DANTAS A，et al. Organisational resilience：researching the reality of New Zealand organisations [J]. Journal of business continuity & emergency planning，2007，2（3）：258–266.

④ JHONSON N，ELLIOTT D. Using social capital to organise for success? A case study of public–private interface in the UK highways agency [J].Policy and society，2011，30（2）：101–113.

构是指一种能够针对不断变化的新环境，灵活地采取各项措施，有效地适应各种新形势、新局面，使治理高效化、充满活力的组织"①。借鉴组织弹性化的这些界定，脱贫村治理结构弹性化是指脱贫村为适应外部环境实时变化以及发展目标转换等的挑战，通过增量创新和存量改革等方式，实时优化调整既有组织结构的过程。

（四）治理过程有效介入

脱贫村治理过程有效介入包含"介入"和"有效"两重含义。"介入"是指能够便捷地进入脱贫村治理过程；"有效"强调的是进入程序的合法合理合目的性，即是一种常态化、合法化和有实际效果的介入。脱贫村开放治理场域中的治理过程有效介入是指脱贫村外部市场主体和社会主体通过合法合理的方式介入脱贫村治理过程，并通过平等协商的方式实现合作共治的活动。

（五）治理方式现代化

脱贫村治理方式现代化的界定借鉴了亨廷顿、阿普特、罗斯托等学者关于政治现代化的合理内核和中国国家治理体系和治理能力现代化的理论和实践。亨廷顿认为"政治现代化涉及权威的合理化、结构的分离和政治参与的扩大等三方面"②。阿普特认为，现代化意味着社会制度的不断革新，社会结构的分化和富有弹性，提供技能和知识的社会框架。③罗斯托和罗伯特认为政治现代化的三个必要条件是认同、权威和平等。④总体来讲，西方学者讨论的政治现代化主要涉及权威的合理化、结构的分化、政治参与扩大和法治化等内容。中国国家治理体系和治理能力现代化就是"实现党、国家、社会各项事

---

① 吴松江，刘锋，米正华.社会治理组织结构创新：网络化、互动化与弹性化 [J].江西社会科学，2017，37（4）：219.

② [美]塞缪尔·P.亨廷顿.变化社会中的政治秩序 [M].王冠华，刘为，等译.上海：上海世纪出版集团，2008：78.

③ [美]戴维·E.阿普特.现代化的政治 [M].陈尧，译.上海：上海世纪出版集团，2011：47.

④ RUSTOW D A, ROBERT E W. Political modernization in Japan and Turkey [M].Princeton：Princeton University Press，1964：6-7.

务治理制度化、规范化、程序化"①。由此,脱贫村开放治理场域中的治理方式现代化是指脱贫村治理方式的能动性、规范化、智慧化以及多种治理方式的有机结合和有效协同。

二、研究思路

脱贫村开放治理研究思路如图1.1所示。

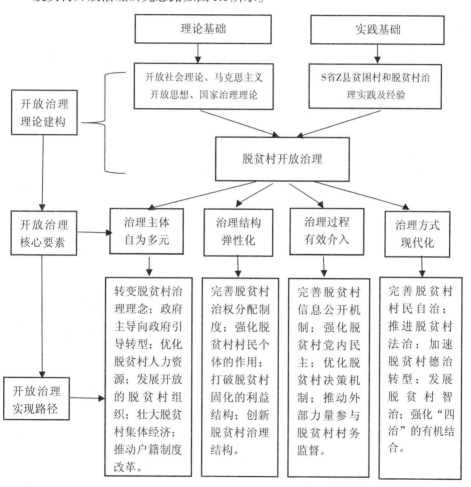

图1.1 脱贫村开放治理研究思路

---

① 中共中央文献研究室.十八大以来重要文献选编(上)〔M〕.北京:中央文献出版社,2014:549.

脱贫村开放治理研究的整体思路为建构脱贫村开放治理理论，分析脱贫村开放治理的核心要素，探索脱贫村开放治理的实现路径。脱贫村开放治理的理论建构主要从理论和实践两方面汲取营养，理论方面汲取西方开放社会理论的合理内核、马克思主义的开放思想以及中国特色的国家治理理论；实践层面则基于 S 省 Z 县脱贫村的治理实践及经验。基于脱贫村开放治理理论，从治理主体、治理结构、治理过程和治理方式四个维度分析脱贫村开放治理的核心要素，即治理主体自为多元、治理结构弹性化、治理过程有效介入以及治理方式现代化。最后，基于脱贫村开放治理的核心要素，分别探索脱贫村开放治理的实现路径。

三、研究内容

脱贫村开放治理的研究内容主要涉及脱贫村开放治理的理论建构以及脱贫村开放治理的实现路径两方面。全书共分六章。

第一章，绪论。主要分析了脱贫村开放治理的研究背景、研究问题和研究意义，梳理了脱贫村开放治理的相关研究文献，明确了研究的主要概念、研究思路、研究内容、研究对象、研究方法，总结了本书的创新之处。

第二章，脱贫村开放治理的理论建构。借鉴西方开放社会理论、马克思主义开放思想、国家治理理论，并结合贫困村和脱贫村治理实践以及乡村振兴和共同富裕的时代背景进行脱贫村开放治理的理论建构，明确脱贫村开放治理的内涵、特征、核心要素及其相互关系。提出脱贫村开放治理是治理主体、治理结构、治理过程和治理方式的有机统一。治理主体开放即治理主体自为多元，治理结构开放即治理结构弹性化，治理过程开放即治理过程有效介入，治理方式开放即治理方式现代化。

第三章，脱贫村治理主体自为多元。首先明确脱贫村治理主体自为多元的内涵，其次分析脱贫村治理主体自为多元面临的治理主体自在二元的挑战，深入分析造成脱贫村治理主体自在二元的原因，最后从转变脱贫村治理理念、政府主导向政府引导转型、优化脱贫村人力资源、发展开放的脱贫村组织、壮大脱贫村集体经济、推动户籍制度改革等方面探索脱贫村治理主体自为多元的实现路径。

第四章，脱贫村治理结构弹性化。首先界定脱贫村治理结构弹性化的内涵，其次分析脱贫村治理结构弹性化面临的治理结构刚性的挑战，深入分析造成脱贫村治理结构刚性的原因，最后从完善脱贫村治权分配制度、强化脱贫村村民个体的作用、打破脱贫村固化的利益结构和创新脱贫村治理结构等方面探索脱贫村治理结构弹性化的实现路径。

第五章，脱贫村治理过程有效介入。首先界定脱贫村治理过程有效介入的内涵，其次分析脱贫村治理过程有效介入面临的治理过程封闭的挑战，深入分析造成脱贫村治理过程封闭的原因，最后从完善脱贫村信息公开机制、强化脱贫村党内民主、优化脱贫村决策机制、推动外部力量参与脱贫村村务监督等方面探索脱贫村治理过程有效介入的实现路径。

第六章，脱贫村治理方式现代化。首先界定脱贫村治理方式现代化的内涵，其次分析脱贫村治理方式现代化面临的治理方式传统化的挑战，深入分析造成脱贫村治理方式传统化的原因，最后从完善脱贫村村民自治、推进脱贫村法治、加速脱贫村德治转型、发展脱贫村智治和强化"四治"的有机结合等方面探索脱贫村治理方式现代化的实现路径。

第四节　研究对象选择及研究方法

一、研究对象的选择

研究选取 S 省 Z 县作为研究对象，进行深入调研和访谈。选取 Z 县作为研究对象主要有两方面的优势。一方面，Z 县是国家集中连片特困区的国定贫困县，2014 年认定的建档立卡贫困村有 37 个（124 个自然村），扶贫过程中，综合采取了易地搬迁扶贫、产业扶贫、光伏扶贫、教育扶贫、生态扶贫、金融扶贫等措施，有丰富的贫困村治理实践经验。另一方面，Z 县在 2017 年年底就实现了所有贫困村的脱贫摘帽（脱贫摘帽后，Z 县进行了乡村合并，目前共有35个脱贫村），是 S 省第一批整县脱贫摘帽的国定贫困县，其进入脱贫村发展和治理阶段的时间较早，有较为丰富的脱贫村治理实践经验，作为脱贫县也有较强的代表性。

二、研究方法

文献研究法。主要收集脱贫村基本情况，脱贫攻坚的帮扶措施及成效，脱贫村党组织建设情况，脱贫村自治、法治、德治和智治情况，脱贫村各种组织的发展情况，脱贫村治理的典型做法及经验，各级政府关于贫困村脱贫攻坚和脱贫村振兴的总结材料和政策文件等。

访谈法。本研究按照统一设计的结构性访谈提纲，对县乡村振兴局的4名负责同志，3个乡镇负责脱贫村发展和治理9名负责同志，20个驻村工作队、35个脱贫村两委成员，300余位脱贫村群众，参与脱贫村发展的8家企业负责人和5个社会组织的负责人等进行深度访问，从多个角度深入了解脱贫村的振兴和治理情况、脱贫村治理中面临的挑战、外部市场主体和社会主体参与脱贫村振兴的情况等。并基于此，探索总结脱贫村开放治理的实现路径。

第五节　研究创新

研究的创新之处主要在于脱贫村开放治理的理论建构。以西方开放社会理论合理内核、马克思主义开放思想和国家治理理论等为理论基础，结合贫困村脱贫攻坚和脱贫村发展振兴时期的治理实践，界定脱贫村开放治理内涵，明确其特征，分析其核心要素及其相互关系。认为脱贫村开放治理是治理主体、治理结构、治理过程和治理方式的有机统一。治理主体层面的开放强调治理主体的自为多元，其是脱贫村开放治理的基础；治理结构层面的开放强调治理结构的弹性化，其是脱贫村开放治理的结构载体；治理过程层面的开放强调治理过程的有效介入，其是脱贫村开放治理的核心；治理方式层面的开放强调治理方式的现代化，其是脱贫村开放治理的工具支撑。

第二章　脱贫村开放治理的理论建构

脱贫村开放治理的理论建构是脱贫村开放治理研究的理论基础和起点。人们在长期的社会实践中探索和积累了大量有关社会开放和治理的理论成果。脱贫村开放治理理论应汲取这些理论成果的精华，并结合中国贫困村和脱贫村的治理实践，积极探索和建构。

第一节　脱贫村开放治理的理论基础

脱贫村开放治理的理论基础主要是开放社会理论、马克思主义的开放思想以及中国特色的国家治理理论。开放社会理论是推动西方社会走向现代的重要理论成果，其揭示了开放社会建构的多个重要侧面。马克思主义本身就是一个不断发展的开放的理论体系，其不仅揭示了社会开放的必然性，而且与中国革命和社会主义建设实践相结合，指导和推动了中国经济社会的开放发展。中国共产党人在马克思主义的指导下，不仅积极推进中国对内对外开放的实践，而且积极进行理论总结和升华，形成了贴合中国实际并极富中国特色的开放思想。国家治理理论是在批判吸收西方的多中心治理理论、元治理理论、善治理论等的合理内核，并结合中国转型发展实践，形成的适合中国国情的，具有中国品格的理论创新，是国家治理体系和治理能力现代化的理论支撑。脱贫村开放治理理论建构亟须从这些理论当中汲取营养和资源，形成中国特色和中国话语体系的脱贫村开放治理理论。

一、开放社会理论

西方的开放社会理论最早由法国哲学家亨利·伯格森提出，其主要从宗教和伦理的角度提出了开放社会理论。之后，美国思想家莫里斯、英国哲学家的卡尔·波普尔、美国思想家乔治·索罗斯等都不断发展了开放社会理论。

（一）亨利·伯格森的开放社会理论

法国哲学家亨利·伯格森（Henri Bergson，1859—1941）在其著作《道德和宗教的两个来源》一书中首次提出了封闭社会和开放社会的概念。其认为自然给定社会和文明社会都是封闭式社会，虽然文明社会在规模上可以显得广阔无边，但是其与小型团体有根本的一致性，即"能随时接纳一定数量的个体成员，也可能随时排除其他一些个体成员的加入"[①]。因此，封闭社会始终是按照某种标准组织起来的、由部分人构成的社会，而开放社会应当是包含整个人类的社会。[②] 从这个角度来看，开放社会与封闭社会是本质上不同的两种社会形态，封闭社会始终是按照某种或者某些标准组建的社会，因为有确定标准的存在，也就必然会将人按照标准进行分类，将一部分人排斥在特定的社会之外，因此，封闭社会也不可能通过简单的拓展过渡到开放式社会。

伯格森的开放式社会具有极强的伦理和宗教内涵。他区分了开放社会和封闭社会的两种义务形式，他认为："实际上我们每个人都负有两种义务，即我们对于作为人类的人负有的抽象义务和对于我们的同胞们负有的具体责任。"[③] 目前，对于人类负有的义务很难实施，我们通常履行的是对同胞的具体责任和义务，这个义务为我们构筑了一种内心态度，无论这种内心态度如何用现代文明进行教育和熏陶，其着眼点始终是一个封闭的社会，封闭社会无论其地域范围多大，始终是一个封闭式的社会。"封闭式社会的个体成员能紧

① ［法］亨利·伯格森.道德和宗教的两个来源［M］.彭海涛，译.北京：北京时代华文书局，2018：28.

② ［法］亨利·伯格森.道德和宗教的两个来源［M］.彭海涛，译.北京：北京时代华文书局，2018：306.

③ ［法］亨利·伯格森.道德和宗教的两个来源［M］.彭海涛，译.北京：北京时代华文书局，2018：28.

密团结在一起，对其他的人类社会群体的事务毫不在意。他们随时警惕着来自外界的侵犯，随时准备攻击和防御。"①因此，也就处于永久性的作战准备状态。

伯格森的开放社会是突破了以特定标准组织起来的社会，突破了人的群体边界，走向了抽象的无差别的人类社会共同体，并且明确开放社会不是封闭社会的简单拓展和扩大就可以实现的，其超越了构建封闭社会的具体的责任和道德义务，而将基于普遍的抽象义务和道德建构的社会定义为开放社会。伯格森的开放社会是基于抽象人类共同体基础上的开放社会。

（二）莫里斯的开放社会理论

莫里斯（Charles William Morris，1901—1979）基于实用主义建构了自己的开放社会理论。其认为开放社会是以人为核心的社会，"对于封闭社会来说，人是被用来作为旨在获得权力的工具；而对开放社会来说，人是目的，社会机构则是发展人的手段。开放社会是以人为中心的社会。"②莫里斯不仅强调人的目的性价值，而且强调人自我的开放性。他认为，人是社会性的，人以他们的观念和理想创造自己，逃避自我创造的责任是罪恶的。人应该不断地增加身体知识、自然环境知识和社会知识，增强人的自主性，推动自我观念和理想的创新，进而创造开放的自我。

封闭社会是占有的社会。莫里斯认为，"占有感都是自我的这种倾向，即保住他的目前成就，使现状继续下去，执着于已有的东西。"③并且"封闭社会是源自封闭自我并使之永远存在下去的一套制度。"④因此，封闭社会是满足现状的社会，封闭社会必然反对变革，因为变革包含了诸多的不确定性，变革可能使其失去既有的成就。开放社会则支持变革，并承认占有感是它的敌人，通过与封闭社会的持续斗争，推动社会的不断发展变革，进而保持其开放性。

开放社会是多样化的社会。莫里斯认为"开放社会会承认并尊重多样

---

① ［法］亨利·伯格森.道德和宗教的两个来源［M］.彭海涛，译.北京：北京时代华文书局，2018：305.

② ［美］C.W.莫里斯.开放的自我［M］.定扬，译.上海：上海人民出版社，2010：123.

③ ［美］C.W.莫里斯.开放的自我［M］.定扬，译.上海：上海人民出版社，2010：92.

④ ［美］C.W.莫里斯.开放的自我［M］.定扬，译.上海：上海人民出版社，2010：116.

性。……它会承认人与人之间的相互作用必须是各色各样的，就像相互作用着的人是各式各样的那样。它会不断地修改它的制度来满足新的需要和答复新的问题"①。开放社会的多样性建立在人的多样性以及人与人关系的多样性。开放社会承认并尊重这种多样性，并强调这种社会是可以实现的，只有"人们为这种社会而工作、而规划、而培养、而斗争的时候才会到来。此外就没有别的办法使它到来"②。

总之，莫里斯的开放社会理论强调以人为中心的开放，实现了人从工具性向目的性的回归。强调人的开放性，人要不断地学习各种知识，要承担自我革新和创造的责任。开放社会以现实的占有感为敌，反对人们在既有成就上的故步自封，强调社会的动态变化性；积极支持社会变革。开放社会基于人的多样性和人与人之间作用方式的多样性，承认并尊重社会的多样性。开放社会可以通过人的不懈努力实现。

（三）卡尔·波普尔的开放社会理论

英国哲学家卡尔·波普尔（Karl Popper，1902—1994）站在自由主义的立场上提出了"封闭社会"与"开放社会"这两个对立的概念。其著作《开放社会及其敌人》通过对封闭社会的批判展开了自己关于开放社会的论述。

开放社会是理性个体主导的社会。"封闭社会及其信条（认为部落是一切，个人什么都不是）已经衰落。"③"开放社会的新信念，即对人、对平等主义的正义及对人的理性的信念，也许正在形成。"④正如苏格拉底所坚持的，"人不仅仅是一块肉——一个肉体。人还有更多的东西，有神圣的闪光、理性；以及对真理、仁慈、人道的热爱。这就是使人的生活有价值之所在。……这是你的理性使你成为人；使你不仅仅是一堆情欲和愿望；使你成为自足的个人，

---

① ［美］C.W. 莫里斯 . 开放的自我［M］. 定扬，译 . 上海：上海人民出版社，2010：120.
② ［美］C.W. 莫里斯 . 开放的自我［M］. 定扬，译 . 上海：上海人民出版社，2010：121.
③ ［英］卡尔·波普尔 . 开放社会及其敌人（第一卷）［M］. 陆衡，张群群，杨光明，等译 . 北京：中国社会科学出版社，1999：350.
④ ［英］卡尔·波普尔 . 开放社会及其敌人（第一卷）［M］. 陆衡，张群群，杨光明，等译 . 北京：中国社会科学出版社，1999：349.

同时使你能够宣称你就是目的"①。其实从"哲学的兴起这本身是可以解释为封闭社会及其神秘信仰的衰落的一种反应。它力图用理性的信念来取代已经丧失的神秘信念"②。波普尔认为,开放社会是对封闭社会的反动,开放社会以理性取代了神秘信念,回归了人的目的性价值。

开放社会是自由竞争和自由流动的社会。"神秘的或部落的或集体主义的社会也可以称为封闭社会,而每个人都面临个人决定的社会则称为开放社会。"③"在一个开放社会里,许多成员都力图在社会上出人头地和取代别的成员的位置。"④ 即使在最好的情况下,封闭社会也只能比作一个有机体,"一个有机体的细胞或组织也许会争夺养分;但并不存在大腿变大脑,或者身体的另一些部分变成腹腔的内在倾向。"⑤波普尔将封闭社会比喻为一个有机体,认为,有机体内虽然存在竞争,但是不会出现细胞和组织的角色和地位的根本性变化,而在开放社会,人们可以通过自由竞争,实现角色和地位的根本性变化,人是可以自由流动的。

开放社会的关系基本上是抽象的关系,诸如交换或者合作。开放社会"由于丧失了有机体的性质,所以在不同程度上,可以变成我称之为'抽象社会'的那种样子"⑥。抽象社会会出现新型的个人关系,人们可以不受出身的偶然性的制约,自由地加入这些关系。人们的关系更多的是基于精神的联系,而不是生理的或生物的联系。因此,开放社会的人们摒弃了传统的血缘和亲缘关系,而是将自己的关系建构于现代的业缘、交换和合作等抽象标准之上。

开放社会建构的方法论是零星社会工程。波普尔从批判柏拉图的乌托邦

---

① ［英］卡尔·波普尔.开放社会及其敌人（第一卷）［M］.陆衡,张群群,杨光明,等译.北京:中国社会科学出版社,1999:352–353.

② ［英］卡尔·波普尔.开放社会及其敌人（第一卷）［M］.陆衡,张群群,杨光明,等译.北京:中国社会科学出版社,1999:347.

③ ［英］卡尔·波普尔.开放社会及其敌人（第一卷）［M］.陆衡,张群群,杨光明,等译.北京:中国社会科学出版社,1999:325.

④ ［英］卡尔·波普尔.开放社会及其敌人（第一卷）［M］.陆衡,张群群,杨光明,等译.北京:中国社会科学出版社,1999:325.

⑤ ［英］卡尔·波普尔.开放社会及其敌人（第一卷）［M］.陆衡,张群群,杨光明,等译.北京:中国社会科学出版社,1999:325.

⑥ ［英］卡尔·波普尔.开放社会及其敌人（第一卷）［M］.陆衡,张群群,杨光明,等译.北京:中国社会科学出版社,1999:326.

工程方法展开自己的开放社会建构方法的论述。他认为："社会生活如此复杂，以致很少有人或者根本无人能够在总体的规模上评价某项社会工程的蓝图；评判它是否可行；它是否会带来真正的改善；它可能引起何种苦难；以及什么是保障其实现的手段。"① 并且乌托邦主义者"试图实现一种理想的国家，他使用作为一个整体的社会蓝图，这就要求一种少数人的强有力的集权统治，因而可能导致独裁"②。而零星工程的思维方法在方法论上具有合理性，"采用这种方法的政治家在其头脑中，可以有或者可以没有一个社会蓝图。……但是他会明白，假如至善至美在任何程度上可以实现的话，那么它也是极其遥远的，而且每一代人，并且因此也包括所有在世者就拥有一种权利；或许不是一种要求获得幸福快乐的权利。……而是一种在能够避免的情况下要求不被造成不幸的权利"③。使用零星工程方法，"可以克服所有合乎情理的政治改革遇到的极其重大的现实困难，即在实施这些纲领时，运用理性，而不是运用激情和暴力，这也就有着更大的希望"④。因此，波普尔开放社会建构的方法是渐进的，通过不断对现存社会的改革完善，逐步推进开放社会的建构进程。

　　卡尔·波普尔的开放社会理论内容概括起来，主要有以下几方面：第一，开放社会是以个体为中心的社会；第二，开放社会强调人的理性价值，用理性代替了神秘信念；第三，开放社会强调人的自由竞争和自由流动，即人们可以通过竞争实现自身角色和地位的根本性改变；第四，在开放社会里，人们的关系摒弃了生理或生物意义上的联系，并基于交换和合作等抽象的联系，建立彼此间的各种关系；第五，开放社会的实现方法是渐进的社会改革，通过逐步消除社会最紧迫的恶的方式推动社会进步。卡尔·波普尔的开放社会理论是建立在资产阶级自由主义立场上的学说，在其开放社会建构中难免有

---

① ［英］卡尔·波普尔.开放社会及其敌人（第一卷）［M］.陆衡，张群群，杨光明，等译.北京：中国社会科学出版社，1999：294.

② ［英］卡尔·波普尔.开放社会及其敌人（第一卷）［M］.陆衡，张群群，杨光明，等译.北京：中国社会科学出版社，1999：295.

③ ［英］卡尔·波普尔.开放社会及其敌人（第一卷）［M］.陆衡，张群群，杨光明，等译.北京：中国社会科学出版社，1999：292–293.

④ ［英］卡尔·波普尔.开放社会及其敌人（第一卷）［M］.陆衡，张群群，杨光明，等译.北京：中国社会科学出版社，1999：294–295.

充斥着资本主义的意识形态和价值观，但是其也从某些侧面揭示了开放社会的一些特征，诸如以理性人的抽象关系为基础、强调社会竞争和流动性、强调通过渐进的改革推动社会开放和进步等。

（四）乔治·索罗斯的开放社会理论

乔治·索罗斯认为，封闭社会总是在追求完美和永恒，开放社会则不然，其承认人类的缺陷和不足。"开放社会是一个十分独特的理想范式，它的思想基础是：我们的理解力是不完善的，一个完美的社会也是不存在的；所以，我们需要一个次优选择；一个不完美的社会，但它有改善的愿望和无限的改善空间。"[①] 基于此，其将开放社会等同于动态均衡状态的社会。"开放社会既是一个理想，又是对现实的描述……一个有着无限改善空间、并随时准备接受改善的不完美的社会。"[②]

开放社会中的人是易错的、负有责任的个体。易错性是指"参与者的思维与事物的实际状态存在不一致性，因此，行动往往会带来出人预料的后果"[③]。人的易错性消解了近代启蒙运动以来对人理性的盲从。理性行为主体在易错性的作用下，在自利动机的驱使下，其很难以博爱的人性作为行为的指导原则，也就消解了启蒙运动没有责任的个体。与易错性相联系的是负有责任的个体，负有责任的个体是指"需要社会的个人，他们无法在与世隔绝的情况下生存，他们必须拥有人类的归属感。……'负有责任的个体'的思维受其社会地位、家庭和其他社会关系以及养育他们的文化的影响，他们从不拥有永恒的地位，也没有完善的知识，也不乏自利。他们随时准备为生存而斗争，但并不自我封闭或孤军奋战，无论竞争力如何高超，他们都难以独立生存……他们需要归属于更大、更恒久的群体"[④]。因此，现代社会中的人是具

---

① ［美］乔治·索罗斯．开放社会——改革全球资本主义［M］．王宇，译．北京：商务印书馆，2011：115.

② ［美］乔治·索罗斯．开放社会——改革全球资本主义［M］．王宇，译．北京：商务印书馆，2011：118.

③ ［美］乔治·索罗斯．开放社会——改革全球资本主义［M］．王宇，译．北京：商务印书馆，2011：25.

④ ［美］乔治·索罗斯．开放社会——改革全球资本主义［M］．王宇，译．北京：商务印书馆，2011：126.

有思维的易错性并应负责任的个体，需要归属于社会，并以社会的力量推动变革。

人主动选择的重要性。索罗斯认为，基于人的易错性，一个开放的社会必须承认人类的缺陷和不足，必须承认所有的人为建构也都是有缺陷的。[①] 面对不完美的人类建构，我们不能盲目悲观，我们必须认识到，所有的有缺陷的人类建构中必然存在不同人为建构的优劣，这也就使得人的主动选择显得极为重要，人们可以通过自己的主动选择，选择更优的人为建构的方式来发展和完善我们生活的世界。

开放社会遵循的原则主要有以下几个。一是遵循思想、言论和选择自由。个体的易错性导致我们只能探索而不能掌握终极真理，因此，必须允许人们自由思考和自由选择，通过人的自由思考和选择不断探索真理、穷尽真理。二是价值的多元化。索罗斯将不同价值观的潜在冲突称为价值的多元化。人的易错性使得人不可能准确判断哪种价值观是终极真理，因此，不同价值之间就需要妥协，承认并尊重价值的多元化是开放社会的必然。三是对选举民主的反思。通过选举获胜的多数党也可能推行专制暴政，因此，选举民主必须补充保护少数派权利的宪法精神。四是发展变化性。开放社会本身就是一个从不完美的社会向更加完美的社会动态变化的过程，其界定必然会随时间和地点的改变而改变。

索罗斯的开放社会理论是一个西方中心主义理论，其把"自由、民主、法制、人权、社会正义和社会责任"[②] 作为开放社会的基本理念，通过负有责任的个体推导出民族主权必须服从国际利益等观念，值得我们高度警惕。我们摒弃其开放社会理论中西方中心主义的糟粕，客观分析其开放社会理论合理内核，发现其开放社会理论中的某些思想，诸如承认人的有限理性、个体能动性的价值、对选举民主的反思、承认开放社会的永恒发展性等对我们建构脱贫村开放治理都有一定的借鉴意义。

---

① ［美］乔治·索罗斯.开放社会——改革全球资本主义［M］.王宇，译.北京：商务印书馆，2011：27.

② ［美］乔治·索罗斯.开放社会——改革全球资本主义［M］.王宇，译.北京：商务印书馆，2011：119.

（五）西方开放社会理论对脱贫村开放治理的启示

开放社会理论反映了资本主义世界的知识分子对资本主义社会发展中遇到的现实挑战的反思，对于推动其社会进步有积极的意义。但我们也必须认识到其西方中心主义的特质，其存在诸多缺陷和不足，应该批判汲取西方开放社会理论的合理内核，为我国脱贫村的开放治理提供多方面的借鉴。

脱贫村开放治理应以人为核心进行建构。莫里斯强调了人在开放社会中的目的性价值，并认为人应该不断地增加各种知识，推动观念的创新，增强自主性；波普尔强调开放社会是理性人主导的社会，推崇人的自由竞争和流动；索罗斯则强调了开放社会中人主动选择的价值。由此我们可以看出，人是开放社会的核心要素。脱贫村的开放治理也应该以人的开放为基础，正如系统论的创始人贝塔朗菲所言："人性的真正价值不等于生物实体的价值、有机体功能的价值或者动物群落的价值，而是由个人思想发生的价值。"[①]马克思也认为"人的本质不是单个人所固有的抽象物，在其现实性上，它是一切社会关系的总和"[②]。开放治理中的人，必须是对自己的权利义务有准确认知的人，其能不断完善现有的规则体系，并基于不断完善的规则体系，通过与其他治理主体的普遍平等协商，做出合理决策。

脱贫村开放治理必须打破既有的群体边界，引入多元的治理主体。伯格森认为，一个组织的规模无论有多大，其本质上都与其他小型团体一致，始终都是按照某种标准组织起来的部分人构成的社会，而开放社会应该包含整个人类。波普尔强调开放社会的关系是抽象的关系，人们可以摆脱出身的偶然性约束，自由加入这种抽象的关系。由此，我们可以看出，在开放社会的建构中，打破身份界限的重要性。脱贫村开放治理应该逐步打破户籍和集体产权等特定时期人为制度建构所确立的治理边界，开放脱贫村治理场域，为脱贫村的治理场域引入外部市场主体和社会主体，构建脱贫村治理共同体。

脱贫村开放治理的形式是多元化、多样化。伯格森强调开放社会遵循价

---

① ［美］冯·贝塔朗菲.一般系统论：基础、发展和应用［M］.林康义，魏宏森，等译.北京：清华大学出版社，1987：49.

② 中共中央马克思恩格斯列宁斯大林著作编译局.马克思恩格斯选集（第一卷）［M］.北京：人民出版社，1995：56.

值的动态性和开放的道德。莫里斯基于人的多样性提出了人与人之间相互作用方式的多样性，强调开放社会应该承认并尊重这种多样性。索罗斯强调多元化价值对开放社会的重要性。因此，开放社会是多样化的社会。脱贫村的开放治理应该根据脱贫村治理的需要和不同阶段发展任务的变化，积极借鉴国内外治理领域优秀的理论和实践成果，时时发展和丰富脱贫村治理的形式、内容和方式。

脱贫村开放治理应该推进协商民主。索罗斯对资本主义社会长期实行的选举民主进行了反思，认为通过选举获胜的多数党也可能走向暴政，因此，选举民主必须补充保护少数派权利的精神。索罗斯的这一思想具有积极的意义，传统选举民主遵循的少数服从多数规则，一定程度上忽视了少数人的利益，是有缺陷的民主。协商民主通过对选举民主的反思，强调在民主运作过程中不同主体地位和权利的平等，通过对话和协商，追求治理中的最大公约数，极大地避免了选举民主的弊端。中国有长期的协商民主实践，并积累了丰富的协商民主经验。脱贫村推进开放治理的过程，也是外部市场主体和社会主体不断进入脱贫村发展和治理场域的过程，但现有的少数服从多数的村民自治议事决策规则，不能给予外部市场主体和社会主体在脱贫村治理场域以平等的尊重和保护，也就会在一定程度上制约外部市场主体和社会主体对脱贫村发展和治理进程的有效参与。因此，脱贫村的开放治理要积极引入协商民主理念，实现脱贫村不同利益主体对脱贫村治理过程的平等参与和平等协商。

脱贫村开放治理的实现需要持续改革。莫里斯认为，封闭社会是占有的社会，试图永远延续既有的制度，而开放社会应该是推动既有社会制度不断改革的社会。波普尔则强调通过零星社会工程推动社会的持续渐进改革。索罗斯将开放社会界定为，有无限改善空间并随时接受改善的不完善的社会。由此，我们可以看出，开放社会是一个不断改革发展的社会，要通过持续的改革破除既有的不适应社会发展的制度规范和思维观念。就脱贫村开放治理而言，其也必须拥抱改革，以持续改革推动脱贫村治理的不断开放，在开放发展中迎接脱贫村治理中面临的一个又一个挑战。

西方开放社会理论虽然有明显的西方中心主义和服务于资产阶级意识形

态的烙印，但其作为对西方社会发展中遇到的现实挑战的回应，也有一定的时代价值，通过对西方开放社会理论的批判性扬弃，脱贫村开放治理可以从中汲取一定的有益营养和资源，诸如强调开放的人在开放治理中的核心价值、开放治理应打破既有的不适应现实需要的制度和观念、治理形式多样、推进协商民主弥补选举民主的不足、通过持续改革来推进开放社会建构等。

二、马克思主义的开放思想

马克思主义本身就是一个开放的不断发展的理论体系，开放不仅是其内在的品质，更是其理论体系的重要组成部分。马克思主义的开放思想主要包括马克思恩格斯的开放思想和马克思主义中国化的开放思想。

（一）马克思恩格斯的开放思想

马克思恩格斯所开创的马克思主义本身就是一个开放的、不断发展的理论体系。1887年，恩格斯在致友人玛格丽特·哈克奈斯的信中写道："我们的理论是发展着的理论，而不是必须背得烂熟并机械地加以重复的教条。"[①]恩格斯在《资本论》第三卷的序言中也进一步明确：这是一种误解，"即马克思进行阐述的地方，就是马克思要下的定义，并认为人们可以到马克思的著作中去找一些不变的、现成的、永远适用的定义"[②]。马克思主义不仅强调了自身理论体系的开放发展性，而且基于资本主义发展的实践，深刻揭示了社会开放的根源及其形态。

社会开放源于生产力发展。马克思恩格斯在《德意志意识形态》中深刻地论述了生产与交往的关系，认为生产本身是以个人间的交往为前提，与此同时，生产又决定了交往的形式，具体到各个民族就表现为："各民族之间的相互关系取决于每一个民族的生产力、分工和内部交往的发展程度。……一个民族的生产力发展的水平，最明显地表现于该民族分工的发展程度。任何新的生产力，只要它不是迄今已知的生产力单纯的量的扩大（例如，开垦土

---

① 中共中央马克思恩格斯列宁斯大林著作编译局.马克思恩格斯选集（第四卷）[M].北京：人民出版社，2012：588.

② 马克思.资本论（第三卷）[M].北京：人民出版社，2004：17.

地），都会引起分工的进一步发展。"①现代社会的分工，首先发生在农业和工商业之间，接着是商业同工业的分离，分工的扩展推动了交往的发展，这种状况不仅适用于民族内部，也适用于各民族之间。"各个民族的原始封闭状态由于日益完善的生产方式、交往以及因交往而自然形成的不同民族之间的分工消灭得越是彻底，历史也就越成为世界历史。"②生产力的不断发展推动了社会分工的发展，社会分工又进一步推动了交往的不断扩大，交往从一个民族扩展到不同的民族之间，最终扩展到整个世界，整个社会也随着分工和交往的扩大不断走向开放。

社会开放始于资本主义社会化大生产时期。人类社会发展经历了部落所有制、古典古代的公社所有制和国家所有制、封建的或等级的所有制、资本主义私有制。在这一过程中，社会分工不断细化，人们的交往也不断拓展，从家庭到城乡再到国家直至世界，社会也逐渐趋于开放。马克思恩格斯在《共产党宣言》中写道："资产阶级，由于开拓了世界市场，使一切国家的生产和消费都成为世界性的了……过去那种地方的和民族的自给自足和闭关自守的状态，被各民族的各方面的相互往来和各方面的相互依赖所替代了。物质生产是如此，精神的生产也是如此。"③资本主义的社会化大生产推动了生产和消费的世界化，打破了地区和民族的隔离，密切了人们多方面的交往和依赖，人类社会也自此走向开放。

完全开放的社会是自由人的联合体。马克思在《资本论》第一卷的序言中写道："现在的社会不是坚实的结晶体，而是一个能够变化并且经常处于变化过程中的机体。"④人类社会不断发展进步，只有到了共产主义社会才是真正完全开放的社会。因为共产主义社会是"以每一个个人的全面而自由的发展

---

① 中共中央马克思恩格斯列宁斯大林著作编译局．马克思恩格斯选集（第一卷）[M]．北京：人民出版社，2012：147.

② 中共中央马克思恩格斯列宁斯大林著作编译局．马克思恩格斯选集（第一卷）[M]．北京：人民出版社，2012：168.

③ 中共中央马克思恩格斯列宁斯大林著作编译局．马克思恩格斯选集（第一卷）[M]．北京：人民出版社，2012：404.

④ 中共中央马克思恩格斯列宁斯大林著作编译局．马克思恩格斯选集（第二卷）[M]．北京：人民出版社，2012：84.

为基本原则的社会"①。并强调"只有在共同体中，个人才能获得全面发展其才能的手段，也就是说，只有在共同体中才可能有个人自由"②。以往的社会都是建立在压迫阶级和被压迫阶级的基础之上的，个人基于共同的阶级利益结成了阶级的共同体，并以阶级成员而不是个人的身份处于这个共同体之中，而真正的个人自由只存在于统治阶级内部，对于被统治阶级来说，只是新的桎梏。只有在消灭了阶级之后，才能建立真正的共同体，也只有在"真正的共同体的条件下，各个人在自己的联合中并通过这种联合获得自己的自由"③。马克思强调了自由人在开放社会中的核心价值，而共产主义以往的社会都是阶级的社会，自由只存在于剥削阶级内部，被剥削阶级没有真正的自由。到了共产主义社会，每个个体才获得了真正全面的自由发展，才建立了真正自由人的共同体，也才建立了真正开放的社会。

马克思恩格斯的开放思想强调社会的开放是生产力发展到资本主义社会化大生产阶段的必然产物，生产的社会化推动了分工和交往的不断扩展，使得生产和消费都变成世界性的，地区和民族的自给自足和封闭保守的状态被打破，社会日趋开放。但是资本主义社会只是社会开放的开始，并不是真正意义上的开放，资本主义社会是阶级的社会，其交往和开放也受到阶级的限制，社会的开放和自由只是统治阶级及资产阶级内部的事情，对于被统治阶级而言并没有真正的开放和自由，只有消灭了阶级，把人们从阶级的桎梏中解放出来，成为自由而全面发展的个体，并由真正自由的个体建立自由人的联合体，这时的社会才能称为真正开放的社会。

（二）毛泽东的开放思想

毛泽东开放思想是其思想体系的重要组成部分，主要表现在两方面：一是结合不同时期革命和建设的中心任务，超越党派、阶级、职业以及身份的

---

① 中共中央马克思恩格斯列宁斯大林著作编译局．马克思恩格斯全集（第四十四卷）[M]．北京：人民出版社，2001：683．

② 中共中央马克思恩格斯列宁斯大林著作编译局．马克思恩格斯选集（第一卷）[M]．北京：人民出版社，2012：199．

③ 中共中央马克思恩格斯列宁斯大林著作编译局．马克思恩格斯选集（第一卷）[M]．北京：人民出版社，2012：199．

界限，建立最广泛的统一战线；二是主张对外开放。

统一战线是毛泽东开放思想的重要组成部分。中国共产党人在领导中国革命和建设的实践中，从来都不是故步自封的，其一直倡导并身体力行地建立最广泛的统一战线，团结一切可以团结的力量，推动中国革命和建设的进程。毛泽东在领导中国革命之初，就通过实地调查，深入分析了中国各阶级在革命中的地位和态度，明确了中国革命的领导力量、朋友和敌人。毛泽东在1925年作的《中国社会各阶级的分析》中明确，"工业无产阶级是我们革命的领导力量，一切半无产阶级、小资产阶级，是我们最接近的朋友。那动摇不定的中产阶级……其左翼可能是我们的朋友"[①]。在抗日战争期间，毛泽东一直强调建立最广泛的抗日民族统一战线。毛泽东在1935年12月发表的《论反对日本帝国主义的策略》中提出，党的基本任务就是建立广泛的民族革命统一战线。1937年5月8日在《为争取千百万群众进入抗日民族统一战线而斗争》中提出，要努力建立无产阶级、农民、城市小资产阶级、资产阶级抗日派在内的抗日民族统一战线。1937年"七七事变"之后，全国性抗战开始，毛泽东在《为动员一切力量争取抗战胜利而斗争》中提出："在国共两党合作的基础上，建立全国各党各派各界各军的抗日民族统一战线。"[②]随着抗日战争形势不断好转，统一战线不断扩大，1944年10月30日，毛泽东在《文化工作中的统一战线》中提出："我们的任务是联合一切可用的旧知识分子、旧艺人、旧医生，而帮助、感化和改造他们。为了改造，先要团结。"[③]毛泽东的统一战线思想强调根据社会形势发展变化和不同时期的中心任务，超越阶级、党派、职业和身份等诸种界限，不断调整和发展党的统一战线，在实践中强化了党的开放品格。

对外开放是毛泽东思想的重要组成部分。毛泽东的对外开放思想最早见于1936年年初，毛泽东在同埃德加·斯诺的谈话中指出，中国真正赢得了独立，"外国人在中国的合法贸易利益将会有比过去更多的机会"[④]。并借此表达

---

①　毛泽东.毛泽东选集（第一卷）[M].北京：人民出版社，1991：9.

②　毛泽东.毛泽东选集（第二卷）[M].北京：人民出版社，1991：356.

③　毛泽东.毛泽东选集（第三卷）[M].北京：人民出版社，1991：1012.

④　毛泽东.毛泽东文集（第一卷）[M].北京：人民出版社，1993：393.

了欢迎外国资本对中国投资的态度。自此之后，毛泽东在诸多场合一直强调对外开放。1938年，在中国共产党六届六中全会上，毛泽东同志指出："我们不是也不能是闭关主义者，中国早已不能闭关。"[①] 1944年8月，毛泽东同志在同美国军事观察组成员谢伟恩谈话时也表达了引进外部援助，实现中国工业化的想法，中国未来工业化的实现条件之一是通过美国资本的援助。[②] 新中国成立前夕，1949年在党的七届二中全会上，毛泽东进一步指出："我们必须尽可能地首先同社会主义国家和人民民主国家做生意，同时也要同资本主义国家做生意。"[③] 社会主义建设时期，1956年10月，毛泽东在《论十大关系》中指出，"我们的方针是，一切民族、一切国家的长处都要学，政治、经济、科学、技术、文学、艺术的一切真正好的东西都要学。"[④]

毛泽东的开放思想在国内主要表现为，根据革命形势发展的需要，打破党派、民族、团体、阶级、职业等的界限，建立最广泛的革命统一战线和抗日民族统一战线。对国外开放也是毛泽东同志的长期坚持。毛泽东在与埃德加·斯诺谈话时表明其对外开放的态度之后，其还在新民主主义革命和社会主义建设的各个时期都表达了对外开放的态度和决心，但由于毛泽东领导中国革命和建设所面临的国内和国际环境的制约，中国的开放只能是对内和对外的有限开放，并且在特定时期可能还会表现得较为封闭，但开放才是毛泽东及其同时代的领导人内在的真实想法，也是他们不懈的追求。他们已经深刻地认识到，中国的革命和建设不能闭关自守，中国必须走向开放。

（三）邓小平的开放思想

20世纪70年代末，以邓小平同志为核心的第二代中央领导集体审时度势，基于当时的国际国内形势，果断地把党和国家的工作重心转移到了经济建设上来，提出了对内改革和对外开放的基本国策。邓小平不仅亲自主导了中国改革开放的实践，还从开放的内涵、开放的必然性、开放的对象和领域、

---

① 毛泽东.毛泽东军事文选［M］.北京：中国人民解放军战士出版社，1981：190.

② ［美］约瑟夫·埃谢里克.在中国失掉的机会［M］.罗清，赵仲强，译.北京：国际文化出版公司，1989：260.

③ 毛泽东.毛泽东选集（第四卷）［M］.北京：人民出版社，1991：1435.

④ 毛泽东.毛泽东著作选读（下册）［M］.北京：人民出版社，1986：740.

对内开放与对外开放相结合等方面详细阐述了其开放思想。

开放的内涵。邓小平同志指出，任何一个国家要发展，孤立起来是不可能的，闭关自守也是不可能的。要实现我们的第一步和第二步目标，不开放不行，不加强国际交往不行，不引进发达国家的先进经验、先进科学技术成果不行，关起门来是不行的，这就叫对外开放。邓小平强调了开放对中国经济社会发展的重要意义，其明确开放就是打开国门，加强同国外的交往，学习和引进国外先进的经验和科学技术成果。

开放的必然性。邓小平主要从两方面论述开放的必然性。一是从中国发展的历史经验教训的角度分析。邓小平指出："中国在西方国家产业革命以后变得落后了，一个重要原因就是闭关自守。建国以后，人家封锁我们，在某种程度上我们也还是闭关自守，这给我们带来了一些困难。三十几年的经验教训告诉我们，关起门来搞建设是不行的，发展不起来。"[1] 二是从国际发展的潮流和趋势的角度分析。20世纪70年代以来，新科技革命推动的资金、商品、信息和人才在世界范围的流动越来越频繁，世界各国的交往越来越密切，开放程度也越来越高。1984年5月29日，邓小平会见巴西总统菲格雷多时就明确指出，现在世界上有两个问题比较突出，一是和平问题，二是南北问题，并且南北问题不解决，就会阻碍世界经济的发展。[2] 基于和平与发展是世界两大主题的重要判断，邓小平指出，未来国家间的竞争将主要是以科技、经济为核心的综合国力的竞争，经验一而再地证明"关起门来搞建设是不能成功的，中国的发展离不开世界"[3]。中国正反两方面的经验一再证明，闭关锁国只会落后，中国要发展，就要紧跟时代的潮流，就必须改革开放。

中国的开放是全方位的开放。邓小平所推动的开放是全方位的开放，主要表现在开放的对象和领域两方面。邓小平强调中国的对外开放是"对世界所有国家开放，对所有类型的国家开放"[4]。这一论述，打破了传统意识形态对中国开放的影响，将所有国家都纳入中国对外开放的行列，即中国的对外开

① 邓小平.邓小平文选（第三卷）[M].北京：人民出版社，1993：64.

② 邓小平.邓小平文选（第三卷）[M].北京：人民出版社，1993：56.

③ 邓小平.邓小平文选（第三卷）[M].北京：人民出版社，1993：78.

④ 邓小平.邓小平文选（第三卷）[M].北京：人民出版社，1993：237.

放包括西方发达国家、苏联东欧国家和第三世界发展中国家，并强调这些国家都有自己的特点和长处，可以大有作为。^①在邓小平同志的倡导和推动下，中国对外开放的领域也不断扩展，包括政治、经济和文化等诸领域。在政治领域，邓小平认为："经济管理、行政管理的效率，资本主义国家在许多方面比我们好一些。"^②对我们的行政管理体制改革有借鉴意义。在经济领域，邓小平指出，中国现代化的关键在于改变我国经济技术落后的局面，"我们要向资本主义发达国家学习先进的科学、技术、经营管理方法以及其他一切对我们有益的知识和文化"^③。在思想文化领域，邓小平认为："西方如今仍然有不少正直进步的学者、作家、艺术家在进行各种严肃的有价值的著作和创作，他们的作品我们当然要着重介绍。"^④中国的对外开放是全方位的开放，要学习和借鉴西方在政治、经济和文化建设方面的积极成果，学习的重点是西方先进的管理经验和科学技术，同时批判学习西方的政治和文化，汲取其营养，为我所用。

对外开放与对内搞活相结合。邓小平指出："关起门来有两种，一种是对国外，还有一种是对国内，就是一个地区对另一个地区，一个部门对另外一个部门。两种关门都不行。我们提出要发展得快一点，太快不切合实际，要尽可能快一点，这就要求对内把经济搞活，对外实行开放政策。"^⑤"对内搞活也就是对内开放；实际上都叫开放政策。"^⑥邓小平的开放思想并没有片面强调对外开放而忽视对内开放，其强调对内开放和对外开放的结合。对内开放就是对内搞活，消除地区间的壁垒，强化地区间的协同。中国的开放是对内对外开放的结合，中国要在对内对外的全方位开放中，全面发展和完善社会主义制度，全面解放社会主义生产力。

邓小平同志倡导并实践的改革开放国策开启了中国发展的快车道，其是中国开放的先行者和实践者，是中国改革开放的总设计师。邓小平深刻地阐

① 邓小平.邓小平文选（第三卷）[M].北京：人民出版社，1993：99.
② 邓小平.邓小平文选（第三卷）[M].北京：人民出版社，1993：56.
③ 邓小平.邓小平文选（第三卷）[M].北京：人民出版社，1993：44.
④ 邓小平.邓小平文选（第三卷）[M].北京：人民出版社，1993：44.
⑤ 邓小平.邓小平文选（第三卷）[M].北京：人民出版社，1993：64-65.
⑥ 邓小平.邓小平文选（第三卷）[M].北京：人民出版社，1993：98.

述了开放的内涵、意义、开放的领域以及具体的措施，为中国指出了一条开放发展的康庄大道，其开放思想深刻影响了中国的改革开放和民族复兴进程。

（四）江泽民的开放思想

20世纪90年代，世界经济一体化加速发展，国家间的交流与合作日益密切，中国的对外开放也发展到了新阶段。江泽民在继承邓小平开放思想的基础上，紧抓时代机遇，带领中国共产党和中国人民持续推进中国的改革开放进程，并将中国的开放推向了新高度。这一时期的开放思想主要体现在：全方位开放、走出去和引进来相结合以及世界的多样性。

全方位开放。江泽民在党的十四大报告中就已经指出，要形成多层次、多渠道、全方位的开放格局。党的十四大之后，中国的对外开放从沿海拓展到内陆，提出了西部地区的开放，并把实施西部大开发作为国家的一项重大战略。中国开放的领域也逐渐向电信、银行、保险等行业扩展。另外，中国还积极参加多边贸易体系，建立符合国际规则的开放规则体系。"十五"规划纲要提出，要对外商投资企业逐步实行国民待遇，制定统一、规范、透明的投资准入政策……深化改革，建立健全符合国际通行规则和我国国情的对外经济贸易体制。经过艰苦卓绝的谈判，中国终于在2001年11月10日正式加入世界贸易组织，成为世界贸易组织中的重要一员，中国也根据世界贸易组织的规则，不断完善和调整中国的经济贸易规则，让中国全面与世界接轨。

"走出去"与"引进来"相结合。江泽民指出："'引进来'和'走出去'，是我们对外开放基本国策两个紧密联系、相互促进的方面，缺一不可。"[1]并把"引进来"和"走出去"比喻成对外开放的两个轮子，强调二者必须同时转起来。在实施"走出去"战略的过程中，要强化政府的组织和支持。"西部各省区市还要立足本地实际，发挥自身优势，提高对外开放的水平，把'引进来'和'走出去'很好地结合起来，充分利用国内国外两个市场、两种资源。"[2]从而实现中国经济的快速发展。

世界的多样性理论。20世纪90年代，随着苏联解体，冷战结束，国际形

---

① 江泽民.江泽民文选（第二卷）[M].北京：人民出版社，2006：92.

② 江泽民.江泽民文选（第三卷）[M].北京：人民出版社，2006：60-61.

势趋于缓和，和平与发展成为国际主题，世界也从美苏两极向多极化过渡。江泽民敏锐洞察世界多极化趋势，其在党的十五大报告中指出："要尊重世界的多样性。当今世界是丰富多彩的。"针对世界的多样性，"我们主张，世界各种文明、社会制度和发展模式应相互交流和相互借鉴"①。江泽民基于世界多极化的判断，提出承认和尊重世界的多样性，并积极吸收和借鉴人类的一切先进文明成果，在学习和借鉴中推动中国的发展和进步。

江泽民的开放思想是对邓小平开放思想的继承和发展，是积极应对国内外形势发展变化的产物。江泽民时期积极主动作为，不断拓展中国开放的广度和深度，将中国广大的西部地区也纳入了中国开放的整体布局中。中国积极参与国际合作，加入世界贸易组织，推动中国的经济贸易规则与世界接轨，为中国的持续全面开放发展奠定了良好的基础。

（五）胡锦涛的开放思想

胡锦涛在十七大报告中高度概括了改革开放的历史地位。改革开放是毛泽东以来的三代中央领导集体不懈努力奋斗事业的重要组成部分。"改革开放是党在新的时代条件下带领人民进行新的伟大革命"②，其目的在于加强和改进党的领导、完善和发展社会主义制度、实现民族复兴。胡锦涛时期的开放思想主要表现在以下几方面。

面向所有国家开放。胡锦涛指出：开放就是"在和平共处五项原则的基础上，同世界各地区广泛开展经济技术合作和科学文化交流"③。因此，中国的开放要破除意识形态、发展水平和区位的限制，既要向资本主义国家开放，又要向社会主义国家开放；既要向发达国家开放，又要向发展中国家开放；既要向周边国家开放，又要向其他地区国家开放。在面向所有国家的开放中，广泛开展经济技术合作和科学文化交流，在合作和交流中，汲取众家之长，为我所用。

---

① 江泽民．江泽民文选（第三卷）［M］．北京：人民出版社，2006：523．

② 中国共产党第十七次全国代表大会文件汇编［G］．北京：人民出版社，2007：7．

③ 中共中央文献研究室．十六大以来重要文献选编（中卷）［M］．北京：人民出版社，2006：985．

积极推动高水平开放。进入21世纪，中国的经济社会发展迅速，中国的对外开放也迈向了更高的阶段。胡锦涛提出要发展开放型经济，通过市场换技术，推动制造业不断提高附加值；积极承接国际服务业转移，加快发展现代服务业；推动农业领域的开放，促进农业产业化集约化发展；协同推进沿海、沿边和内陆开放，形成均衡协调的全方位开放格局。

对外开放与对内开放相结合。胡锦涛提出"五个统筹"的战略，即统筹城乡发展、统筹区域发展、统筹经济社会发展、统筹人与自然和谐发展、统筹国内发展和对外开放。"五个统筹"，不仅打破城乡之间、地区之间、产业之间的分割，实现国内的互联互通，还通过统筹国内发展和对外开放，实现对内开放和对外开放的有机协同。

坚持对外开放与独立自主相结合。胡锦涛强调中国要"独立自主而又积极扩大对外开放，自力更生而又广泛借鉴国外先进技术"[1]。"既积极学习、消化、吸收外国先进技术，又大胆探索和创新。"[2] 中国的对外开放要以我为主，在对外开放中既要有目的地广泛学习外国先进技术，更要积极消化吸收并不断创新，在开放中学习和借鉴，在学习和借鉴中创新。另外，胡锦涛也强调人才的重要性，提出"利用国际国内两种人才资源，做到自主培养开发人才与引进海外人才并重"[3] 人才战略。独立自主与对外开放既相互依存，又相互促进，二者共同构成了中国对外开放的基本原则。

胡锦涛继承了毛泽东、邓小平和江泽民的对外开放思想，并结合国际和国内形势的变化，优化调整了改革开放的策略，提出对内开放与对外开放相结合，沿海沿边内陆共同开放，在对外开放中坚持独立自主等思想，其将中国的开放又向前推进了一大步。

---

[1]　中共中央文献研究室.十六大以来重要文献选编（上卷）[M].北京：人民出版社，2005：59.

[2]　中共中央文献研究室.十六大以来重要文献选编（上卷）[M].北京：人民出版社，2005：490.

[3]　中共中央文献研究室.十六大以来重要文献选编（上卷）[M].北京：人民出版社，2005：581.

（六）习近平的开放思想

以习近平同志为核心的党中央在继承几代共产党人开放思想的基础上，不断创新，把中国的开放推向了一个新高度。习近平指出，在新的起点上，将坚定不移地扩大对外开放，创造更全面、更深入、更多元的对外开放格局，中国开放的大门会越开越大。习近平的开放思想主要体现在以下几方面。

人的开放是国家开放的前提。习近平指出，"一个国家对外开放，必须首先推进人的对外开放，特别是人才的对外开放。如果人思想禁锢、心胸封闭，那就不可能有真正的对外开放。因此，对外开放要着眼于人、着力于人，推动人们在眼界上、思想上、知识上、技术上走向开放，通过学习和应用世界先进知识和技术，进而不断把整个对外开放提高到新的水平"[①]。这段话包含两方面的内容：一是人的开放是国家开放的前提和基础，人的开放包括眼界的拓宽、思想的解放、知识面的拓展和技术层面的进步；二是从国家层面推进人才政策的开放创新，人才政策开放创新就是打破人才的地域和归属关系，不唯地域吸引人才、不求所有开发人次、不拘一格使用人才，培育国内人才和主动吸引海外人才并举，让人才待得住、用得好、流得动。

文明间的包容互鉴。进入新时代，世界日益多元，国际间的竞争合作日趋激烈。针对国际形势的新变化，习近平指出，文明多样性是人类社会的基本特征。不同民族、不同文明多彩多姿、各有千秋，没有优劣之分，只有特色之别，不同文明之间要取长补短，兼收并蓄。[②] 正所谓，人类悠久的历史孕育出了多姿多彩的人类文明，每一种文明都是人类创造的优秀文化成果，展现了不同民族的成长历程，昭示了人类社会的发展进步。文明之间可以有内容、形式、发展阶段的不同，但不存在高低优劣之分。尊重文明的多样性，在包容的基础上推动不同文明的交流互鉴，才能实现人类社会的共同繁荣。

合作共赢的开放理念。习近平指出："我们要坚持开放的发展，让发展成

① 习近平. 习近平在同外国专家座谈时强调：中国要永远做一个学习大国［EB/OL］.（2014-05-24）［2021-11-20］. http：//jhsjk.people.cn/article/25058948.

② 习近平. 习近平在和平共处五项原则发表60周年纪念大会上的讲话［EB/OL］.（2014-06-28）［2021-11-21］http：//www.xinhuanet.com/politics/2014-06/28/c_1111364206_2.html.

果惠及各方。在经济全球化时代，各国要打开大门搞建设，促进生产要素在全球范围更加自由便捷地流动。各国要共同维护多边贸易体制，构建开放型经济，实现共商、共建、共享。"①合作共赢是时代发展的潮流和趋势，中国顺应时代发展的潮流，主导成立亚洲基础设施投资银行，积极推动"一带一路"沿线国家合作，推动区域经济一体化等。中国用自己的实际行动参与并推动了世界各国的合作共赢。

构建人类命运共同体。2012年习近平主席在同外国专家代表座谈时，首次提出命运共同体理念，认为"国际社会日益成为一个你中有我、我中有你的命运共同体"。党的十八大报告中进一步明确了建立人类命运共同体的基本准则，即建立平等相待、互商互谅的伙伴关系，坚持多边主义，奉行双赢、多赢、共赢理念，营造公道正义、共建共享的安全格局，谋求开放创新、包容互惠的发展前景，促进和而不同、兼收并蓄的文明交流，构筑尊崇自然、绿色发展的生态体系，建立多边、民主、透明的全球互联网治理体系等。人类命运共同体是习近平总书记对当前国际形势和国际关系的深刻认识和准确判断。当今社会，交通、通信技术的进步促进了人们之间的交流与合作，"地球村"的概念已经成为共识，不同国家、不同民族、不同群体的利益联系日益密切，人类社会面临越来越多的共同挑战，建立命运共同体成为必然。习近平审时度势，突破既有的民族和国家界限，提出构建人类命运共同体，是对当前人类社会发展现实和未来趋势的准确认识。

习近平基于对世界形势、中国国情和中国国家地位变化的深刻认识和准确把握，审时度势持续推进中国改革开放进程，不断丰富和完善中国特色的开放理论，贡献世界发展进步的中国智慧和中国力量。

（七）马克思主义开放思想对脱贫村开放治理的启示

马克思主义饱含丰富的开放思想，诸如开放的必然性、全方位开放、对内开放和对外开放相结合、人的开放、建立人类命运共同体等，其将对脱贫村开放治理产生多方面的影响。

脱贫村开放治理的必然性。马克思认为社会开放是社会化大生产的产物，

---

① 习近平.共倡开放包容共促和平发展［N］.人民日报，2015-10-23（2）.

社会化大生产推动了社会分工，进而密切了社会交往，推动了社会不断走向开放。毛泽东以来的中国共产党人都强调开放的必要性和重要性。改革开放以来，中国不断扩大对内对外开放，深度参与国际分工与合作，社会交往不断扩大，使得农业和农村也日益融入国际和国内两个大市场。脱贫村自脱贫攻坚以来，加速融入社会主义市场经济体系，参与国际国内的市场竞争，其必须学习和借鉴国内外农业和农村发展方面的有益经验，在对内对外开放交往中推动自身的发展。

脱贫村开放治理是全面的开放。中国共产党从第一代领导集体开始就强调全面开放，并不断拓展开放的领域和深度。以邓小平同志为核心的第二代领导集体，开启了中国改革开放的新征程。邓小平指出中国的开放是对世界所有国家的开放。江泽民提出全方位开放，并带领中国在2001年加入世界贸易组织，把中国对外开放推向了新高度。胡锦涛强调在和平共处五项原则的基础上向所有国家开放，并把开放领域拓展到现代服务业、农业等领域。习近平积极推进中国融入国际社会，参与国际规则制定，提出构建人类命运共同体等。基于此，脱贫村开放治理也应该是全面的开放，从治理主体、治理结构、治理过程和治理方式等方面全方位开放。

脱贫村开放治理是对内开放和对外开放的结合。邓小平同志在推进改革开放时强调，要把对内经济搞活和对外开放相结合，对内经济搞活就是对内开放，都属于开放。江泽民同志在推进中国改革开放的进程时提出，要实施"走出去"和"引进来"相结合。胡锦涛同志提出要统筹国内发展和对外开放的关系。习近平提出了共商、共建和共享的开放理念。基于此，脱贫村开放治理不仅仅是对外开放，将外部市场主体和社会主体引入脱贫村治理场域，平等参与其治理过程。脱贫村还必须推动对内开放，以内部的开放推动对外的开放，通过内部治理主体开放观念和能力的培养，推动脱贫村治理高效对外开放。

脱贫村开放治理是一个持续的过程。马克思把社会看作是一个不断变化的有机体。中国共产党人根据不断发展变化的国际国内形势，适时调整和优化开放的策略，通过一代又一代人的不懈努力，不断把中国的开放推向新的高度，因此，开放是一个长期持续的过程。基于此，我们要长期持续不断地推进脱贫村开放治理进程，根据脱贫村的实际情况以及脱贫村不同发展阶段的发展任务，优化和完善脱贫村的开放治理体系。

脱贫村开放治理要以人为中心。马克思恩格斯强调全面而自由发展的人是开放的共产主义社会的核心要素。中国共产党也一直强调人的重要作用，诸如胡锦涛强调改革开放中要利用好国际国内两种人才，做到人才的自主培养和引进并重。习近平强调人的开放尤其是人才的开放是国家开放的前提，要推动人们在眼界上、思想上、知识上、技术上的全面开放。由此我们可以看出，人的开放是社会开放的核心。基于此，脱贫村的开放治理也要以人为中心，不仅要培养原生治理主体的开放思维和开放理念，还要积极吸引外部人才参与脱贫村治理过程，贡献治理力量和智慧。

脱贫村开放治理要建立脱贫村治理共同体。以习近平同志为核心的党中央把中国的开放推向了一个新高度，并基于人类面临的共同问题和共同利益诉求，提出并倡导了构建人类命运共同体的理念。借鉴人类命运共同体的理念，脱贫村开放治理也应构建脱贫村发展和治理共同体。脱贫村治理要面向所有愿意参与脱贫村发展和治理的主体开放，形成多元主体共同参与的脱贫村开放治理共同体，通过多主体的共商、共建、共治，最终实现各方主体的共赢。

马克思主义开放思想蕴含丰富的内容，既是开放治理实践的理论升华，也是经过实践检验的理论成果。以马克思主义开放思想为指导，多维度推动脱贫村的开放治理，强化脱贫村开放治理中开放的人的核心价值，推动脱贫村治理的全方位持续开放，建立脱贫村内生治理主体、外部市场主体和外部社会主体共同参与的治理共同体。通过协同共治，充分发挥多种主体的积极性，调动多种资源推动脱贫村的振兴和共同富裕。

三、国家治理理论

中国社会是一个超大型的复杂社会，有着悠久的历史、灿烂的文化和丰富的治国理政资源。基于中国革命、改革、发展和治理的实践，总结正反两方面的经验教训，并积极借鉴和吸收国外治理方面的有益经验，通过持续的实践和理论探索，形成了中国特色的国家治理理论。2013年，党的十八届三中全会正式把完善和发展中国特色社会主义制度、推进国家治理体系和治理能力现代化作为全面深化改革的总目标。国家治理正式成为中国特色的理论体系和话语体系，成为指导中国改革和发展实践的重要理论支撑。基层治理是国家治理的基石，也是国家治理的重要组成部分。中共中央国务院于2021年印发了《关于加强基层治理体系和治理能力现代化建设的意见》，就基层治理现代化的目标、原则和具体的治理制度等做了较为详细明确的要求。

（一）国家治理理论的内涵

国家治理体系和治理能力现代化进入政府的话语体系，成为中国特色的理论体系之后，学术界也迅速掀起了研究国家治理的热潮。作为中国特色理论体系和话语体系的国家治理理论研究主要涉及以下几方面。

国家治理理论的界定。王浦劬（2014）将国家治理界定为"中国共产党领导人民科学、民主、依法和有效地治国理政"[①]。丁志刚（2015）认为，国家治理的构成要素一般包括治理主体多元，治理方式多样，治理过程的多向互动，治理结构稳定以及对协作、有序、民主、高效治理价值的追求。[②]俞可平（2019）认为，国家治理源于中国独特的国家治理实践，并从比较政治学的角度对这一模式进行了总结，其特征主要是以党组织为主导的多元治理结构，渐进的增量创新路径，以点带面的治理改革策略，典型示范的治理改革路径，更加重视协商民主，稳定压倒一切的核心价值，法治与德治并举，条块结合的治理格局。[③]李修科认为，中国的国家治理有三重内在规定性，即马克思主义的国家治理观、坚持和巩固中国共产党的领导地位、建构一个现代国家并发挥国家在治理中的核心地位。[④]燕继荣认为，国家治理是对传统国家统治和国家管理的扬弃，其强调国家政权要向全体公民负责并可以被问责，国家政

---

① 王浦劬.国家治理、政府治理和社会治理的含义及其相互关系［J］.国家行政学院学报，2014（3）：12.

② 丁志刚.论国家治理能力及其现代化［J］.上海行政学院学报，2015，16（3）：62.

③ 俞可平.国家治理的中国特色和普遍趋势［J］.公共管理评论，2019（1）：27-30.

④ 王浦劬.国家治理现代化研究（第三辑）［M］.北京：中国社会科学出版社，2019：55-70.

权所有者、管理者和利益相关者等共同参与国家管理，政府、市场和社会等
协同治理。[①] 陈黎梅（2021）从四重维度解读了国家治理现代化的意蕴，即以
马克思主义为指导思想，以中国共产党为领导核心，以中国特色社会主义制
度为基本遵循，以人的自由全面发展为价值目标。[②]

习近平的国家治理思想。刘志昌（2016）认为，习近平国家治理现代化
的主要内容为：以坚持、发展和完善中国特色社会主义制度为重点，以保证
人民当家作主为根本，以建设社会主义法治国家为抓手，以创新社会治理体
制机制为关键，以培育和弘扬社会主义核心价值体系为先导，以坚持和完善
党的领导为前提。[③] 何显明（2019）认为习近平国家治理现代化思想要点主要
包括：党在国家治理体系中的核心领导地位；党领导下的多元治理主体既分
工负责又相互协同的治理结构；以法治作为国家治理的基础，并强调法治和
德治的结合；选举民主和协商民主的统一；共商共建共享的全球治理观。[④] 孔
新峰（2019）认为，中国国家治理体系是党的领导、人民当家作主和依法治
国的有机统一。[⑤] 齐卫平（2020）认为习近平国家治理现代化思想的核心观点
是以治理体系和治理能力现代化为重点，以完善社会主义制度为根本，以全
面依法治国为基本路径，坚持中国道路。[⑥] 陈华平和曾小文（2021）总结习近
平国家治理话语体系的理论逻辑为：以党的领导为核心、以人民为中心是其
出发点和落脚点，新的经济发展理念是主线。[⑦] 学术界对国家治理的理论研究
揭示了国家治理的理论内涵及其理论体系，为中国话语体系的国家治理理论
奠定了基础。

---

① 王浦劬.国家治理现代化研究（第三辑）[M].北京：中国社会科学出版社,2019：3-20.

② 陈黎梅.新时代我国国家治理现代化的理论意蕴四维解读——兼驳斥"国家治理现代
化即资本主义化"论[J].西南大学学报（社会科学版），2021，47（3）：49-58.

③ 刘志昌.习近平国家治理现代化思想研究[J].社会主义研究，2016（5）：16-19.

④ 何显明.习近平国家治理体系和治理能力现代化重要论述的理论创新意蕴[J].观察
与思考，2019（1）：5-18.

⑤ 孔新峰.习近平关于推进国家治理体系和治理能力现代化重要论述的历史逻辑与科学
内涵[J].当代世界社会主义问题，2019（1）：12-21.

⑥ 齐卫平.习近平关于国家治理现代化重要论述研究[J].当代世界与社会主义，2020
（5）：33-40.

⑦ 陈华平，曾小文.习近平国家治理话语体系研究[J].安徽行政学院学报，2021（3）：
19-25.

　　2019年，党的十九届四中全会审议通过了《关于坚持和完善中国特色社会主义制度推进国家治理体系和治理能力现代化若干重大问题的决定》，从十三个方面总结了我们国家制度和国家治理体系的优势，涵盖政治、经济、文化和外交等多个方面。就狭义的治理角度来看，文件主要强调了党的集中统一领导、人民当家作主、全面依法治国、共建共治共享的社会治理体制等。从学术界的分析和相关政策文件的规定来看，国家治理理论有以下几个方面的显著特点：强调以马克思主义为指导、坚持党的全面领导、以人民为中心、以政府为主导、多元主体共建共治共享。

　　第一，以马克思主义为指导。马克思主义的基本理论、观点、方法和中国实践的结合产生了中国化的马克思主义。国家治理理论也是在马克思主义指导下，基于中国革命和社会主义建设实践形成的指导中国经济社会转型发展的伟大理论创新，其是马克思主义中国化的新的理论成果。坚持和发展马克思主义是国家治理理论的内在要求和应有之义。

　　第二，坚持党的全面领导。中国共产党的领导是中国特色社会主义的最本质特征，坚持党的全面领导也是国家治理理论的核心要义。中国革命和社会主义建设的成功经验已经充分证明"办好中国的事情，关键在党"[①]。党的十九大也对党的全面领导做出了明确的解释，即"党政军民学，东西南北中，党是领导一切的"。但党的全面领导并不意味着事无巨细全由党来负责，党的全面领导主要集中在"把方向、谋大局、定政策、促改革"四方面。坚持党的全面领导还要不断发展和完善党的领导，通过制度创新和党的自身建设，不断增强党的政治领导力、思想引领力、群众组织力和社会号召力，在发展和完善中坚持党的全面领导。

　　第三，以人民为中心。国家治理理论强调人民的中心地位。人民是国家的主人，国家的一切权力来自人民，人民是决定党和国家前途命运的根本力量。新的历史时期，人民的中心地位得以不断巩固和强化。党的十八届五中全会强调"必须坚持以人民为中心的发展思想，把增进人民福祉、促进人的全面发展作为发展的出发点和落脚点"。中国共产党人更是将自己的初心和使

---

① 中共中央文献研究室编.十七大以来重要文献选编（下）[M].北京：中央文献出版社，2013：437.

命定义为：为中国人民谋幸福，为中华民族谋复兴。在社会主义建设实践中，通过不断完善人民当家作主的制度体系，拓宽人民参政议政的渠道，保障人民的知情权、参与权、表达权、决策权、监督权，推动人民的规范参与、民主协商、民主决策、民主管理和民主监督，坚持和实现以人民为中心的治理。

第四，以国家为主导。国家治理理论与西方治理理论的重要区别之一就是，西方的治理理论是社会中心论的，而国家治理理论则强调转型发展过程中国家的主导地位和作用。中国是一个超大规模的社会，社会治理的复杂程度和难度非常大。从20世纪80年代以来，中国开始推动社会的全面转型，各项改革不断深入，利益关系和利益结构面临深刻调整，社会矛盾在一定程度上趋于激化，亟须一个强有力的国家主导社会的转型，将社会的转型控制在秩序的范围内，进而更好地实现和维护最广大人民群众的根本利益。中国通过长期的实践探索，形成了通过国家的顶层设计有序推动社会转型发展的模式，在推动中国社会转型的同时保持了社会稳定和经济社会的快速发展。

第五，法治与德治并举。国家治理理论强调依法治国和以德治国的有机结合。通过建立完备的法律体系和高效严密的法治实施、监督保障体系，实现法治国家、法治政府和法治社会的有机统一。国家治理理论在强化依法治国的同时也高度重视以德治国的作用。强调以社会主义核心价值体系为基础，批判吸收中国传统德治的有益经验，建构中国特色伦理道德体系，通过政府的引领、示范和推动，通过全社会的践行，将中国特色社会主义伦理道德体系内化于心、外化于行，有效提高社会治理的效率。法治与德治的有机协同是推动国家高效治理的必然，也是国家治理理论的重要内容。

第六，多主体共建共治共享。改革开放后，随着国家经济社会的快速发展，人民的利益主体意识不断觉醒，各类社会组织也不断发育，公民和社会组织的民主参与意识不断增强。另外，基层群众自治的长期实践对人民民主参与意识和能力的培养以及国家对人民参政议政渠道的拓展，推动中国社会治理逐渐形成了多主体共建共治共享的新治理格局。

国家治理理论是中国特色社会主义治理实践的理论升华，其已经形成较为完善的理论体系，对推动国家治理体系和治理能力现代化发挥了积极作用。脱贫村开放治理作为国家治理的重要组成部分，其必然要在国家治理理论指导下，形成自己完整的理论表达，并以脱贫村治理层面的开放推动脱贫村的全面开放，助推脱贫村的发展振兴。

（二）国家治理理论对脱贫村开放治理的启示

脱贫村开放治理是中国治理场域和话语体系内的理论探索。国家治理理论是中国社会转型发展经验在治理层面的理论升华，其对中国各个层面的治理都具有极强的指导意义。国家治理理论给予脱贫村开放治理的启示主要有以下几方面。

脱贫村开放治理要在马克思主义指导下进行理论建构。马克思主义是在中国革命和建设实践中不断发展并不断验证的理论体系。国家治理理论是中国化的马克思主义。中国革命和建设离不开马克思主义的指导，脱贫村的开放治理是中国国家治理的重要组成部分，其同国家治理理论一样，必然要在马克思主义的指导下，将马克思主义的基本原理和方法应用于脱贫村发展和治理的实践，形成中国特色的脱贫村开放治理理论体系和话语体系，助推脱贫村善治和振兴。

脱贫村开放治理是党领导下的脱贫村治理模式的完善。中国特色社会主义制度的最本质特征就是坚持党对社会主义事业的全面领导。农村党组织是党在农村基层工作的战斗堡垒，是党的全部工作和战斗力的基础。脱贫村开放治理也必须始终坚持党的全面领导，以农村党组织的开放，引领和推动脱贫村治理的开放。具体到脱贫村开放治理实践中就是：一要坚持党组织对脱贫村开放治理的全方位全过程领导；二要不断推动脱贫村党组织的持续有序开放，将脱贫村党组织的开放规范化制度化；三是通过脱贫村党组织的开放，引领和推动脱贫村治理的开放。

脱贫村开放治理要以参与脱贫村治理场域中的人为中心。国家治理理论强调以人民为中心，即人民主体性和人民立场。人民的主体性表现在人民是国家一切权力的来源，是国家的主人，通过制度改革和完善，保障人民的治理主体地位。人民立场就是一切为了人民，时刻站在人民的立场上思考问题，以人民的价值和利益作为评价各项事业成败的根本标准。脱贫村开放治理中的人民立场就是要突破现有的户籍村民的范围，将参与脱贫村振兴和发展的所有人都纳入进来。脱贫攻坚迎来了以政府为主体的外部帮扶力量的大规模进入，贫困村脱贫摘帽成为脱贫村，继而走上乡村振兴的道路。脱贫村的振兴依然迫切需要外部力量对脱贫村发展和治理的参与和支持，这就需要通过现有脱贫村治理体制机制的改革和完善，将这些外部市场主体和社会主体纳入到脱贫村治理主体的范畴之内，构建脱贫村振兴场域中多元利益主体共商共建共治共享共赢的新治理模式，通过共商共建共治实现脱贫村振兴红利的共享共赢。

脱贫村开放治理的实现离不开国家的支持。国家治理理论强调国家在转型发展中的重要作用，通过顶层设计有序推动社会变革，通过制度的完善和创新推动改革发展并巩固改革成果。脱贫村开放治理是脱贫村治理领域的一次重大转型，是国家治理体系改革和完善的重要组成部分，是脱贫村在治理层面的一次深刻改革，会对脱贫村既有的利益结构和利益关系造成冲击。这一切都需要国家的主动作为，实时进行制度调整和创新，提供政策优惠和支持，从多方面推动脱贫村开放治理进程，巩固脱贫村开放治理的成果。

脱贫村开放治理方式现代化。2018 年的中央一号文件明确提出治理有效是乡村振兴的基础，在乡村治理中要坚持自治、法治、德治相结合。但随着技术的进步，中国的社会治理中又增加了科技支撑的内容。2021 年的中央一号文件《中共中央国务院关于全面推进乡村振兴加快农业农村现代化的意见》明确提出，实施数字乡村建设发展工程。推动农村千兆光网、第五代移动通信（5G）、移动物联网与城市同步规划建设。这些条件也为农村积极推动信息化治理创造了条件。脱贫村治理方式的现代化就理所当然成为脱贫村开放治理的重要内容。从国家关于农村治理的整体要求来看，脱贫村开放治理方式现代化就是要在传统治理方式的基础上，不断吸收和借鉴社会关于治理方式方法的最新成果，在实践中创新农村的治理方式。就目前脱贫村治理实践来讲，就是要推进脱贫村自治、法治、德治和智治的现代化和有机结合。

开放社会理论、马克思主义开放思想和国家治理理论给予了脱贫村开放治理以丰富的理论滋养，为脱贫村开放治理理论建构提供了坚实的理论基础。脱贫村应积极汲取这些理论成果的有益经验，并结合自身的治理实践，建构中国特色的脱贫村开放治理理论，指导脱贫村的开放治理，推动脱贫村的开放发展和高效振兴。

第二节　脱贫村开放治理的内涵及核心要素

脱贫村治理走向开放是脱贫村发展振兴的必然。借鉴开放社会理论、马克思主义开放思想和国家治理理论，结合脱贫村治理的实践及其面临的乡村振兴和共同富裕的新发展任务，建构脱贫村开放治理理论框架。从治理层面回应脱贫村振兴发展急需引入外部市场力量和社会力量参与的诉求，建立内生治理主体和外部市场主体以及外部社会主体共同参与的脱贫村治理共同体，为脱贫村的振兴打好治理有效的基础。

一、脱贫村开放治理的内涵及特征

脱贫村开放治理是指脱贫村治理场域内，自为的多元治理主体，基于实现和维护共同利益的需要，在弹性化治理结构基础上，运用现代化的治理技术和手段，通过持续互动和平等协商，实现脱贫村持续有效治理的活动。由脱贫村开放治理的内涵可以看出，脱贫村开放治理的目的是脱贫村治理场域中的多元治理主体的共治共赢；脱贫村的开放治理是脱贫村治理层面的主动开放；脱贫村开放治理是静态状态和动态过程的有机统一；脱贫村开放治理是主体、结构、过程和方式的有机统一；脱贫村开放治理是价值理性和工具理性的有机结合。

脱贫村的开放治理是参与脱贫村治理的多元治理主体的共治共赢。国家在脱贫攻坚中投入了大量的人力、物力和财力，解决了贫困村的绝对贫困问题，使得贫困村脱贫摘帽成为脱贫村。刚刚摆脱绝对贫困的脱贫村面临两大任务：一是巩固脱贫攻坚成效，二是推动乡村振兴。但是从脱贫攻坚的实践经验以及脱贫攻坚为脱贫村奠定的"两不愁三保障"的发展基础来看，脱贫村两大发展任务的实现依然离不开外部力量的支持。脱贫村的外部支持力量主要是政府、市场主体和社会主体，政府参与脱贫村发展是基于政治利益的诉求，而外部市场主体和社会主体参与脱贫村发展主要基于经济利益和社会利益诉求。政治是利益的集中表现，又反作用于利益。参与脱贫村发展振兴的外部市场主体和社会主体基于维护和实现自身利益的需要，产生介入脱贫村治理的诉求，并通过治理层面的平等协商解决利益层面的矛盾和冲突。因此，脱贫村开放治理是脱贫村内外治理主体通过治理层面的合作共治实现利益层面共赢的过程。

脱贫村开放治理是脱贫村治理层面的主动开放。以脱贫攻坚到乡村振兴的转变是从国家集中力量支持特定类型农村发展到推动全部农村全面振兴的转变，在这一过程中，政府的作用方式和支持政策也在发生转变。脱贫攻坚期间，针对贫困村采取的以政府为主体并发挥主导作用的直接帮扶模式必然向国家普惠式支持转型，脱贫村未来高质量发展振兴亟须市场力量和社会力量的积极介入。目前，在村民自治制度、户籍制度、集体产权制度、既有治理的惯性等诸多因素的综合作用下，脱贫村形成了一个以脱贫村行政区划为地理边界，以户籍和农村集体产权为权利分配边界，以户籍村民为主体、户籍村民的差异化组合为基础的各类组织为依托，以户籍村民的直接参与和少数服从多数为基本形式的封闭治理格局。面对封闭的治理格局，行政力量可以依靠既有的严密政权组织体系和法定的权威，强行进入脱贫村治理场域并主导其治理过程，但市场力量和社会力量由于缺乏行政化力量的强制力，其对脱贫村治理的参与则必须基于脱贫村现有治理的主动开放。通过治理层面的主动开放，吸引和推动外部市场力量和社会力量对脱贫村治理和发展的全面参与，推动脱贫村的全面振兴。

脱贫村开放治理是静态状态和动态过程的有机统一。脱贫村开放治理作为一种静态的状态主要表现在治理主体和治理结构两个层面。从治理主体来看，脱贫村开放治理体现在脱贫村治理主体突破了既有的内生治理主体治理的格局，形成脱贫村内生主体、外部市场主体和外部社会主体合作共治的格局。从治理结构来看，脱贫村开放治理要突破户籍、集体产权、村民自治制度等建构的封闭治理格局，通过对既有制度的改革和创新，增强既有治理结构的弹性，以弹性的治理结构积极吸纳脱贫村振兴和治理过程中不断出现的新力量，同时实时应对发展变化中出现的新挑战。脱贫村开放治理的动态性突出地表现在主体的变动性、结构的弹性化、治理过程性以及治理方式的现代化。主体的变动性主要表现为脱贫村治理主体会随着脱贫村振兴进程的推进而不断发展变化，既有内部主体的退出，也有外部市场主体和社会主体的进入。脱贫村治理结构的弹性化也意味着其治理结构的动态性，能随着脱贫村开放发展的需要实时调整。脱贫村治理是一个动态的过程，涵盖治理议题的提出、决策、执行、监督等环节，各个治理环节有机衔接，构成完整的脱贫村治理过程。现代化本身就是一个过程，脱贫村治理方式的现代化强调脱贫村要实时学习和借鉴国内外治理方面的积极成果，不断更新和发展其治理方式。

脱贫村开放治理是系统化的整体开放。脱贫村的开放治理涵盖治理主体、治理结构、治理过程和治理方式。治理主体方面，打破脱贫村主要由政府和脱贫村户籍村民治理的格局，为参与脱贫村振兴的外部市场主体和社会主体参与脱贫村振兴和治理过程提供便利。治理结构方面，完善脱贫村治权分配制度，开放脱贫村治权的分享，推动脱贫村治理结构的弹性化建构，实时迎接脱贫村振兴发展对脱贫村治理结构产生的挑战。脱贫村治理过程的开放是脱贫村开放治理的核心。在治理过程开放中，推动内部原生治理主体与外部市场主体和社会主体的有机协作。治理方式是治理的工具层面，推动自治、法治、德治和智治的现代化及其有机结合。以工具层面的现代化支撑脱贫村治理的现代化，为参与脱贫村治理的各个主体提供便捷有效的参与工具和手段。

脱贫村开放治理是价值理性和工具理性的有机结合。脱贫村开放治理本身就是脱贫村治理的发展目标，是脱贫村治理现代化的应有之义。脱贫村开放治理的工具理性体现在通过治理层面的开放，吸引外部市场主体和社会主体对脱贫村治理的有效参与，进而实现内生主体和外部主体在治理层面的平等协商和合作共治，并以治理层面的合作共治推动双方在经济社会发展层面的共建共享共赢，最终实现脱贫村的全面振兴以及共同富裕。

二、脱贫村开放治理的核心要素

脱贫村开放治理是治理主体、治理结构、治理过程和治理方式的有机统一。其中，人是治理中最积极、最活跃的因素，治理主体的自为多元是脱贫村开放治理的基础。治理结构是脱贫村开放治理的结构载体，治理结构的开放体现在治理结构的弹性化，其承担着实现和巩固开放治理成果的重任。治理过程是脱贫村开放治理的核心，治理过程的开放体现为多元治理主体对治理过程的有效介入。开放的治理过程是多元治理主体进行实体治理的环节，其包括提出议题、共同协商形成决策、有效推进执行、全程监督并及时反馈修正决策等具体的环节，开放治理的成果都要在治理过程中得以体现和展开，因此，治理过程的开放是脱贫村开放治理的核心。治理方式的开放是开放治理的工具支撑，治理方式的开放体现在治理方式的现代化，治理方式的现代化为脱贫村开放治理的高效实现提供了工具支撑。治理主体的自为多元、治理结构的弹性化、治理过程的有效介入和治理方式的现代化共同构成了脱贫村开放治理的基本架构。

脱贫村治理主体的自为多元是脱贫村开放治理的基础。人是治理中最活跃的因素，既是治理的主体，也是治理服务的对象，因此，脱贫村的开放治理应该从人的开放入手。人的开放首先强调参与脱贫村治理的人要从自在的主体向自为的主体转变，摒弃个体化、无意识、非制度化和边缘化参与的过去，走向组织化、主动化、制度化和中心化参与，让参与脱贫村治理的所有主体尤其是内生治理主体成为脱贫村治理的自为主体，通过其积极的治理行动，推动内生治理主体与外部市场主体和社会主体的有效合作，实现脱贫村振兴的共商共建和脱贫村振兴红利的共享。多元是脱贫村治理主体开放的又一重要内容。治理主体开放意义上的多元是打破脱贫村现有治理中主要以户籍人口为主体和户籍人口差异化组合为基础的多元化，引入外部治理力量，实现内外治理主体在脱贫村治理场域的共治，是内外治理主体共同参与基础上的多元化。

治理结构的弹性化是脱贫村开放治理的结构载体。社会系统本身就是一个动态平衡的系统，任何治理结构都必须植根于它所处的环境之中，并随着环境的变化而不断变化。脱贫村治理在多元目标导向、多元主体参与以及迅速发展变化的环境等因素的综合作用下必然要实时变化和调整，也就必然趋于弹性。弹性化治理结构是针对刚性治理结构而言的，是要弥补刚性治理结构灵活性不足的缺陷。脱贫村现有的治理结构就是刚性的治理结构，其核心制度建构主要是脱贫村的户籍制度、治权分配制度、集体产权制度和村民自治制度等。脱贫村的治权分配以户籍制度为核心。农村现行的户籍制度源于20世纪50年代末的城乡二元体制，是以控制城乡间人口流动为目的的。改革开放后的户籍制度改革主要是以放松城镇的户籍准入为目标，即开放城市户籍，而农村的户籍还是一个较为封闭的体系。脱贫村户籍的相对封闭性也就导致了脱贫村治权分配的封闭性。农村的集体产权制度以农村土地的集体所有制为核心，是以家庭经营为基础，通过家庭免费长期享有农村土地的承包权，建立了一个相对封闭的土地权益分配制度安排。村民自治制度建构的治理机制是户籍村民按照少数服从多数原则进行自我治理的制度安排，并没有为外部市场主体和社会主体实质介入提供相应的制度安排。总之，这些制度构建了一个相对封闭的刚性的治理结构，强化了户籍村民在脱贫村治理中的主体地位和优势地位，无法有效吸纳外部市场主体和社会主体，更无法支撑外部市场主体和社会主体对脱贫村治理的便捷有效参与和合作共治。脱贫村治理结构的弹性化就是改革和完善脱贫村现有的治理结构，增加现有治理结构的弹性，及时吸纳脱贫村振兴发展的外部市场主体和社会主体，回应脱贫村发展目标转换和发展环境变化给脱贫村治理带来的新挑战。

治理过程的有效介入是脱贫村开放治理的核心。脱贫村治理过程的有效介入要从脱贫村的信息公开伊始，还包括议题的提出、决策、执行、监督等多个环节。这些环节的有效介入是将脱贫村开放治理付诸实践的重要环节。脱贫村治理的有效介入包括程序和实体两个层面的含义。程序层面主要强调脱贫村治理的各个环节都要为外部市场主体和社会主体的介入提供相应的制度安排，使外部市场主体和社会主体能够有序介入脱贫村治理过程。有序介入保障的是治理过程介入的程序正义。实体层面主要强调介入的实际效果，即介入脱贫村治理过程的各个治理主体的利益能够得到平等切实的尊重，大家通过平等友好协商，寻求利益的最大公约数，最终实现脱贫村治理场域中多元治理主体的共治共赢。通过对脱贫村治理全过程的有效介入，可以产生多方面的积极影响。首先，外部市场主体和社会主体通过对脱贫村治理全过程的有效介入，能够强化对脱贫村经济社会发展情况以及治理情况的全面了解。其次，通过全过程介入，强化外部力量与脱贫村内生治理主体的良性互动，在互动中增强双方的互信，为合作共治奠定基础。再次，通过内外治理主体的平等协商共治，更好地培养内生治理主体的治理能力和发展能力。最后，在长期的共同参与和协商中，可以培养外来主体的主人翁意识，克服外部市场主体和社会主体单纯牟利的动机，实现脱贫村的可持续振兴。脱贫村治理过程的全程有效介入是脱贫村开放治理的重要面向。

治理方式的现代化为脱贫村开放治理提供了工具支撑。治理方式的现代化是脱贫村开放治理的应有之义，并且脱贫村治理方式本身就是不断发展变化的。党的十八大以来，国家高度重视国家治理现代化。2019 年，党的十九届四中全会审议通过了《中共中央关于坚持和完善中国特色社会主义制度推进国家治理体系和治理能力现代化若干重大问题的决定》。2021 年，中共中央国务院又就基层治理专门出台了《中共中央 国务院关于加强基层治理体系和治理能力现代化建设的意见》。这一系列文件的出台都充分证明了治理方式现代化的价值和意义。目前，脱贫村治理方式主要是自治、法治、德治和智治四种。脱贫村开放治理意义上的治理方式现代化包含两层含义：一是基于脱贫村的治理实践和未来发展，推进脱贫村自治、法治、德治和智治的实时优化调整和现代化；二是在四种治理方式现代化的基础上，推进四种治理方式的有机结合，发挥四种治理方式的合力，最终为脱贫村开放治理的实现提供工具层面的强有力支撑。

脱贫村开放治理是主体、结构、过程和手段的有机统一。自为多元的治理主体是开放治理最活跃的因素，是脱贫村开放治理的基础。弹性治理结构是脱贫村开放治理的结构载体，是脱贫村开放治理的外在表现形式。治理过程的有效介入是脱贫村开放治理的核心，脱贫村的开放治理最终要通过治理过程的有效介入得以实现，因此，脱贫村治理过程的有效介入是将脱贫村开放治理付诸实践的关键一环。治理方式的现代化为脱贫村开放治理提供了工具层面的支撑。脱贫村的开放治理是中国特色国家治理理论在基层治理领域的拓展，是基层治理体系和治理能力现代化的重要组成部分，也是未来农村治理发展的重要方向。通过脱贫村开放治理的研究，将为农村治理的开放和农村治理的现代化提供理论和实践两方面的参考，也有利于通过治理层面的开放推动脱贫村的全面开放和全面发展振兴。

小　结

　　脱贫村开放治理的理论建构是脱贫村开放治理研究的逻辑起点和基础。基于西方开放社会理论、马克思主义的开放思想、中国特色的国家治理理论、贫困村治理实践、脱贫村的治理实践以及脱贫村面临的新的发展任务，从治理主体、治理结构、治理过程和治理方式四个维度建构了脱贫村开放治理的基本理论框架。其中，治理主体的开放强调脱贫村治理主体的自为多元，治理结构的开放强调脱贫村治理结构的弹性化，治理过程的开放强调对脱贫村治理过程的有效介入，治理方式的开放强调脱贫村治理方式的现代化。脱贫村开放治理的四个维度是一个完整的体系，治理主体的自为多元是开放治理的基础，治理结构的弹性化是开放治理的结构载体，治理过程的有效介入是开放治理的核心，治理方式的现代化是开放治理的工具支撑。

第三章　脱贫村治理主体的自为多元

马克思主义强调，人是生产力中最具有决定性的力量和最活跃的因素。就治理而言，由人构成的治理主体同样是治理中最活跃最重要的因素。脱贫村的开放治理由人来推动并为实现人们的利益而运作。从治理主体角度来看，脱贫村开放治理在治理主体层面就表现为治理主体的自为多元。

第一节　脱贫村治理主体自为多元的内涵

脱贫村治理主体的自为多元包括自为和多元两层含义。"自为"首先是一个重要的哲学概念。黑格尔认为"自为"即绝对精神的显露和展开。萨特认为，只有被意识活动所感知的存在才是自为的存在，强调了意识的能动性。马克思则将"自为"概念引入政治领域，用"自为"来描述无产阶级在政治上的觉悟程度和成熟程度。马克思在《哲学的贫困》中写道："经济条件首先把大批的居民变成工人。资本的统治为这批人创造了同等的地位和共同的利害关系。所以，这批人对资本说来已经形成一个阶级，但还不是自为的阶级。在斗争（我们仅仅谈到它的某些阶段）中，这批人逐渐团结起来，形成一个自为的阶级。"[①]马克思在分析法国的小农时，对其自在性进行了鞭辟入里的分析。马克思在《路易·波拿巴的雾月十八日》中写道："他们进行生产的地盘，即小块土地，不容许在耕作时进行分工，应用科学，因而也就没有多种多样的发展，没有各种不同的才能，没有丰富的社会关系。每一个农户差不多都

---

① 中共中央马克思恩格斯列宁斯大林著作编译局.马克思恩格斯选集（第一卷）[M].北京：人民出版社，2012：274.

是自给自足的，都是直接生产自己的大部分消费品，因而他们取得生活资料多半是靠与自然交换，而不是社会交往。……数百万家庭的经济生活条件使他们的生活方式、利益和教育程度与其他阶级的生活方式、利益和教育程度各不相同并相互敌对，就这一点而言，他们是一个阶级。而各个小农彼此间只存在地域的联系，他们利益的同一性并不使他们彼此间形成共同关系，形成全国性的联系，形成政治组织，就这一点而言，他们又不是一个阶级。"①马克思这段话深刻地揭示了法国小农是一个自在的存在，利益的同一性并没有让他们结成利益的共同体，并没有让他们形成政治组织并为实现自身的共同利益积极斗争。英国著名史学家汤普森指出："具有共同经验的人们，不仅感受并表达他们之间利益的认同，同时也感受并表达与他们利益相异的人们的差异，阶级就产生了。"②由此可以看出，马克思主义的"自为"阶级是指对共同利益有明确认知并团结起来主动为共同利益的实现而斗争的群体，他们也会为了共同的利益结成相应的组织。借鉴马克思自为阶级的概念，并结合脱贫村治理的实践，脱贫村自为治理主体是指那些对自己的利益和角色有准确的认知并为之积极努力的主体。在脱贫村治理实践中就表现为：能基于共同的利益诉求，结成一定的正式或非正式的组织，通过对脱贫村治理过程的积极、主动、有序参与，追求和实现自身利益的个体。

脱贫村治理主体的多元主要强调突破脱贫村现有治理主体的局限，将脱贫村户籍村民和当地政府之外的市场组织和社会组织以及个人引入脱贫村治理场域。脱贫村治理主体的多元化包括个体和组织两个层面的多元化。个体的多元化是指脱贫村治理场域中的个体应该突破现有的地域和户籍限制，吸引越来越多的非本地户籍的外部个体参与脱贫村的治理过程。组织的多元化有三重含义。一是鼓励和支持脱贫村村民成立多种形式的经济、社会和文化组织，实现村民的自组织化，并通过多种形式支持和引导其参与脱贫村的治理。二是脱贫村既有的组织要突破地域和户籍的限制，进行跨区域、跨行业的组合和组织人员的多元化。三是积极创造条件，引导外部的市场组织和社

① 中共中央马克思恩格斯列宁斯大林著作编译局.马克思恩格斯选集（第一卷）[M].北京：人民出版社，2012：762.

② THOMPSON E P. The making of the English working class[M]. New York：Vintage，1963：9.

会组织进入脱贫村治理场域并有序参与脱贫村的治理过程。

脱贫村治理主体的自为多元是脱贫村开放治理的基础，"自为"强调治理主体利益意识的觉醒和自觉，能基于共同的利益结成利益共同体，并为共同利益的实现积极努力。多元强调参与主体的多元化，即脱贫村治理要突破户籍村民和政府的二元治理主体的格局，积极吸引和吸纳外部市场主体和社会主体对脱贫村治理的有效参与，通过自为多元主体在脱贫村治理领域的有序合作，实现脱贫村治理场域的开放共治。

第二节　脱贫村治理主体自为多元面临的挑战：现有主体的自在二元

脱贫村治理主体自为多元是脱贫村开放治理在治理主体层面的表征，也是脱贫村振兴和发展的必然。自为多元的治理主体通过在脱贫村治理场域的有效合作，为脱贫村充分利用内外两种资源，实现脱贫村经济社会的高质量发展和全面振兴奠定基础。当前，脱贫村治理主体自为多元面临的最大挑战是脱贫村治理主体的自在二元。脱贫村治理主体的自在性主要存在于脱贫村的内生治理主体，主要表现为脱贫村村民政治参与的边缘化和非制度化、脱贫村农业以传统的经验性农业生产为主、脱贫村单调的文化生活。二元性主要表现为脱贫村治理以政府和村民为主。

一、村民政治参与边缘化和非制度化

脱贫村的公共事务涵盖党务、政务、村务等。脱贫村的党务主要由脱贫村的党支部主持，党员参加，并按照《中国共产党章程》和《中国共产党农村基层组织工作条例》（以下简称《工作条例》）等相关规定运作。脱贫村的政务，即基层政府交办的各类事务，也是村民自治组织工作的重点，工作议程主要由基层政府确定，村党支部和村民委员会共同负责组织实施。脱贫村的村务，在村党组织的全面领导下，重大事项按照"四议两公开"程序运作，

日常工作则主要是由村"两委"成员分工负责。脱贫村村民对脱贫村公共事务的参与表现出较强的边缘化和非制度化。

脱贫村村民政治参与的边缘化主要表现为村民会议召开的频次低，村民代表会议对村"两委"讨论通过的事项鲜有反对意见以及村"两委"对脱贫村议事日程的垄断等。在 Z 县脱贫村治理中，全体村民参加的村民会议在 2021 年召开了一次，主要议程是村"两委"换届选举。在同村干部和村民的交谈中发现，全体村民参加的村民会议除非村"两委"换届选举，其他时间基本不召开，加之脱贫村村民大量外流，也开不起来，村里的重大事项一般由村民代表会议决议。村民代表会议对村党支部和村民委员会讨论通过的重大事项一般都会通过，鲜有否决的实例。另外，近两年中，脱贫村公共事务的决策议题一般由村"两委"提出，尤其是在村党支部书记和村委会主任"一肩挑"的脱贫村（2021 年 Z 县所有的脱贫村都实现了村党支部书记和村委会主任"一肩挑"），村党支部书记在村"两委"的话语权、村"两委"在脱贫村治理中的话语权都非常集中，并且在很大程度上主导了脱贫村公共事务议程。村民很少提出关系村级公共事务的议题。脱贫村村民更多地关心自己的切身利益，找村干部多是解决自己的实际问题，很少会提及村里的公共事务。脱贫村村民对脱贫村治理表现出的消极和冷漠、话语权流失以及对相关议案的无条件支持使得脱贫村村民在治理中趋于边缘化。

脱贫村村民政治参与的非制度化。近些年来，Z 县脱贫村的人口是净流出，而外来人口，除婚姻关系嫁入和各级地方党委政府及国有企事业单位派驻脱贫村的扶贫工作队员之外，鲜有外来陌生人进入脱贫村。脱贫村整体来讲还是熟人社会。熟人社会的治理还是以人们长期生活中形成的道德作为基本的准则，血缘、亲情、私人友谊、面子等发挥着重要的作用。在同村民的访谈中，村民提到，他们解决问题的程序一般是，先找自己相熟的人商量，然后是找乡村两级的干部，再次就是找各种关系，最后迫不得已就采取死缠烂打、上访等非制度化方式解决。脱贫村村民政治参与的非制度化情况非常普遍，他们更多关心自己利益的实现与否。

二、脱贫村经验性农业生产

Z 县脱贫村依然以经验性农业生产为主。35 个脱贫村村民的收入来源主要是种植、养殖和外出务工。Z 县脱贫村主要集中在 N 镇、W 镇和 X 镇，其中 N 镇除了传统的农业生产外，还发展了木耳种植业。N 镇的木耳种植现有龙头企业一家，即 TY 生物科技有限公司。该公司成立于 2018 年，主要从事黑木耳研发、生产和销售，直接带动种植户 120 余户，带动 300 余户贫困户就业，其服务模式主要是在政府补贴下向农民出售木耳菌棒，其不直接参与脱贫村的治理过程。在建一家 XY 生物科技有限公司，预计 2022 年项目投产，以黑木耳研发、生产种植、技能培训、精细加工、废弃菌棒利用、科普体验、观光旅游、生态康养等为一体。W 镇主要以小杂粮种植、核桃种植、家畜家禽的家庭养殖和外出务工作为主要的收入来源。W 镇没有大型的种植和养殖龙头企业，农民种植的经济作物——核桃，以传统山核桃为主，核桃小且皮厚，品质较差，产销量较低，许多农户的核桃种植处于亏损状态，绝大部分村民还是以外出务工作为主要的收入来源。X 镇主要以外出务工、小杂粮种植、牛羊养殖作为主要的收入来源。有大型牛羊养殖龙头企业 HT 科技养殖公司，分别采取"公司 + 村集体""公司 + 合作社""公司 + 贫困户"的模式，带动 5 个村，7 个合作社、1000 余户贫困户。除此之外，Z 县的脱贫村没有较大和成熟的产业，农民的种养殖业主要以家庭为单位，规模普遍较小，科技含量较低，农产品的深加工有限。具体情况见表 3.1。

表 3.1　Z 县 2021 年脱贫村村民的主要收入来源

村庄名	农民收入来源	村庄名	农民收入来源
GY	木耳种植、养牛、外出务工、务农	SY	核桃种植、养殖、外出务工、务农
QL	木耳种植、外出务工、务农	MG	外出务工、务农
LJP	外出务工、务农	HD	外出务工、务农
FW	外出务工、务农	XHZ	核桃种植、外出务工、务农
GS	外出务工、务农	WJZ	蔬菜核桃小杂粮种植、外出务工、务农

续表

村庄名	农民收入来源	村庄名	农民收入来源
CMY	木耳种植、外出务工、务农	GYT	外出务工、务农
ST	外出务工、务农	LJZC	外出务工、务农
LJZ	外出务工、务农	NQ	核桃种植、外出务工、务农
MJT	外出务工、务农	CG	核桃种植、外出务工、务农
HJY	外出务工、务农	SGD	外出务工、务农
WJM	外出务工、务农	SST	外出务工、务农
XZL	外出务工、务农	YP	外出务工、养殖
SPT	外出务工、务农	SKT	外出务工、务农
ZP	外出务工、务农、养殖	WJZ	外出务工、务农
ZJZ	外出务工、务农	LJZ	外出务工、务农、木耳种植
TS	外出务工、务农	HJGD	外出务工、务农、核桃种植
GD	外出务工、核桃种植、务农	HJP	外出务工、务农、核桃种植
HJL	外出务工、核桃种植、务农		

注：资料来源于对脱贫村的访谈

三、脱贫村文化生活单调

脱贫村的文化生活较为单调。在与 Z 县脱贫村村民的访谈中发现，脱贫村的留守人口以老年人为主。农忙之余的文化生活主要以串门聊天、看电视、打麻将、看抖音和快手的小视频等为主。虽然各个脱贫村的村委会都有图书室以及部分健身器材，但村民们一般不愿意去，利用率较低。地方政府和村委会也会偶尔组织文化活动，如放电影、扭秧歌等，但大家参与的积极性不高。脱贫村整体缺乏活力，文化生活单调。

脱贫村治理主体的自在性主要存在于脱贫村内生治理主体，他们普遍关注自身的眼前利益，生产生活方式较为传统，对乡村公共事务参与的主动性和积极性不强，表现出了较强的自在性。脱贫村村民的自在性不仅削弱了脱贫村发展的潜力，而且助长了脱贫村村民的等靠要思想，制约了脱贫村治理的有效性以及可持续发展。

四、政府与户籍村民的治理

脱贫村的现有治理主体呈现二元化的特征，即政府和脱贫村户籍村民。政府是国家的法定治理主体，从脱贫攻坚伊始，就强化了政府对脱贫村治理和发展的参与。目前在国家脱贫过渡期政策的作用下，政府继续对脱贫村的发展进行积极支持，但是部分政策也在逐渐调整。脱贫村户籍村民是村民自治制度规定的脱贫村的法定治理主体，在多种因素的综合作用下，呈现出年轻人大量流出和留守人口老龄化的双重特征，并且脱贫村村民基于共同利益和兴趣爱好组建的组织很少，自组织程度很低。

政府作为脱贫村治理的重要参与者源于国家正式法律法规确立的政府职责。就脱贫村而言，政府参与广度和深度更广更深，这源于国家实施的脱贫攻坚战略。脱贫攻坚期间，国家为了解决贫困村的绝对贫困问题，形成了政府主导型帮扶模式，地方政府积极参与脱贫村的各项工作，派驻工作队、包村干部、第一书记，提供政策、项目、资金等支持。贫困村脱贫后，国家又设立了五年的过渡期，并要求过渡期内，现有主要帮扶政策总体保持稳定，并合理把握节奏、力度和时限，推动集中资源支持脱贫攻坚向全面推进乡村振兴平稳过渡。Z 县的脱贫村延续了既有的帮扶模式，各个脱贫村依然有各级地方政府和国有企事业单位派出的驻村工作队和第一书记，地方政府也继续给予脱贫村各种政策、项目和资金的支持，但是支持政策也在逐步退坡，如脱贫攻坚期间，Z 县贫困户医保个人缴费部分由县财政负担，2021 年政府就取消了对脱贫户个人缴费部分由政府代缴的政策。

村民是脱贫村村民自治的主体。根据《中华人民共和国村民委员会组织法》（以下简称《村组法》）第一条开宗明义的规定，制定《村组法》的目的就是保障农村村民实行自治，由村民依法办理自己的事情。这里的村民主要是指户籍村民。近些年来，在国家工业和城市化大潮中，农村人口加速外流，脱贫村人口流出的情况更加严峻。人口大量外流，村庄常住人口较少，并且多以老人为主，多数脱贫村留守人口占户籍人口的比例在30%左右及以下，留守人口比例比较高的村，诸如GY是Z县的脱贫示范村，木耳种植产业和养殖业发展较好，NQ和WJZ是镇政府所在地。Z县脱贫村人口的具体情况见表3.2。

表3.2 Z县2021年脱贫村人口情况

村庄名	户籍人口	留守人口	留守人口占比（%）
GY	855	452	52.9
QL	1564	234	15.0
LJP	1276	268	21.0
FW	1626	410	25.2
GS	829	269	32.4
CMY	1560	470	30.1
ST	1054	210	19.9
LJZ	1276	319	25.0
SY	810	256	31.6
MG	857	212	24.7
HD	1420	470	33.1
XHZ	983	281	28.6
WJZ	1216	420	34.5
GYT	854	185	21.7
LJZC	935	180	19.3
NQ	4265	2320	54.4
MJT	1088	230	21.1
CG	1499	430	28.7
HJY	689	190	27.6
SGD	381	80	20.9
WJM	1523	230	15.1

续表

村庄名	户籍人口	留守人口	留守人口占比（％）
SST	1208	240	19.9
XZL	1566	210	13.4
YP	672	80	11.9
SPT	264	50	18.9
SKT	962	240	24.9
ZP	2135	700	32.8
WJZ	2066	1350	65.3
ZJZ	5909	485	8.2
LJZ	1419	450	31.7
TS	918	165	17.1
HJGD	1677	315	18.8
GD	612	64	10.5
HJP	948	140	14.8
HJL	926	160	17.3

注：数据来源于各个脱贫村村委会的统计

　　脱贫村以政府与户籍村民为主的二元治理结构在脱贫村的高质量发展中面临一系列挑战。政府对脱贫村的帮扶主要基于政治动机，实现政府特定时期的工作目标。当前，政府的脱贫攻坚任务已经顺利完成，虽然还在脱贫巩固期和过渡期，但是政府的支持政策也已经开始退坡。脱贫村现有的经济发展条件、乡村振兴的重任以及政府支持的退坡，使得脱贫村亟须外部市场主体和社会主体的支持，因此，脱贫村的未来振兴必须突破政府与户籍村民的二元治理结构。在政府全面推动乡村振兴的政策支持下，积极吸引市场主体和社会主体全面参与脱贫村的发展振兴，形成内外主体的利益共同体和治理共同体，通过合作共治推动双方的合作共赢和脱贫村的发展振兴。

第三节 脱贫村治理主体自在二元形成的原因

脱贫村治理主体的自在二元体现了脱贫村自身独特的发展和治理实践。总体来讲，脱贫村村民的思想保守、政府主导型帮扶体制、人力资源匮乏、自主组织程度低、集体经济薄弱、共同体意识弱化、户籍封闭等原因共同形塑了脱贫村治理主体的自在二元。

一、脱贫村村民思想保守

脱贫村治理主体的自在二元首先是由脱贫村村民思想观念封闭保守造成的。脱贫村村民思想观念封闭保守主要表现为等靠要思想抬头、本位主义发展理念以及政治参与意识薄弱。

等靠要观念抬头。贫困村经济社会发展长期滞后使得贫困群众主动发展的能力和意愿本就不足，消极等靠要的思想依然存在。进入21世纪，国家为了实现全面建成小康社会的奋斗目标以及共同富裕的理想信念，实施了脱贫攻坚战略。在脱贫攻坚中，政府的全面主动帮扶使得贫困群众的角色错位，从"我要富"变成了政府"要我富"，久而久之，进一步助长了部分贫困群众的"等、靠、要"思想。脱贫攻坚胜利收官后，为了巩固脱贫成效，推进脱贫攻坚和乡村振兴的衔接，国家设立了五年的衔接过渡期。过渡期内，既有帮扶政策不变，实行"四个不摘"，即摘帽不摘责任、摘帽不摘政策、摘帽不摘帮扶、摘帽不摘监管。衔接过渡期内，贫困村虽然变成了脱贫村，但是既有帮扶政策整体保持稳定，村民继续享有之前的帮扶政策，地方党委政府依然肩负脱贫村帮扶的责任，同时也意味着脱贫村的群众依然有依靠，脱贫村群众"等、靠、要"的观念依然存在，制约了其内生发展能力和治理能力的提升。

本位主义发展理念。脱贫村村民长期的生产模式是一家一户经验农业生产模式，生产的目的是以满足自己生产生活需要为主。脱贫攻坚开始后，以政府为主导的帮扶力量大规模介入，但政府帮扶逻辑以行政命令和行政指导为主，并且政府主导的利益流入是单向无偿的，不存在从贫困村和脱贫村获取经济利益回报的考量，因此，其与脱贫村群众之间并未形成较好的平等合作关系，也没有培养脱贫村群众的平等合作意识。脱贫村群众长期缺乏合作发展的实践训练，加之长期的贫困，使得脱贫村群众本位主义的发展理念趋于强化。

政治参与意识薄弱。脱贫村的居民分为长期在外务工的青壮年人和留守的老人。外出务工的青壮年人其利益关注点主要集中在务工的城镇，对脱贫村的事务关注较少。留守的老人其参与的能力和意愿都比较弱。脱贫攻坚主要解决的是贫困群众的基本生产生活问题，即不愁吃、不愁穿，义务教育、安全住房、基本医疗有保障。从脱贫的标准来看，脱贫攻坚给脱贫村奠定的利益存量依然稀薄，可分配的资源依然有限，政治参与并不能解决脱贫村群众生产和生活的现实需要，村民政治参与的意识和积极性长期不足，进一步强化了其自在性。

脱贫村经济社会发展的长期滞后以及政府对脱贫攻坚的主导，在一定程度上助长了脱贫村村民思想的保守性，也是脱贫村治理主体自在二元的重要根源。脱贫村村民思想的解放和观念的更新对于推动脱贫村治理主体从自在走向自为至关重要。

二、政府主导型帮扶体制

政府主导型帮扶体制在脱贫攻坚中表现为政府主导的压力型帮扶体制。压力型体制是指一级政治组织（县、乡）"为了完成经济赶超任务和各项指标，该级政治组织（以党委和政府为核心）把这些任务和指标，层层量化分解，下派给下级组织和个人，责令其在规定的时间内完成。然后根据完成的情况进行政治和经济方面的奖惩。由于这些任务和指标中一些主要部分采取的评价方式是'一票否决'制……所以各级组织实际上是在这种评价体系的压力下运行的"①。这一体制也深深嵌入到了脱贫攻坚之中，形成了政府主导的压力型帮扶体制。

2015年11月29日，中共中央政治局审议通过了《关于打赢脱贫攻坚战的决定》，要求到2020年年底，实现7000多万农村贫困人口全部脱贫的目标。在这一目标的作用下，全国自上而下形成了五级书记抓扶贫、一把手负责制、层层签订军令状、交叉检查评估等行之有效的帮扶机制，并将脱贫攻坚成效与地方各级党委政府的主要负责人的考核和晋升联系起来，压力型扶贫体制就此形成。脱贫攻坚的责任更多地压在了地方党委政府身上，贫困村群众感受到了政府满满的帮扶责任和热情，而自身的发展动力却没有得到有效的激发，与地方党委政府积极作为相对应的是贫困群众的消极等待。另外，脱贫攻坚中政府主导的大量利益无偿流入激活了贫困群众的利益主体意识，强化了其自利性。他们更多关注利益流入的平等性，却较少考虑借力自我发展，因此，其还是自为的主体。脱贫攻坚胜利收官后，国家专门设立脱贫攻坚和乡村振兴的衔接过渡期，并强调衔接过渡期内，帮扶政策总体稳定，因此，脱贫攻坚虽然使贫困村转变成脱贫村，但脱贫攻坚期间的帮扶政策和政府主导的压力型帮扶体制也得以延续并继续发挥作用，脱贫村的治理也就继续表现出政府与脱贫村村民二元治理格局以及脱贫村村民自在的生产生活状态。

三、脱贫村人力资源匮乏

脱贫村人力资源匮乏是脱贫村治理主体自在二元的重要原因。脱贫村人力资源匮乏主要表现在三方面：一是脱贫村青壮年人口单向度外流，二是脱贫村留守人口老龄化，三是脱贫村高素质人才引进困难。

脱贫村人口从农村向城市单向度流动是中国工业化和城镇化发展的必然，也同脱贫村经济社会发展长期滞后密切相关。其特点主要表现为：人口流动的主体以青壮年农民为主，流动的方向以农村向城市流动为主，外流人口以非户籍迁移性质的流动为主。脱贫村人口非户籍迁移性质的单向度外流造成

---

① 县乡人大运行机制研究课题组.县乡两级的政治体制改革，如何建立民主的合作新体制——新密市县乡两级人民代表大会制度运作机制的调查研究报告［J］.经济社会体制比较，1997（4）：17.

了两方面的后果。一方面使得农村发展和治理中最富活力的群体——青壮年农民在农村发展和治理场域当中缺位。另一方面，农村的政治权利分配又是以农村户籍为基础进行分配的，脱贫村青壮年人口的非户籍迁移性质的外流，造成了脱贫村大量的人户分离。这些长期生活在城市，在市场经济的大潮中不断开阔视野、增长见识的青壮年农民，虽然享有脱贫村政治权利的主体资格，但由于其利益关切主要在工作和生活的城镇，其对户籍所在地的利益关注度降低，参与脱贫村治理的积极性和频次都在下降，他们就成为脱贫村治理中游离在外的自在主体。

脱贫村青壮年人口外流相伴随的另一个问题是脱贫村留守人口的老龄化。在 Z 县的脱贫村走访调研中，很少发现青壮年村民。在与脱贫村党支部书记的访谈中，部分脱贫村的党支部书记也曾戏谑地说："村里最年轻的男性就是自己。"脱贫村青壮年村民外出打工是脱贫村的常态，主要原因在于：一方面脱贫村的经济发展滞后，留守在村内，收入有限，无法满足家庭生活和发展的需要；另一方面就是为了给年轻子女更好的教育，选择带子女进城求学。脱贫村留守人口多以老年人为主，留守老人的责任更多是维持传统的农业生产以及守住传统的家园等。脱贫村留守老人对政治生活参与的热情和积极性不高，他们对脱贫村振兴的期望和行动能力之间存在比较大的差距，他们也成为脱贫村治理中的自在主体。

脱贫村外来人才引进困难也是脱贫村治理主体自在的重要原因。脱贫村振兴最缺和最需要的都是人才。当前，城市为了提高自身竞争力，纷纷出台人才引进优惠政策，这给本就人才引进困难的脱贫村制造了更高的人才引进壁垒，加之脱贫村经济社会发展条件落后，自身无力提供优越的引进人才条件，使得脱贫村的人才引进成为空谈。近些年，地方政府为了推动乡村振兴，也通过事业单位招聘、提供公益岗位等方式为农村引进人才。Z 县在 2021 年启动了公开招聘本科及以上学历毕业生到村（社区）工作的计划。该计划准备用三年的时间，用乡镇事业编制为所有村（社区）引进并配备一名大学生，担任村（社区）党组织班子成员或党组织书记助理、村（居）委会主任助理或村（社区）"两委"办公室主任岗位或其他专门岗位。2021 年第一批 30 名大学生已经全部到岗，并优先安排到脱贫村。即便是这样，脱贫村的人才引进依然困难重重，脱贫村既有的人才存量和储备不足以支撑其振兴的进程。

脱贫村自有青壮年村民的非户籍迁移性质的大规模外流，造成了脱贫村人户分离情况严重，使得农村最有活力的青壮年人口成为脱贫村游离在外的自在治理主体。留守老人的行动能力有限且利益关注的焦点主要集中在家庭的维持，其对脱贫村治理参与的积极性较低，也成为脱贫村自在的治理主体。外来人才可以成为脱贫村自为治理主体的重要来源，但是脱贫村人才引进乏力又在很大程度上制约了外部自为主体的进入，脱贫村治理主体整体呈现自在化的特征。

四、脱贫村自主组织程度低

脱贫村村民组织化程度也与脱贫村治理主体自为密切相关。当前脱贫村的组织化呈现出国家推动的组织化程度高和村民自主组织化程度低并存的二元特征。目前，Z县脱贫村的组织，诸如村党组织、村民自治组织、妇女联合会、红白喜事会、村民议事会、道德评议会、禁毒禁赌会、村集体经济组织等，都是国家通过正式制度和权力体系推动建构的，组织的成员是全体村民，服务对象也是全体村民，这些组织已经成为脱贫村的应然设置，在脱贫村治理中发挥着重要作用。脱贫村村民基于共同的利益以及兴趣爱好等自主建立的组织非常少。这类组织在Z县主要表现为，有少量的村民自己组建的农民专业合作社。通过调查发现，Z县脱贫村农民专业合作社最多的一个村有22个农民专业合作社，农民专业合作社数量在10个及以上的脱贫村共有3个，农民专业合作社数量在6个到10个的脱贫村有5个，农民专业合作社数量在5个及以下的脱贫村有27个（其中12个村农民专业合作社数量为零）。农民专业合作社的参社人数在20户以上的6个，其余的人数普遍在10户以下。农民专业合作社主要以种植、养殖和农产品初加工为主。Z县脱贫村农民专业合作社普遍存在数量少、参与农户少、业务范围单一、横向联系少、跨区域合作少等特征。除农民专业合作社外，Z县的脱贫村没有其他的在相关部门备案成立的农民自主组织。

村民自主组织程度低的另一表现是脱贫村组织的封闭性。首先，在脱贫村现有的组织中，除了党组织是一个相对开放的组织外，其他的组织基本是围绕户籍村民建立的，诸如红白理事会、禁赌禁毒会、道德评议会、村民议事会、农民专业合作社等，不同类型的组织只是户籍村民的差异化组合而已。其次，脱贫村现有的组织中鲜有跨行政村和跨产业联合组建的例子，基本都停留在行政村范围内，并且农民专业合作社多以单一产业为主。最后，参与脱贫村发展和治理的外部力量以政府及国有企事业单位为主，并且都以驻村工作队的形式存在，参与的动力主要是政府的行政命令。脱贫村组织的封闭性也造成了脱贫村治理主体的自在二元。

脱贫村组织化的初级阶段，由于脱贫村利益存量稀薄、村民缺乏组织的经验、脱贫村村民的自在性等原因，由国家主动推动村民的组织化对于增强脱贫村的凝聚力以及对村级公共事务的参与等都有极其重要的价值，但政府主导的组织化也会弱化村民的自主性和自觉性，因此，脱贫村发展村民自组织十分必要。脱贫村村民真正成为自为的主体，一定要基于对自己共同利益的深刻认知，并能基于共同利益自主地结成各种利益共同体，主动通过组织的力量维护和实现其利益。因此，脱贫村的正式组织的高组织化并不意味着农民的自为性。在脱贫村治理实践中，由农民基于共同利益自主成立的农民组织的数量非常少，很大程度上反映了脱贫村村民的自在性。

五、脱贫村集体经济薄弱

脱贫村集体经济薄弱是脱贫村治理主体自在二元的重要原因。脱贫村集体经济是在贫困村集体经济基础上发展而来的。在脱贫攻坚中，扶贫瞄准的是贫困村和贫困户，精准扶贫的六个精准当中也强调"措施到户精准"，发展集体经济并不是脱贫攻坚的首要任务。脱贫攻坚胜利收官后，脱贫村集体经济的发展并不理想。Z 县 35 个脱贫村的集体经济普遍薄弱。脱贫攻坚的光伏扶贫项目——光伏企业分红和地方政府支持村集体经济破零资金入股企业分红是许多脱贫村集体经济收入的重要来源，其中 18 个村有光伏企业的分红收入，10 个村有地方政府支持村集体经济破零资金入股企业的分红收入。脱贫村的集体经济收入分布情况为：年收入在 10 万元以下的脱贫村有 24 个（其中

5万元及以下的10个），年收入在10万元到20万元的脱贫村有2个，年收入在20万元到30万元的脱贫村有0个，年收入在30万元到40万元的脱贫村有1个，年收入在40万元到50万元的脱贫村有3个，年收入在50万元以上的脱贫村有5个。Z县2021年35个脱贫村集体经济收入的具体情况见表3.3。

表3.3　Z县2021年脱贫村集体经济情况

村庄名	户籍人口	村集体经济主要收入来源	村集体经济年收入（万元）	未来重点发展的产业
GY	855	土地流转、光伏发电分红	60	黑木耳种植、乡村旅游
QL	1564	光伏发电分红	40.8	养牛、辣椒种植
LJP	1276	光伏发电分红、土地流转	147	木耳种植
FW	1626	屋顶光伏	0.6	养殖
GS	829	光伏发电分红	50	无
CMY	1560	光伏发电分红、土地流转	109	无
ST	1054	入股企业分红	5	花椒种植
LJZ	1276	光伏发电分红、入股企业分红	49	无
SY	810	光伏发电分红	3.9	核桃种植、乡村旅游
MG	857	光伏发电分红	62	生姜种植
HD	1420	光伏发电分红	80	无
XHZ	983	光伏发电分红	6.5	无
WJZ	1216	光伏发电分红、养殖合作社分红	5	西红柿深加工、乡村旅游
GYT	854	光伏发电分红	5	核桃
LJZC	935	光伏发电分红	5	核桃深加工
NQ	4265	光伏发电分红	8	无
MJT	1088	土地流转	5	玉米种植
CG	1499	光伏发电分红	36	核桃深加工
HJY	699	光伏发电分红	8.7	无

村庄名	户籍人口	村集体经济主要收入来源	村集体经济年收入（万元）	未来重点发展的产业
SGD	381	破零资金入股企业分红、土地流转	5.3	乡村旅游
WJM	1523	破零资金入股企业分红、土地流转	5.5	无
SST	1208	破零资金入股企业分红	5.7	木耳种植
XZL	1566	土地流转	5.4	核桃深加工
YP	672	土地流转	5.3	养殖
SPT	264	土地流转	5.4	核桃深加工
SKT	962	土地流转	6	规模化养殖
ZP	2135	土地流转、破零资金入股企业分红	15	规模化养殖
WJZ	2066	破零资金入股企业分红	6	无
ZJZ	5909	破零资金入股企业分红	5.2	无
LJZ	1419	破零资金入股企业分红	2.7	木耳种植、猪养殖
TS	918	破零资金入股企业分红	2.7	规模化养殖
HJGD	1677	土地流转、破零资金入股企业分红	13.43	核桃深加工、养殖
GD	612	合作社分红	6	核桃深加工
HJP	948	光伏发电分红	9.9	核桃深加工
HJL	926	破零资金入股企业分红	5.4	养殖

注：数据来源于各个脱贫村村委会的统计

　　Z 县虽然有个别脱贫村的集体经济收入达到了 50 万元以上，但绝大部分脱贫村的集体经济收入并不高，甚至有些村的集体经济还没有实现"破五"。整体来讲，Z 县脱贫村的集体经济发展滞后。Z 县脱贫村的集体经济收入主要来源于脱贫攻坚期间实施的光伏扶贫项目，即光伏发电的分红，其并不是脱贫村自主发展的产业，这些产业对脱贫村经济发展带动能力有限，并且脱贫村的集体资金主要用于在村域范围提供公益岗位、补助村运转、发放村"两委"成员的补助、给村民发放一定的福利等。从脱贫村未来产业发展规划来看，未来的产业以种植、养殖和发展乡村旅游为主，也有部分涉及农产品的深加工，但还有相当一部分村庄对未来的产业发展没有明确的规划。总体来看，Z县脱贫村集体经济自主发展潜力差，更多的是延续脱贫攻坚帮扶项目的红利，村集体经济未来发展前景并不明朗。

脱贫村集体经济发展薄弱，使得其对脱贫村自治组织运作的支持有限，脱贫村的运作经费更多依靠地方政府的支持，Z县根据脱贫村户籍人口的规模每年提供8万元到10万元不等的运转经费。脱贫村对基层政府的依赖弱化了其自主发展和治理的能力，推动了政府对脱贫村治理的参与。另外，脱贫村集体经济发展薄弱也使得脱贫村集体资源的存量稀薄，可用于在脱贫村村民之间进行分配的资源有限，无法有效调动脱贫村民众参与脱贫村集体事务的积极性，导致了村民对脱贫村集体事务的冷漠，也进一步强化了村民的自在性。

六、脱贫村户籍的封闭性

脱贫村的户籍制度是脱贫村治理主体二元化的重要原因。农村户籍的封闭性主要是针对城市户籍人口和其他农村的户籍人口。中国现行的户籍制度源于新中国成立初期，20世纪50年代末伊始，中国通过一系列制度建构逐渐形成了城乡二元的户籍制度。改革开放后，随着中国工业化和城市化进程不断加快，城市需要大量廉价劳动力，城市面向农村的户籍封锁逐渐松动，城市尤其是中小城市或城镇通过各种政策鼓励农民进城，农民具备一定的条件可以将自己的农村户籍迁入城市，但农村户籍并没有随之开放，农村户籍依然是一个相对封闭的制度建构，外来人口获得农村户籍依然非常困难。但农村户籍是分享农村权益的基础性标准，农村被选举权、农村土地的承包权、农村宅基地的资格权等都由拥有本村户籍的村民独有。另外，脱贫村户籍的封闭性给脱贫村构建了一个封闭的治理场域，阻挡了外部市场主体和社会主体的进入以及对脱贫村治权的分享，但政府可以凭借国家正式制度赋予的法定权力以及严密的政权组织体系便捷地进入脱贫村治理场域。脱贫村治理主体也就呈现出了自在二元的特征。

脱贫村治理主体的自在二元是脱贫村在治理主体方面的现实表现，并且在路径依赖以及制度惯性等因素的作用下，脱贫村治理主体自在二元还有强化的趋势。但脱贫村治理主体的自在二元无法满足脱贫村高质量发展振兴的需要，也制约了脱贫村借力高质量发展的空间，脱贫村治理亟须在主体层面的开放，亟须推动脱贫村治理主体从自在二元向自为多元转变，凝聚脱贫村多元治理合力，共襄脱贫村全面振兴的大局。

第四节　脱贫村治理主体自为多元的实现路径

脱贫村治理主体自为多元的实现路径可以从转变脱贫村治理理念变革、政府主导向政府引导转型、优化脱贫村人力资源、发展开放的脱贫村治理组织、壮大脱贫村集体经济、推进脱贫村户籍改革等方面积极探索。

一、转变脱贫村治理理念

邓小平同志曾谈道："只有思想解放了，我们才能正确地以马列主义、毛泽东思想为指导，解决过去遗留的问题，解决新出现的一系列问题，正确地改革同生产力迅速发展不相适应的生产关系和上层建筑。"[①]思想的解放是解决问题的先导，脱贫村自为治理主体的培养也应该从解放思想开始，推动脱贫村治理理念的转变，塑造自为的脱贫村内生治理主体。

（一）脱贫村治理理念的开放

脱贫村开放治理理念应包括实事求是理念、共建共治共享理念、协商民主理念。具体到脱贫村开放治理实践中，要针对脱贫村"两委"干部和村民分别采取思想教育和实践教育相结合的方式培养其开放的治理理念。

---

① 邓小平. 邓小平同志论改革开放［M］. 北京：人民出版社，1989：1.

实事求是理念。脱贫村自为治理主体的培养要从实事求是理念的培养开始。正如邓小平同志所言："解放思想，就是使思想和实际相符合，使主观和客观相符合，就是实事求是。"[①] 从理念的角度来讲，脱贫村开放治理的实质就是让脱贫村的治理理念与脱贫村不断发展变化的实际相符合。脱贫村未来振兴必然面临政府支持政策和支持方式转型、新旧帮扶力量转换、发展环境变化、发展目标转换、多方力量协调等一系列新变化和新挑战，需要脱贫村动态调整其发展思路和理念。实事求是的治理理念和发展理念就是从脱贫村治理和发展的实际出发，让脱贫村的发展理念以及治理理念与脱贫村振兴发展的实际相符合。

共建共治共享理念。近些年来，国家的一系列支农惠农政策，诸如土地承包权的长期不变、土地确权、宅基地分配和使用政策等，强化了农民对自我的认同。脱贫攻坚期间政府主导的利益大量流入更加强化了脱贫村村民的这种认同，其本位主义治理理念不断被强化。五年的衔接过渡期结束后，脱贫村必然面临发展环境和发展模式的转型，其一方面要求脱贫村内生治理主体跳出现有的生产生活模式，学习和借鉴先进的市场经营理念和发展理念，积极参与市场竞争和合作；另一方面也要求脱贫村寻求外部市场主体和社会主体的支持。未来脱贫村的发展振兴必然要与外部市场主体和社会主体进行深入合作，建立共建共治共享的乡村社会发展共同体。所以，共建共治共享的理念也是脱贫村治理主体理念变革的重要组成部分。

协商民主理念。开放治理要树立协商民主的治理理念。所谓协商民主是指，"自由而平等的公民通过讨论参与公共政策形成的制度安排"[②]。村民自治是区别于政府治理的另一种治理方式，是村民基于非强制基础上的自我治理，因此，其与协商民主有着内在的一致性。脱贫村开放治理也是村民自治基本制度框架内的治理，脱贫村开放治理的目的是通过脱贫村治理制度的优化完善，为外部力量全面参与其振兴进程提供制度支撑，在乡村振兴中实现内生利益主体以及外部市场主体和社会主体的合作共赢。因此，脱贫村开放治理中要摒弃零和博弈的理念，实现从少数服从多数的选举民主理念向所有治理

---

① 邓小平.邓小平文选（第二卷）[M].北京：人民出版社，1994：364.

② 马德普.协商民主是选举民主的补充吗[J].政治学研究，2014（4）：24.

主体平等协商的协商民主理念转型，通过内外治理主体的平等协商，共商共议脱贫村振兴大业，推动脱贫村的全面振兴。

（二）多措并举推动脱贫村治理理念转变

脱贫村开放治理理念的培养是一个系统工程，要从村两委成员和村民分别入手，要通过思想教育和实践教育综合培养。脱贫村两委成员是脱贫村发展和治理的领头羊，其理念的开放和转变对于推动和引领脱贫村开放治理至关重要。村民是脱贫村治理的主体，开放治理理念转变可以由村"两委"成员开始，但最后必须落实到广大村民。因此，脱贫村开放治理理念的培养应针对村干部和村民分别进行。脱贫村"两委"成员的开放治理理念的培养应从思想教育和实践教育两方面推进。思想教育可以通过与各级党校和高校开展农村干部培训以及脱贫村两委的日常政治学习等方式进行。实践教育则可以通过有组织的外出参观学习、异地挂职等方式进行。脱贫村群众的教育，一方面要发挥脱贫村"两委"成员的示范引导作用，由脱贫村"两委"成员对村民进行教育引导，但教育引导的过程中要尽可能采取群众喜闻乐见的方式进行；另一方面要积极引进外部市场主体和社会主体参与脱贫村的治理和发展，用开放的治理和发展实践培养群众的开放治理理念。

二、政府主导向政府引导转型

脱贫攻坚期间形成的政府主导的压力型扶贫体制适应了贫困村经济社会发展长期滞后，自身无法启动脱贫村发展进程的实际需要。各级政府通过人才、资金、项目等方面的强势投入，强行启动贫困村的发展进程，实现了贫困村的脱贫摘帽，奠定了脱贫村发展的初步基础。贫困村脱贫摘帽后发展目标转换为脱贫村的乡村振兴。乡村振兴是经济、社会、治理、文化和生态等方面的全面振兴，脱贫村振兴的基石是产业兴旺。从社会主义市场经济发展的实践来看，产业兴旺和经济的高质量发展需要市场发挥资源配置的基础性作用。另外，2021 年的中央一号文件《中共中央 国务院关于全面推进乡村振兴加快农业农村现代化的意见》也明确要求，在脱贫攻坚和乡村振兴衔接的五年过渡期内，逐步实现由集中资源支持脱贫攻坚向全面推进乡村振兴平稳过渡，进一步明确了政府支持模式的必然转型。

脱贫村振兴阶段应发挥市场在资源配置中的基础性作用，政府的作用方式应从脱贫攻坚期间的政府全面直接主导贫困村的治理和发展向乡村振兴阶段的间接引导转型。一方面，政府必须承担推动脱贫村振兴的责任，从政策、项目、资金等方面继续给予脱贫村以支持，但是支持方式必须从直接支持向间接支持转型。政府应通过政策、项目和资金等引导市场主体和社会主体进入脱贫村的发展场域，推动外部主体与脱贫村内生主体协同合作发展。另一方面，政府支持还要从投入导向向结果导向转变。建立规范的政府支持考核评价机制和梯度奖励机制，强化政府支持资金和项目的产出和实际效果评价，并根据评价结果确定后续的支持政策。政府支持模式的转型适应了脱贫村发展阶段转换和脱贫村全面振兴的需要。从政府主导转型为政府引导，从政府直接参与变为间接参与，将极大地调动脱贫村内生治理主体、外部市场主体和外部社会主体的积极性，对于实现脱贫村的高质量发展和全面振兴将产生深远的影响。

三、优化脱贫村人力资源

脱贫村人力资源匮乏是脱贫村治理主体自在二元的重要原因。优化脱贫村人力资源是推动脱贫村治理主体从自在二元向自为多元转变的重要途径。脱贫村人力资源的优化可以从户籍人口的有效流动、内生治理主体的培养以及外部人才的引进三方面着手。

（一）脱贫村户籍人口的有效流动

脱贫村青壮年人口向城市大规模非户籍迁移性质的流动导致其利益关注地和政治权力所在地的分离，使得其对政治权力所在的脱贫村的公共事务参与度和关注度下降，成为脱贫村游离在外的自在治理主体。实现脱贫村外流人口从自在向自为转变的关键在于解决人户分离的问题。解决这一问题，可以从两方面着手。一方面推动脱贫村户籍人口的户籍迁移性质的有效流动。

在城市户籍不断开放的情况下，制约脱贫村青壮年村民户籍迁移性质外流的因素主要是脱贫村户籍所附带的经济利益，诸如宅基地的使用权、农村集体土地的承包权、农村集体经济收益的分配权等。目前，国家已经出台政策允许进城的农民保留集体土地的承包权和宅基地的使用权。另外，脱贫村的位置一般较为偏僻，土地升值空间不大，政府也可以探索进城落户农民依法自愿有偿退出土地承包权、宅基地使用权和集体收益分配权等方面的改革，为脱贫村人口户籍迁移性质的外流创造更优惠的条件。另一方面发展脱贫村经济，将青壮年村民留在农村。青壮年农民是脱贫村长期可持续发展的中坚力量，如果任由脱贫村青壮年村民大量外流，随着时间的推移，脱贫村可能面临自然消亡的命运。因此，发展脱贫村经济，实现脱贫村的全面振兴也是留住脱贫村青壮年村民，实现脱贫村青壮年村民从自在向自为转变的重要举措。

（二）脱贫村户籍村民自为能力的培养

脱贫村户籍村民自为能力的培养是优化脱贫村人力资源配置的重要内容。脱贫村户籍村民自为能力的培养可以从三方面着手。一是要推进农村基础教育的发展，全面提高农村人口的素质。各级政府要加大农村基础教育的投入，按照公共服务均等化的要求，推动农村基础教育与城市基础教育服务水平的均等化。二是要根据未来农业产业发展的需要，大力培养农业科技、经营管理、法律服务、社会工作等方面的专业人才。农业农村专业人才的培养，既可以通过与高等院校合作推进公费师范生、公费农科生等；也可以通过与高等院校和职业技术学院合作，培养农民的职业技能；还可以通过农民专业合作社进行职业农民的培养。[①] 三是强化脱贫村村民的治理实践。实践是最好的培养村民治理能力的方法，积极引导村民并切实保证村民的治理权益和治理实效，在实践中不断培养村民的治理能力。

（三）脱贫村外来人才的引进

积极引进人才是实现脱贫村治理主体自为多元的重要举措。脱贫村既有

---

① 李小红.农民专业合作社参与新型职业农民培育研究［J］.山西农业大学学报（社会科学版），2014，13（9）：898–901.

的经济社会发展条件能给予人才的优惠待遇非常有限。因此，脱贫村的人才引进要强化政府的主体责任，要精准引人，要建立城乡之间的人才交流机制，要建立乡村振兴志愿服务平台。

脱贫村的人才引进需要发挥政府的主体责任。脱贫村既有的发展条件决定了其无法通过提供优越待遇引进人才，并且脱贫村的地理位置也决定了其无法有效地引进人才，但是脱贫村未来振兴又亟须高素质人才的助力。解决这一矛盾就必须推动政府成为脱贫村人才引进的主体，承担主体责任，发挥主导作用。地方政府应该专门提供公务员编制或事业编制为脱贫村引进懂农业、爱农村、爱农民的优秀人才。

在精准引人上下功夫。脱贫村人才引进困难是制约脱贫村治理主体从自在二元向自为多元转型的重要制约因素。精准引人可以从两方面着手。一是加大对本土本乡毕业大学生的引进力度。地方政府要预留公务员编制或事业编制引进本土本乡毕业的大学生。引进前，各级政府应该统筹规划，利用多种资源，从升学、就业、社会福利等方面提供有吸引力的政策推动大学生服务农村。引进后，要加强管理，使这些大学生真正服务于脱贫村，切实为脱贫村的发展做出贡献。二是要从本村走出的，在政治、经济、社会等方面取得一定成就，并愿意回村建设家乡的优秀人士中引进。借鉴多地引进新乡贤的政策，在农村户籍、宅基地的使用、资金和项目等方面给予多种支持，用优惠的政策吸引人才返乡。

建立城乡之间的人才交流机制。人才分布不均也是我国人才分布的一大特点，突出表现为城市和学校是人才集聚地，而农村由于多种原因，在人才储备和引进方面存在诸多不利因素。面对这一困局，可以借鉴日本推动乡村振兴的人才政策。20世纪90年代，为了支持城市年轻人进入农村、发展农村，日本的非政府组织"地球绿化中心"（Green Earth Center）在1994年实施了青年人下农村的"绿色故乡协力队"计划。另外，日本总务省在2009年创建了"乡村振兴协力队"制度，日本农林水产省也制定了"乡村劳动队"制度。[①]通过有期限地将城市年轻人送到农村实践的方式，为农村发展提供人才支撑。

---

① ［日］酒井富夫等.日本农村再生：经验与治理［M］.李雯雯，殷国梁，高伟，译.北京：社会科学文献出版社，2019：225–226.

当前，应由各级政府主导建立城乡、区域、校地之间的人才合作和交流机制。每年由各级地方政府编制并发布脱贫村人才需求公告，然后由省级农业农村部门和乡村振兴部门组织相应的人才进行对口支援，推动城乡、校地的人才交流与合作，为脱贫村振兴提供持续的人才助力。

建立脱贫村振兴志愿服务平台。随着社会的进步，志愿服务成为社会文明的标志，越来越多的行业精英开始加入到志愿服务的队伍之中。脱贫村振兴也要充分利用这一社会发展的趋势，以县为单位建立脱贫村振兴志愿服务平台，为志愿服务乡村的社会组织和志愿者进入乡村、服务乡村提供对接服务和多方面的支持。

脱贫村的人力资源优化是脱贫村治理主体从自在二元走向自为多元的重要路径。基于脱贫村的实际，要建立政府主导、多方主体参与的脱贫村人力资源优化机制，实现脱贫村人口的有序有效流动、内生治理主体的培养和外部人才引进的有机结合，夯实脱贫村振兴发展的人才基础。

四、发展开放的脱贫村治理组织

脱贫村既有治理组织的开放也是农村治理主体多元化的重要途径。脱贫村治理组织的开放主要分为两类：一是既有组织的开放，诸如农村党组织、农民专业合作社、各类农民自组织等，其要突破户籍和行政区划等的限制，跨区域跨行业联合发展；二是根据脱贫村治理的需要，设立新的治理组织（新经济组织和新社会组织）。

脱贫村基层党组织是脱贫村各项事业的领导核心，其是一个相对开放的组织。当前，脱贫村党组织的开放性主要表现在以下几方面：从党政机关和国有企事业单位中选拔优秀党员到脱贫村任职第一书记；从本土本乡的大学生、退伍军人、外出务工经商返乡人员中选拔村党组织书记；为了强化村与村之间的联系以及村和相关企事业单位的合作，会跨村和跨行业成立联合党组织等。从 Z 县的调研来看，Z 县脱贫村党组织的开放主要表现在从党政机关和国有企事业单位选拔第一书记以及从返乡的大学生、退伍军人、经商人员当中选拔村党支部书记。就脱贫村未来振兴发展的大局来看，脱贫村党组织还应从政治吸纳和组织嵌入两方面继续扩大开放。政治吸纳是指"国家权威吸收和引导社会力量进入公共权力系统，在交流、沟通与协商的政治过程中，实现分享与承担政治权利和政治责任的过程"①。政治吸纳可以分为组织吸纳、政策吸纳和体制吸纳三种模式。当前要多种吸纳方式并用，扩大吸纳的范围和力度。组织吸纳主要从开放基层党组织的加入着手，对有志于服务脱贫村，为脱贫村振兴做出切实贡献的优秀分子开放加入党组织的渠道。政策吸纳主要是从政策上对参与脱贫村振兴的各个群体提供优惠和支持。体制吸纳的范围更广，将社会精英和社会大众都纳入吸纳范围之内，可以推荐其参加脱贫村的各种治理组织或者地方的人大、政协、商会等。政党嵌入也是增加脱贫村党组织开放的重要方式。政党嵌入是指政党"通过在民间组织内部建立组织机构从而形成与民间组织的互动关系"②。脱贫村党组织要积极在参与脱贫村振兴的各类组织中设立相应的组织，并强化与这些组织的联系、交流与合作。

脱贫村自治组织的开放应该跳出脱贫村治理只是脱贫村户籍人口治理的窠臼。在国家的治理实践中，省、市、县、乡四个层级的治理都已经突破了户籍人口治理的限制，非户籍人口参与治理已经常态化，延续这个治理逻辑，农村治理也并不一定必须是本地户籍人口的治理。现行的《村组法》只是在选民登记方面有所突破，赋予在本地居住一年以上的非本村户籍人口，履行法定程序，可以登记为选民，但并未开放其他权利。在脱贫村人力资源匮乏、内生治理能力不足的情况下，推动外部力量进入脱贫村，作为脱贫村的领路人，是实现脱贫村振兴的重要举措，因此，脱贫村治理要跳出本地人治理的思维窠臼。可以赋予志愿为脱贫村服务的人以更多的权利，让其更加便捷地参加脱贫村的治理，发挥其优势。也可以在脱贫村自治组织——村委会、村务监督委员会中设置非户籍的外聘委员，赋予其村委会委员和村务监督委员会委员同等的权力。

发展开放的脱贫村自组织。村民自组织不受行政区划和户籍的限制，村

---

① 陶建钟.风险与转型语境下社会秩序的路径选择——控制、吸纳与协作［J］.浙江社会科学，2013（8）：59.

② 蒋永甫.农村组织化与农村治理研究［M］.北京：人民出版社，2019：201.

民自组织跨区域跨产业跨行业的联合重组是引入外部力量、推动脱贫村治理走向开放的重要举措。农民专业合作社是脱贫村村民自组织的重要组织形式。在国外，农民专业合作社发达。"在丹麦，98% 的农民都是农业合作社社员，每个农户平均参加 3.6 个合作社；法国 90% 以上的农民加入了农业合作社，在全国 80 万农户中，有 130 万农业合作社社员；美国每个农户平均参加 2.6 个合作社；新西兰、澳大利亚、日本、韩国参加农业合作社的农民达 90% 以上；南美的巴西、智利 80% 左右的农户是合作社社员。"[①] 农业专业合作社已经成为将农民组织起来参与市场竞争的重要载体，是培养农民自为性的重要途径，也是农民自为性的重要表征。当前，国家鼓励农民成立各种形式的农民专业合作社，鼓励农民专业合作社跨行政区域、跨行业联合和重组。因此，脱贫村农民专业合作社跨区域跨产业跨行业的联合和重组将是推动脱贫村治理走向开放的重要渠道。除农民专业合作社之外，也要积极发展其他性质的村民自组织，推动脱贫村自组织的多样化。地方党委政府和脱贫村"两委"要深刻认识到脱贫村自组织对脱贫村开放发展的重要性，采取积极措施鼓励脱贫村和脱贫村村民基于共同利益和共同的兴趣爱好自主组建各种形式的自组织，以多样化的村民自组织，拓展脱贫村对外联系以及对外部力量的吸纳，进而推动脱贫村治理主体从自在二元向自为多元的转型。

　　发展农业龙头企业。农业龙头企业也是农业产业化的重要力量，在农村发展中已经形成多种模式的"农业龙头企业 +"，其在组织农民抵御市场化风险、推动农业产业化方面发挥着重要作用。做大做强农业企业，引导农业企业参与脱贫村治理也是脱贫治理的重要组成部分。从开放治理的角度来讲，强化龙头企业与村民自治多种治理主体的交流与合作，强化龙头企业的社会责任感，提供龙头企业的法人及其代表参与村民自治的相关渠道和平台，也是推动脱贫村开放治理的重要内容。

　　脱贫村组织是将农民组织起来，以组织的力量对抗社会风险和市场风险的重要力量。参与脱贫村治理的组织主要有脱贫村的党组织、自治组织、农民专业合作社、龙头企业、各类自主组织等，这些都是脱贫村治理的重要力

---

① 郑丹.国外农业合作社在农业科技推广中的作用及启示［J］.农业科技管理，2009，28（2）：56.

量。脱贫村组织的开放，要加强党组织能力建设，并以党组织的开放引领脱贫村各类组织的开放。村民自治组织是脱贫村的法定治理主体，其开放主要是赋予外部市场主体和社会主体以相应的治权和开放多种治理平台的参与。脱贫村农民专业合作社和其他农民自组织的开放则要突破行政区划和户籍限制，建立跨区域跨产业跨行业的联合组织。外来龙头企业对脱贫村的参与要着力增强其社会责任感，加深其对脱贫村治理的参与。通过组织的开放强化脱贫村村民的对外交流与合作。在对外交流与合作中，拓宽村民的视野和能力，推动脱贫村治理主体从自在二元向自为多元的转型。

五、壮大脱贫村集体经济

脱贫村集体经济是脱贫村自主和自为的经济基础，壮大脱贫村集体经济对于夯实脱贫村振兴的经济基础、强化村民的共同体意识和凝聚力都有重要的作用。脱贫村振兴是脱贫村的全面发展振兴，脱贫村振兴阶段的产业兴旺包含共同富裕的内涵，这不同于脱贫攻坚期间以贫困户脱贫摘帽为目标的一户一策的帮扶。脱贫村振兴目标下的产业发展应以做大做强村集体经济为目标，通过集体经济的大发展推动脱贫村振兴和共同富裕。

脱贫村的集体经济发展应在产业扶贫的基础上，整合区域产业资源，延伸产业链，形成区域特色产业，进而实现脱贫村集体经济的发展。脱贫村集体经济发展要走市场化的发展道路。脱贫村集体经济的发展壮大要扬弃产业扶贫期间形成的以家户为基础的，低水平、小规模的产业发展思路，走高质量、市场化发展的道路。脱贫村集体经济的发展要在政府优惠政策支持下，遵循市场化的运作规则，充分利用国际国内两种资源和国际国内两个市场，实现脱贫村集体经济的全面发展。脱贫村的集体经济发展壮大需要外部市场主体和社会主体的积极参与。调研中发现，Z 县的脱贫村集体经济发展中普遍存在规模小、技术水平低、发展滞后、参与市场竞争的经验与能力不足等问题。从 Z 县脱贫村集体经济的发展来看，其必须借助外部市场主体和社会主体的力量，发挥外部主体熟悉市场运作规律、市场资源丰富的优势，为脱贫村集体经济的发展提供多方面的助力。脱贫村集体经济的发展离不开政府的支持，政府既要给予脱贫村集体经济以支持，更要有目的地引导外部市场主体和社会主体对脱贫村集体经济发展的参与，在内外合作中推动脱贫村集体经济的发展，夯实脱贫村治理自主自为的经济基础。

六、推进脱贫村户籍改革

脱贫村户籍的封闭性是造成脱贫村治理主体自在二元的重要制度因素。户籍制度的改革是推动脱贫村治理主体从自在二元向自为多元转变的重要抓手。脱贫村户籍改革要走有序开放的道路。首先，推进脱贫村户籍与农村集体产权分离。脱贫村户籍制度开放最大的难点在于其是与农村集体产权分配直接相关。脱贫村的集体产权主要是土地，农村土地具有福利和社会保障双重性质，国家也通过法律明确了户籍村民的各类土地权益。开放农村户籍要在明确农村集体产权的责权利边界的基础上，逐步推进农村户籍与农村产权主体的分离，对于进入脱贫村的外部市场主体和社会主体可以给予其户籍但不享有农村集体产权主体资格，并根据户籍赋予其相应的治权。其次，渐进开放脱贫村户籍。借鉴城市积分落户政策，采取梯度赋予权利的方式逐步开放农村户籍。现行的《村组法》已经明确居住一年以上的居民，履行法定程序可以登记为选民，参与村民委员会的选举。借鉴这一思路，可以根据居住年限和对脱贫村的贡献，分步骤地赋予参与脱贫村发展振兴的外部市场主体和社会主体以脱贫村户籍相关的权利。最后，启动脱贫村户籍村民治理向脱贫村居民治理转型试点。在农村户籍剥离了集体产权，在国家极力推动城乡公共服务均等化的情况下，农村户籍附带的特定利益也将丧失，户籍村民与居民的差距也将逐步缩小乃至消失，脱贫村也就具备了从户籍村民治理向脱贫村居民治理转型的条件。脱贫村应结合发展和治理中的新变化，积极推动脱贫村居民治理试点，最终打破户籍制度对外来主体参与脱贫村治理的限制。

小 结

治理主体是治理中最具有决定性的力量和最活跃的因素。脱贫村治理的开放必然要先从治理主体的开放着手，即推动并实现脱贫村治理主体从自在二元向自为多元转变。具体实现路径为：转变脱贫村内生治理主体的理念，培养脱贫村村民实事求是、共建共治共享以及协商民主等理念；转换政府的帮扶模式，从政府主导向政府引导转型；优化脱贫村的人力资源，推动脱贫村人力资源的双向有效流动，并以政府为主体为脱贫村引进优秀人才；以党组织开放为核心吸纳外部力量，积极发展开放的脱贫村自组织，推动脱贫村组织跨区域跨产业跨行业的联合和重组；积极发展脱贫村集体经济，夯实脱贫村自为自主治理的经济基础；多举措有序推动脱贫村户籍制度改革。脱贫村治理主体的自为多元将为脱贫村的开放治理奠定良好的基础，推动脱贫村治理不断走向开放。

第四章　脱贫村治理结构的弹性化

脱贫村治理结构的弹性化是脱贫村开放治理的结构载体，是脱贫村治理应对外部环境快速变化和自身发展目标转换的重要举措。当前，脱贫村正处于脱贫攻坚和乡村振兴的衔接过渡期，脱贫村的发展阶段、发展目标、支持政策以及支持力量等都在迅速转换，而脱贫村现有的治理结构无法有效回应这一转换，脱贫村亟须建立弹性的治理结构，吸纳和整合脱贫村转型发展中的各种新兴力量，共同推进脱贫村发展振兴。

第一节　脱贫村治理结构弹性化的内涵

"弹性"被应用于诸多领域，其内涵也截然不同。物理学中的弹性是指物体在外力作用下发生形变，能够恢复原有形状的性质。经济学中的"弹性"是指一个变量相对另一个变量发生一定比例改变的属性。将"弹性"概念引入组织学，其内涵也发生了改变。Seville 等学者从组织力出发，将组织弹性界定为组织在动态复杂环境中的情景意识能力、关键弱点的管理能力以及适应能力。[①]Johnson 等学者认为，组织弹性是组织在外来干扰下推动组织结构和功能转型的能力。[②] 组织弹性结构要素方面，Mafabi 等提出了三要素

---

① SEVILLE E, BHAMRA R, DANTAS A, et al. Organisational resilience: researching the reality of New Zealand organisations [J]. Journal of business continuity & emergency planning, 2007, 2（3）: 258-266.

② JHONSON N, ELLIOTT D. Using social capital to organise for success? A case study of public-private interface in the UK Highways Agency [J].Policy and society, 2011, 30（2）: 101-113.

说，即适应力、竞争力和价值。①Fiksel 提出了四因素说，即多样性、效率、适应性和凝聚力。②Weick 提出了五因素说，即即兴（improvisation）、拼装（bricolage）、虚拟角色（virtual roles）、智慧态度（an attitude of wisdom）、交互（interaction）。③吴松江等（2017）认为，"弹性化的组织结构是指一种能够针对不断变化的新环境，灵活地采取各项措施，有效地适应各种新形势、新局面，使治理高效化、充满活力的组织"④。

借鉴国内外学者对组织弹性化的界定，拟将脱贫村治理结构的弹性化界定为：脱贫村为适应外部环境实时变化以及发展目标转换等的挑战，通过增量创新和存量改革等方式，实时优化调整既有的组织结构的过程。脱贫村治理结构的弹性化包含两个方面的内容：一是脱贫村治理结构能实时就外部环境的变化做出反应；二是脱贫村内部治理结构的柔性化设置，能够实时消化和吸收外部环境对脱贫村治理结构的冲击，能实时吸收和整合脱贫村发展中的新兴力量。

脱贫村治理结构能实时就外部环境的变化做出反应，主要是开放脱贫村治权分配，推动脱贫村治权分配标准的改革。从实践的角度来讲，任何确定型的治权获得标准，诸如户籍、居住年限等，在权利获得方面都不具备即时性的特征，也就会在特定的治理中将不具备条件的人群排除在治理结构之外。因此，治权获得的即时性将是脱贫村治理结构弹性建构的首要目标。

脱贫村治理结构的增量创新和存量改革。结构是功能的载体，随着脱贫村发展环境和目标的变革，脱贫村治理所发挥的功能必然面临转换，承载相应功能的结构也必然面临转型。脱贫村治理结构的弹性化建构可以从增量创新和存量改革两方面推动。脱贫村治理结构的增量创新是指在脱贫村现有治

①　MAFABI S, MUNENE J, NTAYI J. Knowledge management and organisational resilience：organisational innovation as a mediator in Uganda parastatal［J］. Journal of strategy and management，2012，5（1）：57-80.

②　FIKSEL J. Designing resilient, sustainable systems［J］. Environmental science and technology，2003，37（23）：5330-5339.

③　WEICK K E. The collapse of sense making on organisations：the Mann Gulch disaster［J］. Administrative science quarterly，1993，38（4）：628-652.

④　吴松江，刘锋，米正华. 社会治理组织结构创新：网络化、互动化与弹性化［J］. 江西社会科学，2017，37（4）：219.

理结构的基础上，增加新的治理结构，以满足脱贫村治理外部环境变化的挑战和任务转型的需要。脱贫村治理结构的存量改革是对既有治理结构的调整和功能转换，将其中不能适应外部环境变化的结构进行优化调整。从脱贫村治理结构的弹性化建构过程来看，增量创新是脱贫村治理结构弹性建构的起点，增量创新积累到一定程度，既有的治理结构再也无法应对外来挑战时，就要启动存量改革的进程。正所谓量变的积累必然导致质变，增量创新的积累必然推动既有结构的存量改革，将结构增量创新的成果变成组织结构的当然组成部分，并对现有的组织结构进行优化调整，以满足外部环境变化和发展目标转换的需要。

脱贫村治理结构的弹性化建构是脱贫村开放治理的重要组成部分，是脱贫村开放治理的结构载体。通过对脱贫村治理结构的弹性化建构，增强脱贫村治理结构应对环境变化和功能转换挑战的能力，实时吸纳和整合脱贫村振兴过程中的新兴力量和资源。

第二节　脱贫村治理结构弹性化面临的挑战：
现有治理结构的刚性

脱贫村现有的治理结构是由国家基于不同阶段农村社会治理的需要循序渐进建构的。国家通过各种制度规范和政策文件详细规定了脱贫村的治理结构、治理主体及其权责关系、治理过程和治理程序等，也赋予了整个治理结构以刚性。刚性的治理结构无法有效应对脱贫村振兴发展带来的发展环境变化和发展目标转换的挑战。

一、脱贫村宏观治理结构的刚性

脱贫村宏观治理结构是由《中华人民共和国宪法》（以下简称《宪法》）《中国共产党章程》（以下简称《党章》）《工作条例》《村组法》等法律法规和政策文件共同确立的。法律法规和政策文件明确规定了脱贫村各治理主体的职责范围及其相互关系。治理结构的法制化为脱贫村建立了清晰的治理结构，在推动脱贫村治理规范化的同时也强化了既有治理结构刚性。脱贫村治理结构主要包括脱贫村的权力结构、脱贫村的治理结构、脱贫村村民自治的治理结构和重大事项的决策结构等。

脱贫村治理中的权力主要是政治权力、行政权力、自治权力以及传统的习俗和道德权力等。中国共产党是中国特色社会主义事业的领导核心，党在农村的基层组织是党在农村全部工作和战斗力的基础，是农村治理的核心。因此，脱贫村党组织必然成为党和国家政治权力在脱贫村治理的载体和代表。乡镇政府行使行政权力。以村民委员会为代表的自治组织行使自治权力。村民自组织等依靠习俗和道德的影响力参与脱贫村治理。脱贫村治理场域内，政治权力发挥元权力的作用，行政权力、自治权力以及习俗和道德的权力都以政治权力为核心和纽带形成脱贫村治理的权力合力，共同推动脱贫村的有效治理。

脱贫村的治理主体主要有乡镇党委、乡镇人民政府、村党组织、村民委员会、村务监督委员会、第一书记和驻村工作队等。其治理职责分工如下。乡镇党委全面领导乡镇、村的各类组织和各项工作。乡镇人民政府依法指导、支持和帮助村民委员会的工作，但不干预依法属于村民自治范围内的事项。但对于脱贫村而言，以乡镇党委政府为代表的地方政府给予了更多的帮助和支持。Z县按照脱贫村户籍人口的数量，由政府分别给予8万元—10万元不等的村民自治组织运转经费，给予一肩挑的村党支部书记3万元左右的补助，并要求村"两委"主干坐班，出资替脱贫村入股企业增加脱贫村集体经济收入等。村党组织讨论和决定本村政治、经济、文化、社会、生态和乡村振兴中的重要问题并及时向乡镇党委报告；通过村党组织书记与村委会主任一肩挑、村"两委"交叉任职、党员担任村务监督委员会主任、保证村民委员会成员和村民代表中党员比例等方式强化并夯实农村党组织对村民委员会以及村务监督委员会的领导；通过农村党组织书记担任村级集体经济组织和合作经济组织负责人的方式加强农村基层党组织对农村合作经济组织和其他组织的领导。村民委员会是群众性自治组织，办理本村的公共事务和公益事业，并向人民政府反映村民的意见、要求和提出建议。村务监督委员会负责村民民主理财和监督村务公开等。第一书记和驻村工作队是脱贫村治理区别于其他农村治理的重要设置，其由上级党委政府选派，主要通过村党组织发挥作用，协助脱贫村的发展振兴。Z县在35个脱贫村都派驻了规模为3—4人的工作队，其中一人担任第一书记。

　　脱贫村村民自治的治理结构主要有村民会议、村民代表会议、村民委员会、村务监督委员会、村民小组会议、各专门委员会以及各种村民自组织等。其权责分工如下。村民会议居于核心地位，村民会议是村民自治的权力中心。村民代表会议在村民会议授权下代行村民会议的权力。村民会议（村民代表会议）领导村民委员会和村务监督委员会。村民委员会召集村民会议和村民代表会议并对其负责，村民委员会领导人民调解、治安保卫、公共卫生与计划生育等专门委员会。村务监督委员会监督村民委员会，并对村民会议和村民代表会议负责。村民委员会可根据村民居住状况和集体土地所有权关系设若干村民小组，村民小组负责本小组范围内的公共事务，并向村民委员会报告。脱贫村还有部分村民自组织在治理中发挥作用，诸如红白理事会、禁赌禁毒会、道德评议会、村民议事会、农民专业合作社等。红白理事会、禁赌禁毒会、道德评议会、村民议事会是由国家权力体系推动建构的，是脱贫村治理的应然设置，Z县脱贫村的"四会"在实际运作中发挥的作用较为有限。另外，还有村民基于共同利益和共同兴趣爱好自主组建的各类自组织，诸如农民专业合作社等。从Z县脱贫村的调研来看，其数量较少、组织形式单一（只有农民专业合作社），在脱贫村治理中发挥的作用较为有限。

　　脱贫村重大事项的决策遵循"四议两公开"程序。村党支部会议在这一决策程序中处于主导地位，拥有决策的提议权，并与村民委员会召开联席会议共同商议村域范围内的重大事项。村"两委"商议通过的决议再由党员大会审议通过后，交给村民会议（或村民会议授权的村民代表会议）决议。"四议"是脱贫村重大事项的决策程序，也构成了脱贫村重大事项的决策结构。从Z县的调研来看，其脱贫村2021年启动"四议两公开"的数量较少，2021年Z县35个脱贫村启动"四议"程序的次数分别为：10次以上的3个村，6到10次的共有8个村，5次以下的有24个村。

　　脱贫村的宏观治理结构是由国家关于乡村治理的整套制度建构的，并保持稳定。总体来讲,脱贫村的宏观治理结构是围绕脱贫村内部治理主体设计的,虽然近些年在脱贫攻坚和衔接过渡期政策的作用下,以地方党委政府为主体的外部力量深层次介入到了脱贫村的发展和治理之中,但现有的治理结构对于外部市场力量和社会力量而言还是刚性的治理结构,无法有效满足脱贫村新发展环境和新发展任务对吸纳外部支持力量的需要,因此,脱贫村治理结构必须做出相应改革,增加其弹性,为吸纳和整合新的支持力量提供空间和渠道。

二、脱贫村微观治理结构的刚性

脱贫村的微观治理结构是以农户为基础建构的。新中国成立初期,通过土地改革确立了农民土地所有制。随着中国社会主义建设的不断推进,国家对农业进行了社会主义改造,推动了农业的合作化。1958年9月,全国农村共有人民公社23384个,参加的农户达总农户数的90.4%,基本实现了公社化。[①]农业社会主义改造实现了个体农户向人民公社的转变,农村的所有制结构也变为以队为基础的三级所有,确立了农村集体所有制。改革开放后,针对人民公社管得过多过死的弊端,农村推行了以家庭联产承包责任制为基础,统分结合的双层经营体制,确立了农户在农业生产和农村生活中的基础性地位。随着改革开放的深入,农村的各项改革也在不断推进,农村集体土地承包权分配中实施的"增人不增地,减人不减地""土地承包权长期保持稳定"以及"农村土地承包权确权"等政策也进一步强化了农户在农村生产中的地位和作用。农户成为农村利益的节点和重要的社会设置。

农户在脱贫村治理中的作用更加突出。脱贫村的社会结构方面:由于脱贫村青壮年人口的大量外流和农村老年人外出就业困难,农村留守群体基本以各家各户的老年人为主。Z县脱贫村的调研中,留守人口占户籍人口的比例绝大部分在30%以下,但每一农户中一般都有老人留守。经营体制方面:推行家庭联产承包责任制,各家各户的留守老人也就承担起维持该户农业生产的重担,也为外出的青壮年农民守住返乡的退路。乡村治理方面:农户的作

---

① 罗平汉.农村人民公社史 [M].北京:人民出版社,2016:59.

用更加凸显。现行的村民自治制度就规定了脱贫村重要的议事决策机构——村民会议、村民小组会议都有以户代表为基础的制度设计，即三分之二以上的户代表参加，过半数同意即可通过决议。另外，脱贫村各家各户以老人留守的人口结构，也决定了农户成为农村行使治权的重要载体。Z 县 2021 年的农村"两委"换届选举中，多是以农户为单位进行投票，即每个农户的成员委托自家老人代为投票。因此，农户是脱贫村微观治理结构的基础。

脱贫村农户建立的基础是血缘关系和婚姻关系。血缘关系和婚姻关系的建立是一个复杂的过程，并且国家也颁布了一系列的法律法规来规范和约束这两种关系，赋予了这两种关系以多种权利和义务。血缘关系和婚姻关系是人们各种社会关系中非常稳定的类型，也具有极强的排他性。脱贫村以农户为基础建构的微观治理结构，由于农户的稳定性和排他性也赋予了脱贫村微观治理结构以刚性。

脱贫村宏观治理结构和微观治理结构都是刚性的治理结构，刚性的治理结构缺乏必要的弹性空间，排斥了外部市场主体和社会主体对其的参与，制约了脱贫村借助外部市场力量和社会力量推动自身全面发展振兴的机会和空间。脱贫村的治理结构亟须进行弹性化建构。

第三节　脱贫村刚性治理结构形成的原因

脱贫村刚性治理结构的形成是多种因素共同作用的结果，概括起来主要是脱贫村治权分配标准的刚性、脱贫村农户治理作用的强化、脱贫村利益结构的固化以及脱贫村治理结构改革的滞后等。

一、脱贫村治权分配标准的刚性

脱贫村治权的分配标准由农村户籍、农村集体产权、居住年限和中国共产党党员身份共同确定。脱贫村户籍是分配脱贫村治权的核心标准，区分了本村户籍人口和非本村户籍人口。农村集体产权划分了农村集体经济组织成员和非集体经济组织成员，明确了农村集体经济组织收益的分配资格，也是脱贫村治权分配的重要标准。工业化和城镇化加速了人口流动，国家将居住年限纳入到脱贫村治权分配的标准之中，成为分享脱贫村部分治权的标准。由于中国共产党组织的开放性，中国共产党党员身份也成为参与脱贫村治权分配的重要标准，中国共产党党员可以通过党员关系转移接收、上级党组织派驻以及跨区域选聘等方式，进入特定的脱贫村党组织，享有脱贫村党组织成员的各项权利，进而通过党组织介入脱贫村的治理。这四项标准共同构成了脱贫村治权分配的标准。

（一）脱贫村户籍的刚性

脱贫村户籍是分配脱贫村治权的核心制度设计。脱贫村户籍区分了本村户籍人口和非本村户籍人口，只有拥有本村户籍的村民才能获得相应的治权。村民自治制度本身就是行政村范围内的户籍村民通过民主选举、民主决策、民主管理、民主监督实现自我治理的制度安排。因此，村民自治的各种治理结构，也是以户籍村民为主体建构的，诸如村党组织主要由户籍党员组成，村民委员会由户籍村民选举产生且成员都是户籍村民，村民会议由全体户籍村民或户代表参加，村民代表会议由户籍村民推举的村民代表参加，村民小组会议由本村民小组的户籍村民参加，村务监督委员会由村民会议或村民代表会议在户籍村民中推选产生。由此可以看出，脱贫村户籍是脱贫村治权分配的核心标准。根据国家关于农村户籍的相关规定以及各个脱贫村自己的实际情况，脱贫村的户籍基本上是一个相对封闭的体系，非本村户籍人口很难获得本村户籍，因此，脱贫村户籍的难获得性使得其成为脱贫村治权分配的刚性标准，同时也赋予了脱贫村治理结构以刚性。

（二）脱贫村集体产权的刚性

集体产权是脱贫村治权分配的另一个标准。新中国成立后，通过对农业的社会主义改造，逐步在农村确立了集体所有制。农村的集体所有制是中国特色社会主义公有制的重要组成部分。"它不仅仅是一种财产权利，也是一种政治的社会秩序安排，是社会主义制度安排下的财产权利。"①农村集体产权作为农村治权的分配标准，主要划分了农村集体经济组织成员和非农村集体经济组织成员两种身份。农村集体经济组织成员拥有的独占权利主要是农村耕地的承包权、宅基地的资格权和集体收益的分配权等。农村集体经济组织成员的身份在脱贫村治理中发挥着重要作用。另外，脱贫村当前的发展正面临乡村振兴和共同富裕双重目标驱动，乡村的全面振兴和共同富裕已经超越了个体富裕的发展阶段，要求全体村民共同富裕，这更加凸显了脱贫村集体经济在脱贫村未来发展中的作用。脱贫村治理的核心诉求是合理合法地发展并分配脱贫村的各种利益，而脱贫村集体经济收益的分配权又被农村集体经济成员所独占，因此，脱贫村集体经济组织成员也是脱贫村治权行使的重要主体，并且脱贫村集体经济组织成员的身份相较于脱贫村户籍来讲，更加难以获得。脱贫村集体经济组织成员身份的难获得性强化了脱贫村治理结构的刚性。

（三）居住年限的刚性

居住年限也是脱贫村治权的分配标准之一。新修订的《村组法》第十三条规定：户籍不在本村，在本村居住一年以上，本人申请参加选举，并且经村民会议或者村民代表会议同意参加选举的公民应进行选民登记，列入选民名单。这一规定冲击了户籍在农村治权分配中的垄断地位，赋予了居住年限这一新的参与农村治权分配的标准。按照现行的法律规定，"居住一年以上"的新条件还要与农村村委会换届选举配合使用，并且法律也只是明确了居住一年以上可以登记为选民，并未基于此规定，明确给予其他的脱贫村治权。由此可以看出，居住年限参与脱贫村治权分配也受到诸多限制。另外，"居住一年以上"的标准本身也是一个刚性的标准，不具有参与治理的即时性和便捷性。居住年限的标准在一定程度上消解了以户籍作为脱贫村治权分配标准的刚性，但其行使受到诸多限制且可分配的权力有限，也使得其对脱贫村治权分配标准体系刚性的冲击极为有限，并且"居住满一年"本身也是刚性的标准，其也会给予脱贫村治权分配另一种刚性。

---

① 王德福.农村产权改革的社会风险［M］.武汉：华中科技大学出版社，2019：26.

（四）中国共产党党员身份的刚性

中国共产党基层组织的开放性使得具有中国共产党党员的身份也可以较为便捷地参与到脱贫村治权的分配中。中国共产党是我国的执政党，是中国特色社会主义事业的领导核心，中国共产党的领导是全面领导，即"党政军民学，东西南北中，党是领导一切的"。中国共产党在农村的领导地位是通过党在农村的基层组织和党员来共同实现的。在脱贫村治理中，党在农村基层组织作为一个相对开放的组织，通过多种方式为脱贫村引入了非户籍党员参与其治理，主要表现为各级地方党委政府和国有企事业单位为脱贫村派驻第一书记和驻村工作队。Z县的35个脱贫村，省市县三级政府、中直单位以及国有企事业单位分别派驻了1名第一书记和2~3名驻村工作队员。第一书记基本都由各级机关和国有企事业单位内年富力强的中层干部担任，其年龄结构为：30~40岁的9人，40~50岁的21人，50岁以上的5人。驻村工作队员一般为年轻的优秀党员。第一书记和驻村工作队员通过将党组织关系转入脱贫村党组织，进而通过脱贫村党组织参与到脱贫村的治理过程中。第一书记和驻村工作队的存在是对脱贫村以户籍党员和户籍村民为基础的治理的突破，但其并没有改变村党组织是由户籍村民党员为主组织的传统，也没有改变户籍在脱贫村治权分配中的核心地位。另外，中国共产党党员的身份也是非常难以获得的，有严格的入党条件，必须通过严谨的程序并经过一段时间的考验才可以加入。根据中共中央组织部的统计，截至2021年6月5日，全国共有中国共产党党员9514.8万名，2020年全年发展党员242.7万名。[①] 按照全国14.1亿人计算，全国共有约6.7%的人加入了中国共产党的各级组织，2020年全国有约0.17%的人加入了党组织。Z县脱贫村党员发展的实践也充分证明了加入党组织的难度，Z县35个脱贫村3年内只有13个脱贫村新发展了党员，即37%的脱贫村新发展了党员。脱贫村党组织虽然是开放的，但是党员身份的难获得性也使得通过获得中国共产党党员身份，再通过党组织关系的转移接收进入脱贫村党组织，进而参与脱贫村治权的分配是一个非常复杂和困难的过程，因此，中国共产党党员的身份对参与脱贫村治权分配来讲也是一个刚

---

① 中共中央组织部.中国共产党党内统计公报［N］.人民日报，2021-07-01（5）.

性的标准。

脱贫村户籍、集体产权、一年以上的居住年限以及中国共产党党员的身份等共同构成了脱贫村治权分配的标准体系，这些标准都具有一定获取的难度，因而是刚性的标准。脱贫村治权分配标准的刚性又赋予了脱贫村宏观治理结构以刚性，制约了外部市场主体和社会主体对脱贫村参与的即时性和便捷性。

二、脱贫村农户治理作用的强化

脱贫村微观治理结构以农户为基础建构有其合理性。家庭和农户长期以来都是中国农村的基本单元，在农村治理中发挥着重要作用。改革开放后，中国开始了快速的工业化和城市化，急需大量的劳动力，城市的用工政策、户籍政策也不断向农村开放，农村人口在城市高收入的吸引下，大规模流入城市，脱贫村人口流失情况更为严重。从 Z 县 35 个脱贫村留守人口统计来看，留守人口占户籍人口比例为 20% 以下的有 14 个村，比例为 20%~30% 的有 11 个村，比例为 30%~40% 的有 7 个村，比例为 40% 以上的有 3 个村。虽然 Z 县脱贫村留守人口比例较低，但是每户基本上都有老人留守，负责农业生产和照顾家园。脱贫村的这种人口结构使得脱贫村以户为单位进行治理或以户为单位推选代表进行治理成为不得已的选择，并且脱贫村的利益结构也是以户为基础进行分配的，所以脱贫村以户为基础进行治理有其合理性。

农户作为脱贫村微观的治理结构也面临诸多挑战。第一，现代政治权利行使的主体都是个体，《宪法》就明确规定国家的一切权力属于人民，《村组法》也强调保障农村村民实行自治，这些法律都明确规定了个体而不是农户是农村治理的主体。第二，以农户为单位进行治理会忽视每个农户所拥有的成年权利主体在数量上的差异。第三，以农户为单位进行治理预设的前提就是单个农户内所有合格权利主体的意见是一致的，而这根本经受不起治理实践的检验。第四，对农户作用的强化也给脱贫村带来了一系列负面影响，以农户为单位的农村生产形式不仅制约了农业资源的集约化规模化利用，而且限制了农村各种资源的有效流动。第五，以农户作为脱贫村治理的基本单元，会强化血缘和婚姻等传统因素在治理中的作用，进而使得农村微观治理结构趋于封闭和刚性，不仅会排斥外部市场主体和社会主体对脱贫村经济发展和社会治理的介入，而且会弱化业缘和利益等社会主义市场经济因素在治理中的作用。

脱贫村以农户为基础建构的微观治理结构是历史的产物，其也在一定程度适应了脱贫村人口结构变化的特点，有一定的合理性，但其与现代政治权利围绕成年个体进行分配的制度规定和惯例存在冲突，并且农户也越来越成为农村集约化规模化产业化发展的制约因素。因此，脱贫村以农户作为治理的基本单元并不是农村治理的必然选择，更多地是一种权宜性选择，因此必然面临改革。

三、脱贫村利益结构的固化

脱贫村治理结构刚性与脱贫村利益结构固化相伴随而生并相互强化。脱贫村脱胎于贫困村，贫困村长期处于稳定的贫困状态，也由此建立了稳定的利益关系和利益结构。脱贫攻坚开始后，国家集中资源对贫困村进行帮扶，开始有了较大规模的利益流入，对既有的利益关系和利益结构产生了一定的冲击，但脱贫攻坚解决的是绝对贫困和贫困群众的基本生产生活问题，因此，脱贫攻坚并没有出现脱贫村经济社会翻天覆地的变化，脱贫村的利益结构和利益关系也基本保持稳定。在 Z 县的调研中发现，脱贫群众的"两不愁三保障"问题基本得到解决，但脱贫群众还没有达到生活富裕的境况，脱贫村的存量利益依然稀薄，他们对既有的利益非常珍视。脱贫村可分配的存量利益稀薄加之脱贫村以户籍村民为主体的少数服从多数的决策机制，也给了脱贫村群众利用现有决策机制进一步强化其在脱贫村既得利益分配中的主体地位和优势地位的机会，脱贫村的利益结构和利益关系逐渐固化。形成于贫困村并延续到脱贫村的固化的利益结构和利益关系与脱贫村既有的刚性治理结构在脱贫村治理中表现出相互增强的效果。既有的治理结构维护了既有的利益关系，固化了相应的利益结构；反过来，既有的利益结构和利益关系又积极维护既有的治理结构。因此，脱贫村固化的利益结构和利益关系也在强化着脱贫村治理结构的刚性。

四、脱贫村治理结构改革的滞后

脱贫村现有的治理结构初建于20世纪80年代。建立之后，国家根据农村治理环境的变化和治理实践的需要也进行过多次修订和完善，但其改革还是稍显滞后，其中部分内容已经不能适应脱贫村快速开放发展的需要，其治理结构也不断趋于刚性，制约了脱贫村治理结构吸纳外部市场主体和社会主体参与的空间和渠道。

外部市场主体和社会主体介入脱贫村治理渠道有限。脱贫村现行的治理结构是围绕户籍村民建构起来的。对于非户籍主体的参与，现行的《村组法》规定：召开村民会议时，根据需要，可以邀请驻村的企事业单位和群众组织的代表列席。这一规定赋予了非本村户籍主体列席村民会议的权力，但是这一权力的行使是以被邀请的方式出现的，缺乏参与的刚性。另外，"列席"本身就意味着其不具有法定的参会资格，列席会议也不享有村民会议的决策权。另外，脱贫村的村民会议因为户籍人口外流致使其运作困难，使得召开村民会议时"邀请其他非户籍驻村企事业单位和群众组织代表列席"的规定也更多地停留在书面的规定之上，无法落到实处。因此，脱贫村现有的法定治理结构并没有为外部力量直接介入做好相应的制度设计准备，其治理结构相对封闭，趋于刚性。

脱贫村治理实现方式的传统化。脱贫村治理面临的最大挑战是脱贫村人口的外流。Z县35个脱贫村,14个村的流出人口占户籍人口的比例为80%以上，11个村的流出人口占户籍人口的比例为70%以上，7个村的流出人口占户籍人口的比例为60%~70%，2个村的流出人口占户籍人口的比例为40%~60%，1个村的流出人口占户籍人口的比例为30%以上。总体来看，Z县脱贫村流出人口在80%以上的脱贫村占脱贫村总数的40%，流出人口在70%以上的脱贫村占脱贫村总数的71.4%，流出人口在60%以上的脱贫村占脱贫村总数的91.4%。然而脱贫村的治理结构是按照全体户籍村民长期住村进行设计的，诸如村民会议、村民小组会议等都要求一定数量的户籍村民现场议事决议。由于大量人口外流，这种传统的线下治理方式已经无法保障脱贫村治理制度设计的正常运作，急需推动其实现方式的改革。

农村户籍、农村集体产权、一年以上的居住年限、中国共产党党员的政治身份等脱贫村治权分配标准，以农户为基础的微观治理结构，固化的村民利益结构和刚性治理结构的相互增权，脱贫村治理结构改革滞后等因素共同导致了脱贫村治理结构的刚性，限制了脱贫村既有治理结构适应外部环境变化和内部发展目标转换的能力，没有为外部市场主体和社会主体参与脱贫村振兴和治理留下相应的参与渠道和空间，使得脱贫村的治理结构趋于封闭和刚性。

第四节　脱贫村治理结构弹性化的实现路径

脱贫村治理结构的弹性化建构是增强脱贫村治理结构灵活性和适应性、应对外部环境变化和发展目标转换的重要举措，也是脱贫村开放治理的结构载体。脱贫村治理结构的弹性化建构可以从完善脱贫村治权分配标准、强化脱贫村治理中村民个体的作用、打破脱贫村固化的利益结构以及既有创新脱贫村治理结构等方面着力推进。

一、完善脱贫村治权分配标准

脱贫村现有的治权分配标准为脱贫村建立了刚性的治理结构，限制了外部力量对脱贫村治理的有效参与，进而制约了其参与脱贫村振兴进程的积极性。脱贫村治权分配标准的完善应从既有标准的改革和增加新的标准两个方面推进。

（一）"户籍村民"治理向"户籍村民＋居民"治理转型

脱贫村治权分配标准的弹性化应推动"户籍村民"治理向"户籍村民＋居民"治理转型。户籍是中国特殊历史时期的产物，主要目的是限制农村人口向城市流动。在中国快速工业化和城镇化的进程中，除个别大城市之外，中小城镇的户籍已对农村人口开放，城市已经进入了居民治理的阶段，户籍政策的历史使命已经完成。近些年，国家为了更好地实现农民利益的增值，在农村推进了一系列的改革，如公共服务均等化、农村集体土地的三权分置改革、农村集体建设用地与国有土地同权同价入市、农村集体经济股权化改革等，这些政策的目标都是打破农村的封闭性，让农村既有存量资产流动起来，吸引外部市场主体和社会主体进入农村，建设农村，发展农村，实现共同富裕。另外，日本等发达国家农村社会发展的经验也证明，城市反哺农村是多方面的反哺，其中非常重要的就是城市人口反哺农村。从国际经验来看，城镇化率在达到70%左右的时候，发展的总体速度会放缓，出现人口由大城市、特大城市向小城市甚至农村回流的现象①，即逆城镇化阶段。根据全国第七次人口普查数据，2020年我国常住人口城镇化率已经达到63.89%，根据中国城镇化的速度和国际的经验，中国很快就会迎来逆城镇化，脱贫村的发展应该利用这一城镇化的发展规律，推动自身发展。国内也有部分地方政府在推动城镇人口回流农村。例如，在山东省，符合条件的入乡返乡创业就业的高校学生、退伍军人可以返乡落户；浙江浦江县推出"乡贤乡居"新政，为祖籍是浦江的乡贤每年安排建设用地指标30亩，用于"乡贤乡居"的安置。

　　脱贫村户籍是维护脱贫村存量利益的重要制度安排，维护现有户籍制度的稳定是保持脱贫村稳定的重要制度基础，但是脱贫村在脱贫攻坚期间奠定的发展条件以及脱贫村现有的人力资源存量等都不足以支撑其自主全面振兴的进程。脱贫村的全面振兴需要积极引进外部力量和外部资源。在保持现有户籍制度稳定的基础上引入居民治理，能够为外部力量参与脱贫村治理创造条件。徐勇教授也曾针对农村的发展，提出农村治理由村民自治向居民自治过渡的设想。②推动脱贫村治理从"户籍村民治理"向"户籍村民 + 居民治理"转型是打破脱贫村以户籍为核心分配脱贫村治权的重要方式，也是脱贫村宏观治理结构弹性化建构的重要内容。

---

① 孔铎，刘士林.我国逆城市化研究发展述评［J］.学术界，2011（11）：221.

② 徐勇.中国农村村民自治［M］.北京：生活书店出版有限公司，2018：197.

（二）农村集体产权制度改革

农村集体产权也是构成脱贫村治权分配的重要标准。脱贫村最重要的集体产权是土地，包括耕地、宅基地和集体建设用地。党的十八届三中全会作出的《中共中央关于全面深化改革若干重大问题的决定》明确提出："赋予农民更多财产权利。保障农民集体经济组织成员权利，积极发展农民股份合作，赋予农民对集体资产股份占有、收益、有偿退出及抵押、担保、继承权。"随着城市化的不断发展以及中国不断推进共同富裕的实践，探索和推进农村集体产权改革就成为农村改革的重点。浙江省《高质量发展建设共同富裕示范区实施方案（2021—2025）》中也明确，要积极探索进城落户农民依法自愿有偿退出土地承包权、宅基地使用权、集体收益分配权。由此可以看出，国家主导的农村集体产权改革的方向主要是推动农村集体产权的资产化，增加农村集体产权的流动性，推动农村产权的股权化。

脱贫村的振兴发展离不开外部市场力量和社会力量的支持，并且在乡村振兴阶段，要调动外部力量的主人翁责任感，就必须推动外部力量对脱贫村发展和治理的全方位参与。从这个角度来看，脱贫村集体产权制度改革可以从两方面着手：一方面推动脱贫村集体产权股权化改革，探索脱贫村集体产权身份与户籍身份的适度分离；另一方面要积极探索外部市场主体和社会主体分享脱贫村集体产权收益的相关制度安排，探索农村集体产权收益市场化分配的办法。通过制度改革探索外部市场主体和社会主体融入脱贫村，参与分享脱贫村集体产权收益的方式方法，建设脱贫村振兴的利益共同体，推动脱贫村有效治理和发展振兴。

（三）推动脱贫村党组织扩大开放

脱贫村党组织是脱贫村治理中最开放的治理结构。当前，脱贫村由各级地方党委政府和国有企事业单位派驻工作队和第一书记，为脱贫村的发展注入了新鲜血液和力量。Z县脱贫村也迎来了从中直机关到省市县各级党政机关及国有企事业单位派出的驻村工作队和第一书记，这些外来力量为脱贫村的发展带来了新的发展理念、人才、项目和资金等，为脱贫村的发展贡献了重要力量。当前，派驻脱贫村的第一书记和驻村工作队都来自党政部门和国有企事业单位，其进入脱贫村并助力脱贫村发展的动力主要来自上级党委政府的压力，在脱贫攻坚胜利收官后，其参与的积极性和动力明显退坡。脱贫村的未来振兴发展更加需要民营企业和社会组织的参与，因此，推动脱贫村党组织向民营企业和社会组织的党员开放，应成为脱贫村党组织继续扩大开放的重要方向。建立相应机制，为民营企业和社会组织中的党员加入脱贫村党组织创造条件，甚至于脱贫村党组织可以从支持本村发展的民营企业和社会组织中培养和吸收党员。当前，脱贫村的发展需要脱贫村党组织的持续扩大开放，也需要以党组织的开放引领和推动脱贫村其他组织的开放，增强脱贫村治理结构的弹性和吸纳整合能力，为外部市场力量和社会力量参与脱贫村的发展振兴创造便利的条件。

（四）脱贫村治权分配标准的多元化

正所谓："人们为之奋斗的一切，都同他们的利益有关。"[①]外部力量介入脱贫村发展必然携带相应的利益进入，且为实现特定利益的保值和增值。利益关系的出现具有即时性的特征，以利益为标准分配脱贫村的治权，可以保障外部市场主体和社会主体对脱贫村治理参与的即时性和实效性。将利益纳入脱贫村治权分配标准之中，推动脱贫村治权分配标准的多元化，也是实现脱贫村治理结构弹性化的重要举措。脱贫村发展和治理实践中的利益可以表现为资金投入、项目投入等。因此，脱贫村治权分配标准中可以纳入资金、项目等标准。人才也是脱贫村治理和发展急需的资源。研究东亚后发展中国家经济腾飞的发展型政府理论认为："发展型政府拥有一批具有强烈发展意愿的精英……有能力自主地选择产业发展的战略制高点，制定高瞻远瞩的发展战略，并最终将有限的资源动员起来，通过产业政策的实施，推动所管辖地区的产业发展和经济成长。"[②]人才是后发展地区重要的发展资源，也是后发展地区最稀缺的资源。脱贫村经济社会发展面临的重大制约因素之一就是人才

[①]　中共中央马克思恩格斯列宁斯大林著作编译局 . 马克思恩格斯全集（第一卷）[M].
　　北京：人民出版社，1995：187.

[②]　顾昕 . 发展主义的发展：政府主导型发展模式的理论探索[J].河北学刊,2014,34(3)：
　　93.

短缺，将具备一定能力的人才纳入脱贫村治权分配标准体系中，也能够为外来力量参与脱贫村治理和发展创造条件。脱贫村治权分配标准的多元化是打破脱贫村以户籍为核心建构脱贫村治权分配标准体系的重要举措。脱贫村治权分配标准中纳入利益（资金、项目等）和人才等标准，能够有效增强脱贫村治理结构的弹性。

二、强化脱贫村治理中村民个体的作用

脱贫村以农户为基础建构的微观治理结构制约了农业的集约化规模化发展，也制约了脱贫村治理的开放。根据《宪法》《村组法》等相关法律规定，强化成年村民个体在农村治理中的主体地位，既有利于强化各个利益主体的治理责任，也有利于弱化血缘和姻缘关系在农村治理中的作用，进而增强脱贫村微观治理结构的弹性。强化脱贫村村民个体在脱贫村治理中的作用，首先要强化脱贫村村民自治的直接民主属性。村民自治制度建构了以村民个体为主体的直接民主形态。但随着脱贫村人口非户籍迁移性质的大量外流，脱贫村治理实践强化了以农户代表间接参与的治理形式。脱贫村治理回归村民个体，首先，要强化全体村民参加的村民会议以及全体村民小组成员参加的村民小组会议的作用，明确其召开的时间以及职责，确立其村民自治的核心地位和不可替代性。其次，通过多种形式引导村民积极参与脱贫村治理，定期公布村民参与治理的情况，并将参与情况与村民福利发放和各种荣誉的评比联系起来，以正面引导推动脱贫村村民对脱贫村治理的参与。再次，借助现代的网络技术和信息技术，推动脱贫村治理的网络化和信息化，为外出务工的户籍村民提供便捷地参与脱贫村治理的平台和渠道。

三、打破脱贫村固化的利益结构

脱贫村固化利益结构与刚性治理结构相互强化，成为脱贫村治理结构刚性的重要原因。脱贫村利益结构的固化在于其利益关系和利益结构的长期稳定。脱贫攻坚是针对贫困村群众的增量利益流入，没有触动既有的存量利益

关系和利益结构。脱贫村当前正处在脱贫攻坚和乡村振兴的衔接过渡期，脱贫攻坚期间给予贫困群众的利益输入总体还在延续，但过渡期结束之后，必然会面临政府支持政策和支持模式等的转型。脱贫村要利用政府支持模式和帮扶政策转型的契机打破既有固化的利益关系和利益结构。首先，给予脱贫村的帮扶政策要从针对特定类型人群的支持转型为面向所有村民的公平政策支持。脱贫村平稳度过过渡期后，脱贫群众以及脱贫村享有的特殊支持政策也将转换，脱贫村也将全面进入乡村振兴的新阶段，脱贫村的所有村民在享受帮扶政策时也将完全平等。其次，建立支持脱贫村发展的梯度激励机制。脱贫攻坚期间，政府针对贫困户的致贫原因，一户一策，针对性帮扶，迅速实现了贫困群众的脱贫摘帽，但也留下了脱贫村内生治理能力和发展能力不足的遗留问题。脱贫村振兴离不开脱贫村内生主体的能力和积极性的提高。结合脱贫村村民的自我发展成就，建立梯度激励机制，即发展越好给予越多的激励，调动脱贫村群众内源性发展的积极性。再次，脱贫村现有的治理体制也强化了脱贫村内生治理主体的优势地位，诸如以户籍为基础的权力分配制度、少数服从多数的决策规则等都在强化脱贫村利益结构和利益关系的刚性和封闭性。脱贫村除了要推动治权分配标准的多元化之外，还要优化脱贫村少数服从多数的决策机制，积极推进脱贫村民主协商进程。

四、创新脱贫村治理结构

脱贫村现有的治理结构中已经存在部分不适应脱贫村振兴发展大局的设置，亟须改革。借鉴当下公共管理和公共组织领域理论和实践两方面的最新成果，推动脱贫村治理结构变迁，增强脱贫村治理结构的弹性化。

首先，脱贫村治理中引入结果导向的管理。从脱贫村弹性化治理结构建构来看，建立以任务为中心的治理结构是增强其治理结构弹性的重要举措。脱贫村应围绕外来市场主体和社会主体的项目和相关事项建立任务型治理平台。该平台应由村民委员会组织，该平台的作用是将相关利益方组织起来，平等协商，共同推进脱贫村振兴发展的相关事宜。

其次，运用虚拟技术增强组织弹性。脱贫村治理结构刚性的一个重要原因是脱贫村治理实现形式依然坚持传统线下的方式，这一方式已无法应对大量户籍人口外流给脱贫村治理造成的冲击。现代的网络技术、信息技术和数字技术可以突破时空的阻隔，为不同地域的人们提供在线的即时沟通平台和渠道。因此，现代的网络技术和信息技术完全可以解决脱贫村治理中人户分离造成的治理困境。从这个角度来讲，脱贫村弹性组织结构的建构可以运用现代的信息技术、网络技术以及数字技术对传统的治理结构进行信息化改造。由政府主导，基于现代的网络技术、信息技术以及数字技术搭建虚拟的脱贫村治理结构和平台，为脱贫村流出人口、外部市场主体和外部社会主体在线参与脱贫村治理提供线上的平台和渠道。

再次，创新脱贫村治理组织结构。脱贫村弹性治理结构的建设还需改革现有的治理结构。打破脱贫村治理结构围绕户籍村民建构的传统，在现有治理结构之上增设外来市场主体和社会主体参与的渠道和平台，如许多地方实践的新乡贤参与治理模式、村"两委"主持召开外来人事参加的座谈会、民情民议恳谈会等，这些既有的创新治理实践为脱贫村利用外部力量提供了有益的参考，但这些外部力量的参与也更多以间接参与和被动参与为主。外部市场力量和社会力量的支持是脱贫村振兴的必备条件，因此，建立规范化的外部市场力量和社会力量直接参与机制就成为脱贫村治理结构弹性化建构必须解决的问题。在村党支部、村民委员会和村务监督委员会等农村治理的常设机构内增设乡村振兴委员会，专职负责与外来市场主体和社会主体进行沟通，为外部市场力量和社会力量全面参与脱贫村治理过程提供制度平台。

最后，发展脱贫村自组织。自组织是脱贫村治理结构中最有弹性的组成部分，其可以在法律法规允许范围内，基于利益实现的需要，不断扩展自己的组织边界和关系边界。以脱贫村自组织为依托推动脱贫村治理结构的弹性化建构是脱贫村治理结构弹性化的重要途径之一。在脱贫村发展多种形式的自组织，支持和鼓励村民自组织跨区域跨行业联合发展，进而为外部力量通过脱贫村村民自组织进入脱贫村治理和发展场域提供渠道和平台。

小　结

　　脱贫村治理结构的弹性化建构是脱贫村治理结构层面的开放。脱贫村治理结构的弹性化要从完善脱贫村治权分配制度，推进脱贫村治权分配标准的多元化；要从打破脱贫村以农户为基础的微观治理结构，强化村民个体的治理主体地位；要从打破脱贫村固化的利益结构，增强利益的流动性；要从既有治理结构创新等方面积极推动。通过治理结构的弹性化建构增强脱贫村治理结构主动适应外部环境变化的能力，实时吸纳和整合参与脱贫村发展振兴的外部力量，为脱贫村的振兴和共同富裕集聚外部力量和外部资源。

第五章 脱贫村治理过程的有效介入

脱贫村治理过程的有效介入是脱贫村开放治理付诸实践的关键环节，是脱贫村开放治理的核心。脱贫村的治理过程主要包括决策、执行、监督。脱贫村治理过程的开放，简而言之就是外部市场主体和社会主体对脱贫村治理过程的有效介入，是介入规范化和效果的有机统一。

第一节 脱贫村治理过程有效介入的内涵

治理过程的有效介入可以从两个层面来界定：一是对治理过程的介入，即能够便捷地进入脱贫村治理过程；二是有效介入，"有效"强调的是进入程序的合法合理合目的性，即是一种常态化、合法化和有实际效果的介入。脱贫村开放治理场景中的治理过程有效介入是指脱贫村外部市场主体和社会主体通过合法合理的方式进入脱贫村治理过程，并通过平等协商的方式实现双方的有效合作，最终实现合作共赢的活动。脱贫村治理过程的有效介入可以从以下几个方面进行理解。

脱贫村治理过程有效介入的主体是外部市场主体和社会主体。脱贫村治理过程的有效介入是基于脱贫村开放治理场景中的探讨。当前，脱贫村的治理过程是一个相对封闭的治理过程，表现为脱贫村以户籍村民为主体的自治和以政府为主体的行政化治理的结合，其他的外部市场主体和社会主体大都无法直接介入脱贫村治理过程，需要通过地方党委政府和村"两委"间接发挥作用。这种间接的参与既无法推动外部市场主体和社会主体与村民形成有效的沟通和交流，寻求利益的最大公约数；也无法激发外部市场主体和社会主体介入脱贫村发展的主人翁责任感，很大程度上阻碍了脱贫村内外治理和发展共同体的形成。脱贫村治理过程有效介入探讨的是不享有脱贫村法定治理主体资格的外部市场主体和社会主体如何有效介入脱贫村治理过程，并参与其实体治理的问题。因此，脱贫村治理过程有效介入的主体是外部市场主体和社会主体。

脱贫村治理过程的有效介入是对脱贫村治理全过程的有效介入。乡村治理过程主要包括决策、执行和监督三个环节。外部市场主体和社会主体对脱贫村治理过程有效介入的起点是决策，而公共议题的提出又是决策的原点，赋予外部市场主体和社会主体议题的提出权，是保障其对脱贫村治理过程有效介入的前提。决策是脱贫村治理过程的核心环节，决策质量的高低直接决定了脱贫村治理效果的好坏，对脱贫村决策过程的参与主要是保证外部市场主体和社会主体参与的时效性、平等性和有效性。执行是脱贫村治理决策落地的关键环节，执行的好坏在很大程度上决定了决策的效果，外部市场主体和社会主体对脱贫村治理决策执行阶段的介入主要强调外部市场主体和社会主体能够实时获取执行的相关信息，了解执行的进展。监督环节也是脱贫村治理过程的重要组成部分，外部市场主体和社会主体对脱贫村监督环节的参与主要通过对脱贫村村务监督委员会的参与来实现。

脱贫村治理过程有效介入方式的多样性。介入方式的多样性强调外部市场主体和社会主体对脱贫村治理过程的多样化参与。中国农村社会是熟人社会和半熟人社会，其治理方式是正式机制与非正式机制的有机结合①。外部市场主体和社会主体对脱贫村治理的介入方式应该基于脱贫村社会治理的实际，从正式治理机制和非正式治理机制两方面着手。正式治理机制方面的介入是在现有的村民自治制度框架内，利用既有的渠道平台进行介入。非正式治理机制的介入是基于在农村熟人社会和半熟人社会的治理方式而采取的介入方式。在农村熟人社会和半熟人社会的治理中，人们在长期的共同生活中形成

---

① "熟人社会"是费孝通先生对传统中国农村社会形态的经典描述。他认为传统中国社会是乡土社会，社会的流动性极低，人们终其一生都生活在一个特定的村落或区域，人们彼此间非常熟悉，并在长期的共同生活中形成了一种处理彼此之间关系的隐性的规则体系，这种由熟悉的人及其社会关系网所建构的社会就是"熟人社会"。半熟人社会：进入21世纪，农村社会流动性增加，异质性增强，农村社会日益多元化，村民彼此间的熟悉程度降低，农村社会的传统共识性规则开始逐渐消解，农村社会的形态也进入"半熟人社会"。

了一整套的非正式行为规范和伦理道德体系,诸如人情、面子、地方性的社会规范、家族认同、村规民约等,这些规范体系有效地调节着农村社会的各种人际关系。外部市场主体和社会主体对脱贫村治理过程非正式的介入方式可以是座谈会、恳谈会、议事会、私下沟通等。外部市场主体和社会主体对脱贫村治理介入方式的多样性就是要充分利用正式的和非正式的介入方式来提高介入的实效性。

脱贫村治理过程有效介入的时效性。介入的时效性是保障外部市场主体和社会主体介入脱贫村治理过程实效性的重要内容,及时便捷地参与脱贫村治理过程是实现脱贫村内外治理主体合作共治的重要内容。脱贫村治理过程介入的时效性要从推动脱贫村治理公开开始,让脱贫村治理的公共信息能够及时便捷地传播和获取,并在获取的基础上,通过便捷的参与程序和制度的设计,保证内外治理主体对脱贫村治理的实时参与。

脱贫村治理过程有效介入的平等协商性。脱贫村治理通行的议事决策规则为过半数参加过半数通过,是典型的少数服从多数的选举民主。少数服从多数的议事决策规则是以牺牲一部分人利益的方式推动集体决策的实现。村民自治应该尽可能多地尊重村民的利益,寻求村民利益的最大公约数,实现村民共同利益的最大化。另外,脱贫村现有的少数服从多数决策规则,也强化了脱贫村内生治理主体在脱贫村治理和利益分配中的优势地位,固化了脱贫村的利益关系和利益结构,增加了外部市场主体和社会主体介入脱贫村治理过程的难度。少数服从多数的决策规则亟须向平等协商的决策规则转型。介入过程的平等协商就是要在脱贫村治理中推进协商民主,习近平总书记强调:"协商民主是我国社会主义民主政治的特有形式和独特优势。……坚持协商于决策之前和决策实施之中,要构建程序合理,环节完整的协商民主体系。"①基于协商为民的目标,丰富和创新脱贫村基层协商的形式和载体,广泛开展民情恳谈座谈、村民说事议事活动,扩大基层社会共治同心圆的范围。

脱贫村治理过程的有效介入是脱贫村开放治理的重要维度。外部市场主体和社会主体通过对脱贫村治理全过程的便捷有效介入,一方面可以充分调

---

① 中共中央文献研究室.十八大以来重要文献选编(上)[M].北京:中央文献出版社,2014:504.

动脱贫村多方治理主体的积极性，实现各方利益的有机协调和有效整合；另一方面可以通过内外治理主体的良性互动和协商实践培养村民的自为治理能力。

第二节　脱贫村治理过程有效介入面临的挑战：现有治理过程的封闭

脱贫村现有的治理过程在中国乡村治理规范化和现代化的推动下，决策、执行、监督等多个环节都有了长足的进步，但既有的改革和完善主要以脱贫村内部治理的规范化为目的，脱贫村的治理过程整体还是一个较为封闭的格局，没有为外部市场主体和社会主体的直接参与提供相应的制度安排。决策过程的内部化和少数服从多数限制了外部市场主体和社会主体对决策过程的直接参与以及参与的效果；执行过程的黑洞化制约了外部市场主体和社会主体对脱贫村执行情况的了解；监督过程的内部化既制约了脱贫村监督的实效性，也排斥了外部市场主体和社会主体参与。

一、脱贫村决策过程的内部化

脱贫村的议事决策主要是通过各种会议来进行的，诸如村党支部会议、村委会会议、村"两委"联席会议、村党员大会、村民会议、村民代表会议、村民小组会议等。从对 Z 县脱贫村的调查来看，2021年脱贫村各种会议召开的频次如下：村党支部会议召开20次及以上的有13个村，10次至19次的22个村；村委会会议召开20次及以上的有11个村，10次到19次的有24个村；村"两委"联席会议召开10次及以上的有24个村，10次以下的有11个村；村民代表会议召开6次到10次的有18个村，6次以下的为17个村；村民会议召开了1次（主要是2021年 Z 县进行了村"两委"的换届选举）。脱贫村的重大事项采取"一事一议"和"四议两公开"的议事决策程序，即党支部会提议，村"两委"会商议，党员大会审议，村民会议或村民代表会议决议。2021年，

Z县35个脱贫村启动"四议两公开"程序的次数大致如下：10次以上的3个村，6到10次的共有14个村，6次以下的有18个村。通过调查可以看出，脱贫村治理的各种会议（村民会议除外）基本运作正常，有效地推动了Z县脱贫村的治理进程。

Z县脱贫村的议事决策过程也反映出两方面的问题。一方面，这些会议的主体都是户籍村民，不同的会议形式，参与的人虽然有差别，但是他们都有一个共同的身份，即户籍村民。这一制度设计符合改革开放初期农村人口低流动性的实际，但是在脱贫村人口大规模外流且亟须引入外部市场主体和社会主体参与的当下，其面临巨大挑战。另一方面，脱贫村现有的决策议程主要是内部议程，讨论的议题多是村内部议题，外部市场主体和社会主体很少直接参与脱贫村的议程，企业推进的较大项目基本上是与县乡两级政府沟通，然后由县乡两级政府协调村"两委"做工作推进，外部市场主体和社会主体基本不直接参与脱贫村的内部决策议程。例如，Z县N镇TY生物科技有限公司在推进木耳种植项目时，就是直接同县政府沟通，得到县政府的全面支持后，由县政府协调相关职能部门、乡镇政府以及村"两委"提供土地、水电等基础设施。TY的业务模式主要是在政府的补贴下，向农户提供木耳菌棒和相关木耳种植的技术指导，但并不负责种植木耳的销售，也就没有与脱贫村和脱贫户形成利益共同体，脱贫村的木耳种植户时有亏损，种植的积极性受到一定程度的影响。TY的经营模式是一种较为普遍的企业助力脱贫村产业发展的模式，反映了市场主体对脱贫村产业支持的间接性，既没有决策过程的充分参与，也没有形成利益共同体，更多的是各自为政，祸福自担。脱贫村决策过程的内部化限制了外部市场主体和社会主体参与的空间，制约了脱贫村内外治理主体的合作共治共赢。

二、脱贫村执行过程暗箱化

执行是决策落地并产生实效的关键环节。根据《工作条例》和《村组法》等相关政策文件的规定，党在农村的基层组织对农村工作进行全面领导，支持和保障村民自治，领导农村的各类组织。村民委员会负责办理本村的公共事务和公益事业，执行村民会议和村民代表会议的决议。脱贫村治理的相关制度规范，将脱贫村诸种事务执行交由村"两委"来共同组织负责。Z 县脱贫村的"三重一大"事项基本遵守"四议两公开"的程序，决议结果公开后，由村"两委"主导，进入执行过程。Z 县的脱贫村在执行过程中，没有建立执行进程的定期披露制度，也没有建立村"两委"向村民代表的定期汇报制度，通常是决策执行结束后，在村委会以某种形式对执行的结果进行公示公开。在整个执行过程中，村民甚至于村民代表都不能有效介入其中，更没有外部市场主体和社会主体成功介入的实践。脱贫村的执行过程基本由村"两委"掌控，对外部市场力量和社会力量来讲，呈现出执行的暗箱化。

三、脱贫村监督的同体化

监督是脱贫村治理过程的重要组成部分，其对于及时纠正脱贫村决策和执行过程中可能出现的对公共利益的偏离，对预防小微权力腐败以及提高议事决策和执行的效率等都发挥着重要的作用。现行法律法规建立的脱贫村监督体系是一个多元的结构，包括县级党委政府、县纪委监委、县级政府的主管部门、乡镇党委政府、村务监督委员会、村民会议（村民代表会议）、村民等。具体监督职责分工如下。县级党委将农村基层组织的建设情况纳入到巡视巡察的范围之中。县级组织部门对村党组织书记进行备案审查。2018年通过的《中华人民共和国监察法》将基层群众性自治组织中从事管理的人员纳入国家监察范围内，但是其下设机构只到县，在乡镇由纪委书记负责监督，村里一般会设纪检监察员。县级政府的职能部门主要负责自己职责范围内的相关事项的合法性和合规性的监督检查。乡镇党委维护和执行党的纪律，监督村"两委"成员及其运作、村民自治的情况和村其他组织等。乡镇政府负责监督村务公开情况、村务实施过程的合法性和合理性，组织村民委员会成员的任期和离任审计，村民委员会依法依规履职情况，村规民约、村民自治章程的合法合政策性，村民会议或村民代表会议决定的合法合政策性。村民会议是村民自治的核心决策机构，其监督权主要体现在村民会议（村民代表会议）可以审议村民委员的年度工作报告，对村民委员会成员的履职情况进行评议，可以撤销其不适当的决定。村务监督委员会是村民自治的主要监督主体，主要负责民主理财，监督村务公开。村务监督委员会还要与村民委员会共同建立村务档案等。村民对村民自治范围的所有事项都有监督权，可以向上级政府和相关职能部门反映情况。

脱贫村的监督体系虽然形成了一个多主体的结构，但从 Z 县对脱贫村监督的实际情况来看：县级党委巡视频次较低，监督的常态化不足。纪委监委的监督职责主要由乡镇纪委书记负责，但人手有限；农村有兼职的纪检监督员，通常由村党组织副书记兼任，基本上是同体监督。县级政府职能部门的业务合法合规性审查许多在乡镇政府完成。村民会议由于人口外流，监督作用有限。村民代表会议的主要作用是表决，会议的召开和议程都由村民委员会主导，监督的效果较为有限。村民因为政治参与的积极性不高，对村两委和重大事项的监督作用也极为有限。监督脱贫村的重任就落到了乡镇党委政府和脱贫村村务监督委员会身上，但是也呈现出同体监督的倾向。

乡镇党委政府对脱贫村的依赖。乡镇党委政府对脱贫村的强依赖始于农村税费改革，强于脱贫攻坚，延续到脱贫攻坚和乡村振兴的衔接过渡期，表现为乡镇党委政府需要脱贫村协助其进行资源下乡，脱贫攻坚的责任主体是地方各级党委政府尤其是乡镇党委政府，过渡期内乡镇党委政府的帮扶责任依旧。这种情况在 Z 县的脱贫村表现得极为明显，乡镇要依靠脱贫村"两委"来开展工作，但乡镇又没有更多的资源去激励脱贫村"两委"成员，使得许多乡镇干部在脱贫村开展工作非常困难，相当一部分工作甚至要依靠私人关系进行润滑推进。乡镇党委政府对脱贫村的依赖，使得其对脱贫村的监督呈现出同体监督的特点。

脱贫村村务监督委员会对村"两委"的监督呈现出同体监督的特征。村务监督委员会设立的初衷是监督村务公开、民主理财、村"两委"以及村民自治等，但其对村"两委"的监督存在同体监督的情况。Z 县脱贫村村务监督委员会的构成情况见表5.1。从表中可以看出，35 个脱贫村都建立了村务监督委员会；村务监督委员会成员普遍为 3 人，也有个别为 5 人；村务监督委会党员成员的占比普遍在 1/3，最多可以达到 100%；党员担任村务监督委员会主任实现了全覆盖；村"两委"成员担任村务监督委员会主任的有 10 个村，占比为28.6%。因此，脱贫村村务监督委员会通过党组织关系的连接，呈现出了同体监督的特征。

表5.1　Z县2021年村务监督委员会的构成情况

村庄名	村务监督委员会人数	村务监督委员会中党员人数	村务监督委员会主任是否党员	村务监督委员会主任是否村"两委"成员
GY	3	1	是	是
QL	3	1	是	是
LJP	3	2	是	是
FW	3	1	是	是
GS	5	4	是	是
CMY	3	1	是	否
ST	3	3	是	否
LJZ	3	1	是	否
SY	3	1	是	是
MG	3	1	是	是
HD	3	1	是	是
XHZ	3	1	是	否
WJZ	3	3	是	否
GYT	3	1	是	是
LJZC	3	2	是	否
NQ	3	1	是	否
MJT	3	3	是	否
CG	3	2	是	否
HJY	3	2	是	否
SGD	3	2	是	否
WJM	3	2	是	否
SST	3	2	是	否

村庄名	村务监督委员会人数	村务监督委员会中党员人数	村务监督委员会主任是否党员	村务监督委员会主任是否村"两委"成员
XZL	3	1	是	否
YP	3	1	是	否
SPT	3	2	是	否
SKT	3	1	是	否
ZP	3	1	是	否
WJZ	3	2	是	否
ZJZ	3	1	是	否
LJZ	3	1	是	否
TS	3	2	是	否
HJGD	3	1	是	否
GD	3	1	是	否
HJP	3	1	是	否
HJL	3	1	是	是

注：数据来源于各个脱贫村村务监督委员会的统计

脱贫村治理过程在决策、执行和监督诸环节都表现出了明显的内部性和封闭性。脱贫村治理过程主要由脱贫村"两委"主导，脱贫村内生治理主体虽然能够参与，但其发挥的作用有限。外部市场主体和社会主体无法直接介入脱贫村治理过程，不能对脱贫村治理过程产生重要影响。

第三节 脱贫村治理过程封闭的原因

脱贫村治理过程的封闭性制约了外部市场主体和社会主体对其的有效介入，造成脱贫村治理过程封闭的原因主要是脱贫村信息公开不充分、脱贫村治权过分集中、决策机制滞后和监督主体与对象的强利益关联等。

一、信息公开不充分

脱贫村的信息公开是脱贫村治理过程开放的前提。信息公开涉及决策、执行和监督等治理的全过程。全面、及时、准确的信息公开是外部市场主体和社会主体主动介入脱贫村治理的基础，只有在保证外部市场主体和社会主体对脱贫村各类事务充分知情的前提下，才能够有效调动外部市场主体和社会主体对脱贫村治理过程的有效介入。脱贫村的信息公开主要由《工作条例》和《村组法》相关条文进行规定。《工作条例》第三十六条规定，党的农村基层组织应当推进党务公开。《村组法》第三十条明确规定了村民委员会实行村务公开制度。村务公开的主体是村民委员会，公开的内容主要包括村民会议和村民代表会议讨论决定的事项及其实施情况；计划生育政策的落实情况；政府拨付和接受社会捐赠的，用以救灾救助、补贴补助等方面资金和物资的使用情况；村委会协助人民政府开展工作的情况；村民普遍关心，并涉及本村村民利益的事项。公布的具体要求是：每季度至少公布一次一般事项；集体财务往来较多的，每月须公布一次财务收支情况；随时公布涉及村民利益的重大事项。公开的形式主要是在村务公开栏进行书面公开，每年召开的村民会议也会进行村务公开。现行的法律法规只是对脱贫村的信息公开做了较为原则性的规定，具体到信息公开的实践，Z 县脱贫村信息公开实践存在公开形式较单一、公开内容不全面、公开时效性差等问题。

信息公开方式单一。从 Z 县脱贫村的调研情况来看，脱贫村的信息公开主要以书面的形式在信息公开栏公开。信息公开栏设在村委会和村内比较显眼的位置。由于村民会议基本不召开，所以在村民会议中公开的事项会在村民代表会议上公开。另外，在脱贫村都建有全村或全村民小组村民参加的微信群，脱贫村的许多事务都会在微信群中通知，也算是一种公开的形式。总体来看，Z 县脱贫村的信息公开方式主要以信息公开栏的书面公开为主，村民代表会议公开和微信群公开为补充。调研中也发现，脱贫村留守老人对这些公开的信息并不感兴趣，而外出村民无法通过信息公开栏和村民代表会议得到相关信息。

信息公开内容不全面。脱贫村信息公开的内容应包括党务、政务、村务和财务四个方面。相关的脱贫村信息公开制度规定较为笼统且以肯定列举的方式加以规定，使得脱贫村的信息公开内容存在诸多盲点。从 Z 县调研的情况来看，公开的内容主要是"三重一大"事项和财务方面的内容。"三重一大"事项的公开主要是决议和执行结果公开，决议过程和执行过程没有公开。财务公开也是粗线条的公开，没有细化到每一笔具体的开支。党务公开基本上利用"三会一课"开会学习时间，在党员内部公开。其他非"三重一大"事项主要在村"两委"班子成员内部公开。整体来看，脱贫村信息公开的内容较为随意。

信息公开时效性差。在 Z 县调研中发现，相当一部分村的信息公开栏里的信息是过去半年甚至一年的信息，信息更新频次较低。《村组法》虽然规定了财务公开至少一季度一公开，但是相当一部分脱贫村没有按规定及时公开相关信息。部分村干部解释说："在微信群公开了。"也有解释说："新的信息已经公布了，可能是有的村民撕掉了，公开栏里没有。"走访当地村民，村民对村里的事情关注度较低，对是否公开，许多村民表示不清楚。

脱贫村公共信息的全公开是脱贫村治理过程有效介入的前提。及时全面地进行信息公开，有利于关心脱贫村治理和发展的外部市场主体和社会主体全面了解脱贫村治理和发展情况，降低外部市场主体和社会主体参与的盲目性和不确定性，有利于推动外部市场主体和社会主体对脱贫村的全方面参与。

二、脱贫村治权过于集中

脱贫村治权集中是近些年来农村治权集中的反映。近些年来，国家采取了一系列措施不断强化基层党组织对农村治理的全面领导，诸如村党组织书记兼任村委会主任、村党组织书记担任村集体经济组织和合作经济组织负责人、村"两委"交叉任职、党员担任村务监督委员会主任、村民委员会和村民代表中保障党员占有一定的比例、推行"四议两公开"强化村党支部和党员大会的重大事项决策话语权等。这些措施的实施有力地保障了村党组织在农村治理中的核心领导地位。从 Z 县脱贫村的调研来看，Z 县脱贫村已经实现了村党支部书记和村委会主任"一肩挑"和村"两委"交叉任职的全覆盖，党组织书记也都兼任村集体经济组织和合作组织负责人。村务监督委员会主任也全部由党员担任。村民委员会中党员的比例基本都在50%以上，村民代表中党员比例基本在20%~30%之间。Z 县脱贫村治理中有效地将村党组织的领导核心地位落到了实处。

Z 县脱贫村治权集中还表现为治权向村党组织书记集中。Z 县脱贫村党组织书记不仅兼任村委会主任、村合作经济负责人，而且是村"两委"成员中唯一享受地方财政补助的人员，Z 县根据脱贫村户籍人口的数量给予一肩挑的村党组织书记每年3万元左右的财政补贴。脱贫村村"两委"的其他成员不享受地方财政补贴助，他们的收入主要靠村办公经费或村集体经济收入解决一部分，但收入水平普遍在每年几千元到一万元不等，他们从村委会和村集体经济中获得的收入根本不足以覆盖其生产和生活的需要，因此，村"两委"（除村党支部书记）的其他成员还要为自己的生计而奔波，他们参与脱贫村治理的精力和积极性都受到很大的影响。在 Z 县脱贫村中，村党支部书记不仅享有正式制度赋予的多个职位，集政治组织和经济组织负责人于一身，而且享有相应的职务补贴，使得其相对村"两委"其他成员的优势地位更加明显，Z 县脱贫村治理的话语权也就更加集中在村党支部书记手中。

脱贫村集中的权力结构会推动外部市场主体和社会主体以村党支部为平台参与脱贫村的治理，从而弱化了外部力量平等介入脱贫村村民自治的动力，也无法调动脱贫村内生治理主体的积极性和主动性。

三、脱贫村决策机制滞后

脱贫村的决策机制由村民自治制度建构，产生于20世纪80年代，并由《村组法（试行）》正式确立。随着农村改革的推进和农村发展，《村组法》经过多次修订，在决策机制方面增加了"一事一议"以及"四议两公开"等内容，但其依然是围绕脱贫村内生治理主体建构的，没有为外部市场主体和社会主体的参与留下相应的空间。脱贫村振兴以及共同富裕亟须外部市场主体和社会主体参与。另外，脱贫村的议事决策规则也没能反映中国国家治理理论和基层治理现代化的最新成果。脱贫村现行的议事决策规则主要是过半数参加过半数通过，既没有为脱贫村大规模非户籍迁移性质的人口外流做好准备，也没有适应中国积极开展协商民主实践的潮流。过半数参加过半数通过的议事决策机制，在外部市场主体和社会主体即便能够介入脱贫村治理过程的情况下，也可能会出现脱贫村内部治理主体凭借规则的便利，利用人数上的优势强化自身既得利益并排斥外部力量参与的情况。因此，过半数参加过半数通过的决策机制本身不是一个对外部市场力量和社会力量友好的规则，其无法为外部市场主体和社会主体提供平等的决策环境，不能从根本上打消外部市场主体和社会主体对脱贫村治理直接参与的疑虑，使得脱贫村的治理结构即便是开放的，也不能保证治理过程的有效介入。

四、监督主体与对象的强利益关联

脱贫村监督的同体化主要源于监督主体和监督对象的强利益联系。当前脱贫村虽然有多元监督主体，但对脱贫村监督发挥核心作用的主要是乡镇党委政府以及村务监督委员会。县级党委政府、纪委监委、政府职能部门更多的是通过乡镇党委政府及其所属部门进行监督，村民会议、村民代表会议以及村民或自身运作困难或参与积极性有限，使得监督效果受限。乡镇党委政府和脱贫村村务监督委员会虽然是脱贫村监督的核心力量，但它们与脱贫村"两委"都有较强的利益关联，也制约了其监督效能。

乡镇党委政府与脱贫村的强利益关联自农村税费改革伊始，国家取消向农民征收的提留统筹和农业税，并开始反哺农村，向农村投入大量的资源。乡镇政府作为国家向农村输入利益的直接实施者，亟须村民自治组织协助其完成资源下乡和服务乡村的任务，二者的利益联系增强。脱贫攻坚期间，压力型扶贫体制[①]强化了地方党委政府的扶贫责任，在上级党委政府的层层扶贫压力以及严格的考核下，基层政府迫切需要贫困村配合完成脱贫攻坚任务，与此同时，贫困村也需要乡镇党委政府支持摆脱贫困，二者的利益联系更加密切。脱贫攻坚胜利收官进入衔接过渡期，脱贫攻坚时期的帮扶责任继续延

---

① 李小红，段雪辉．后脱贫时代脱贫村有效治理的实现路径研究［J］．云南民族大学学报（哲学社会科学版），2020，37（1）：102.

续并新添了乡村振兴和共同富裕的重任，脱贫村也迫切需要乡镇党委政府的支持，二者的利益联系进一步密切。Z 县调研中也发现，脱贫村与乡镇党委政府有着共同的发展目标且利益关系密切。村务监督委员会也与脱贫村"两委"利益关系密切，Z 县脱贫村村务监督委员会成员都是村民，在村"两委"的领导之下。另外，村务监督委员会主任全是党员，还有28.6%的村务监督委员会主任是村"两委"成员，其必然受村党支部的领导，村务监督委员会与村"两委"存在着密切的共同利益。脱贫村关键监督主体和监督对象的强利益关联弱化了监督的效率，开放的脱贫村治理需要引入外部监督主体。

脱贫村信息公开不充分、治权过于集中、决策机制滞后以及监督主体和监督对象的强利益关联等，造成了脱贫村治理过程的封闭性。脱贫村封闭的治理过程阻碍了外部市场主体和社会主体对其治理过程的直接有效介入，也制约了其全面参与的积极性和空间。

第四节　脱贫村治理过程有效介入的实现路径

脱贫村治理过程的有效介入是脱贫村开放治理的核心。多元的治理主体通过脱贫村开放的治理结构进入脱贫村，并通过完善信息公开机制、强化脱贫村党内民主、优化脱贫村决策机制以及推动外部力量参与脱贫村村务监督等，实现外部市场主体和社会主体对脱贫村治理过程的有效介入，进而将脱贫村开放治理贯彻到脱贫村治理全过程。

一、完善信息公开机制

脱贫村公共信息公开不仅是外部市场主体和社会主体对脱贫村治理过程有效介入的前提，而且关系脱贫村内部治理的有效性。公共信息从本质上来讲，就是属于公众的，公众拥有公共信息的知情权，要求公开公共信息毫无疑问是自己的一项权利，公权力主体公开公共信息也是其必须承担的一项义务。就脱贫村的信息公开来讲，脱贫村的公权力主体——村党组织和村委会必须忠实履行信息公开的义务。脱贫村开放治理应建立规范的、定期化的、全覆盖的公共信息公开体制机制。

首先，完善公共信息公开体制。脱贫村现有的公共信息公开体制应与脱贫村的治理结构和权力结构相匹配。脱贫村公共信息公开主体是村党支部和村委会。脱贫村党组织书记和村委会主任一肩挑和村"两委"交叉任职使得他们成为脱贫村公共信息公开的共同主体，缩小了公共信息公开推诿的空间，明确了公开主体。村务监督委员会负责对村"两委"公开的公共信息进行核实，并签字核实相关内容。乡镇党委政府作为行政权力在基层的代表，在脱贫村公共信息公开方面应该发挥监督督促作用，定期和不定期检查脱贫村信息公开情况，落实脱贫村"两委"的信息公开责任。

其次，建立脱贫村公共信息公开负面清单制度。脱贫村的公共信息是属于脱贫村所有公共利益关系人的，其公共属性决定了公共信息的公开应成为一种常态，不公开应成为例外。另外，脱贫村正处在快速发展时期，脱贫村公共信息的内容会不断增加，并且公共信息的内涵和外延也会随着社会的发展变化而不断变化，如果以肯定列举的方式来规定脱贫村信息公开制度，会导致公开制度的滞后性，造成脱贫村信息公开滞后于脱贫村发展进程。建立完善的脱贫村信息公开制度应从制定脱贫村信息公开负面清单入手，明确规定需要保密的公共信息，即不在公开范围之内的公共信息，除此之外的所有公共信息都应当及时公开。公共信息公开的负面清单制度对于增加信息公开制度的弹性和适应性有着非常重要的意义。

再次，脱贫村公共信息公开要从内容和过程两个维度进行完善。内容公开可以从党务、政务、村务、财务四个维度进行公开。党务公开主要是由于农村党组织是农村各项事业的领导核心，也是脱贫村发展和利益分配的主体，因此，党务必须纳入到公开范畴之内，并向全体村民公开。政务主要是指政府交办的相关事务，因涉及村民利益，必须全公开。村务主要是指村民自治范围内的事务，财务是脱贫村各项事务在经济方面的集中反映，村务和村财务都必须纳入公开的范围之。因此，就公开的内容来讲，应将脱贫村的所有公共事务和公益事务全部纳入公共信息公开的范围。过程公开是指脱贫村的各项事务的决策、执行和监督的全过程都应结合时间节点进行公开。过程公开是脱贫村公共信息公开的短板，但其又直接关系到执行的好坏和监督效率的高低。例如，脱贫村重大事项普遍采取的"四议两公开"程序，就是结果公开的典型，即公开决议的结果和执行的结果，并没有涉及决议的过程和执行的过程。只有结果公开没有过程公开就会出现执行黑洞，影响脱贫村治理的有效性。脱贫村治理过程公开应从脱贫村公共议题的提出伊始，将村党支部的提议、村"两委"的商议、村党员大会的审议、村民会议和村民代表会议的决议、决议结果的执行和监督反馈等全过程都纳入其中，公开的内容应包括参会人员情况、参会人员的发言情况、每个参与者的投票情况、各个决策会议的表决情况，决议方案修订情况、决议文本、执行情况以及监督情况等。

最后，完善脱贫村公共信息公开形式。一是要推动公开内容的精细化。信息公开不仅仅是将需要公开的信息在特定场所和时间进行展示，更重要的是要以村民可以理解的方式进行展示并让村民知情。借鉴四川省巴中市巴州区白庙乡的财务公开经验，每一项公共事务都尽可能精细化，能够真实准确地反映相关事项进展的具体情况。二是推进公开形式的多样化。采取线下公开和线上公开相结合的方式推进脱贫村信息公开的多样化。线下公开要结合脱贫村留守人口的老龄化的特点，采取村务公开栏公开和入户宣讲相结合的形式。村务公开栏公开是脱贫村公共信息公开的常规形式。入户宣讲应以村"两委"成员和村民代表为主体，分别联系一定数量的农户，进行入户宣讲，并由入户村民签字确认，确认的结果要留档并公开。线上公开主要利用现有的微信群、QQ 群以及建立农村综合信息平台进行网络化公开。三是保证公开的时效性。任何信息都是有时效的，信息公开的目的不只是保证群众的知情权，更重要的是通过信息的公开，激发群众的参与和主人翁责任感。从保障信息公开实效性的角度来看，脱贫村应建立公共信息公开时效的刚性规定；从脱贫村决策过程的角度来讲，公共信息公开的时效应该最长在7天，鼓励尽快公开。四是根据脱贫村事项的性质，可以分为事前公开事项和事后公开事项，将所有决策类事项归入事前公开事项，提前公开，广泛征求民意；对于常规事项的管理可以事后公开。

信息公开是脱贫村治理过程开放的前提，只有建立规范的脱贫村公共信息公开机制才能保证脱贫村治理的透明性，才能让外部市场主体、外部社会主体和村民充分了解脱贫村的运行和治理的真实情况。也只有在脱贫村公共信息全部真实公开的情况下，外部市场主体和社会主体才能准确掌握脱贫村经济社会发展的实时情况，建立内外治理主体平等协商共治的格局。

二、强化脱贫村党内民主

脱贫村治权向村党组织和党组织书记集中是贯彻党的全面领导的重要组成部分，但并不是党的全面领导的全部，脱贫村治理中还要充分调动党员的积极性和主人翁责任感，强化党内民主。脱贫村的党内民主应该从党的支部委员会内部民主做起。一方面适当保障支委的待遇。Z 县脱贫村只有党支部书记享有地方财政补贴，其他支委会成员则依靠村集体经济收入和村办公经费给予一定补贴，由于脱贫村集体经济普遍薄弱且村办公经费有限，其他支委成员的收入低且不稳定，制约了其对脱贫村公共事务在精力和时间方面的投入，适当保障其收入是调动其积极性的重要抓手。调研中发现，Z 县脱贫村支委会成员数量在 3~5 人，绝大部分为 3 人。如果地方财政按照副书记每年 1.5 万元、支委成员每年 1 万元的标准发放补助，每个村增加的支出在 2.5 万 ~ 4.5 万元之间，对于地方财政来讲并非沉重的负担。财政补贴对于支委成员来讲，首先是对其工作的肯定，其次也可以让他们对脱贫村的事务投入更多的时间和精力。另一方面，通过严格的组织纪律和组织考核，规范脱贫村党支部委员会的正常规范运作及其对脱贫村治理的参与，激励与考核并行，充分调动脱贫村党支部委员会成员的积极性。

支部委员会民主带动党内民主。从 Z 县的调研来看，脱贫村常住党员基本能达到正式党员的半数（主要是年龄比较大的党员），能参加每月 18 日举行的支部党员大会的党员也在全体党员的半数左右（也以年龄大的党员为主），即便是这样，也有将近一半的党员不能正常参加脱贫村的组织生活，一定程度上影响了村党组织的运作。因此，脱贫村的党内民主建设应该从流动党员的正常组织生活入手，可以利用腾讯会议等网络会议平台推进"线下 + 线上"的支部党员大会。另外，要将党员的组织生活情况以及参与村治的情况纳入到党员的考核评价体系中，明确组织纪律和奖惩，激活流动党员的积极性和责任感。

中国共产党在农村的基层组织是农村各项事业的领导核心。脱贫村也更加需要一支团结战斗、战则必胜的党员队伍。党内民主则是激发组织活力、强化党员主人翁责任感、发挥党员村治先锋和振兴先锋作用的有力武器，脱贫村迫切需要激活和强化党内民主。

三、优化脱贫村决策机制

决策是脱贫村治理的核心。外部市场力量和社会力量对脱贫村治理过程有效介入的起点就是对决策过程的有效介入。脱贫村的决策机制自 20 世纪 80 年代村民自治制度建立以来基本保持稳定，其部分规定已经无法满足脱贫村迎接外部市场力量和社会力量参与的需要，亟须改革。

（一）改革脱贫村"四议"决策程序

脱贫村重大事项普遍采取"四议"程序，即党支部提议、村"两委"商议、村党员大会决议、村民会议（村民代表会议）决议。现有决策程序是一个内部治理主体主导的决策程序。建立开放的脱贫村重大事项决策程序，应从赋予外部市场主体和社会主体以脱贫村决策的话语权开始。建议将"四议"决策程序向前延伸，即在提议、商议、审议、决议四个环节的基础上向前延伸，在提议环节之前增加决策的"动议"环节。赋予外部市场主体和社会主体对脱贫村决策动议的提出权，由乡镇党委政府组织相关力量进行议题合法合规性审查，审查通过后，直接进入"四议"程序。鉴于外部市场主体和社会主体参与脱贫村发展和治理的非常规性以及重要性，在执行"四议"程序的过程中要强调内外治理主体的协商性。可以将涉及外部利益主体的"四议"程序适度调整为村党支部提议（村党支部与外部市场主体和社会主体平等协商）、村"两委"商议（村两委与外部市场主体和社会主体平等协商）、村党员大会审议（党员大会与外部市场主体和社会主体进行平等协商）、村民代表会议和村民会议决议（投票前，在村民会议或村民代表会议上与外部市场主体和社会主体平等协商，协商通过的方案再提交村民会议和村民代表会议决议）。"四议"决策程序改革中要着重强调的是，脱贫村各个主体要与外部市场主体和社会主体进行平等协商，寻求利益的最大公约数，而不是简单依靠少数服从多数的议事决策规则进行表决。通过广泛的平等协商，既能充分保障利益各方的知情权，又能在协商中寻求各方利益的最大公约数并充分尊重各方的利益诉求，还能为项目的后期推进创造便利的条件。

（二）推进脱贫村协商民主

党的十九大报告中明确"协商民主是实现党的领导的重要方式，是我国社会主义民主政治的特有形式和独特优势"[①]。习近平总书记早在2014年《庆祝中国人民政治协商会议成立65周年大会上的讲话》中就强调，"在中国社会主义制度下，有事好商量，众人的事情由众人商量，找到全社会意愿和要求的最大公约数，是人民民主的真谛。……我们要坚持有事多商量，遇事多商量，做事多商量，商量得越多越深入越好"[②]。党的十九届四中全会明确将"民主协商"纳入到中国社会治理体系之中。脱贫村治理是村民自治框架内的治理，自治是与行政治理完全不同的另一种治理方式。二者最显著的区别就是行政治理是以国家政权机关的强制力为后盾的，而自治则是基于村民的普遍同意进行治理的。从这个角度来讲，村民自治与协商民主有着内在的统一性。另外，协商民主的推进也是保障外部市场主体和社会主体有效介入脱贫村治理过程的重要举措，因此，协商民主本身就是推进脱贫村开放治理的重要内容。基于脱贫村的治理实践，推进脱贫村协商民主进程可以从以下几个方面着手。

首先，在选举民主中嵌入协商民主。农村的选举民主是伴随着村民自治制度不断发展完善起来的，其对于调动村民参与的积极性、培养村民的民主意识都发挥了重要的作用，是农村治理的有效存量并维系着农村的有效治理。当前，选举民主重选举轻后期管理、强化多数人利益忽视少数人利益的弊端

---

① 习近平. 决胜全面建成小康社会夺取新时代中国特色社会主义伟大胜利——在中国共产党第十九次全国代表大会上的报告［EB/OL］.（2017-10-28）［2022-01-18］.http://jhsjk.people.cn/article/29613660.

② 习近平. 习近平谈治国理政（第二卷）［M］.北京：外文出版社，2017：292.

也在农村中引发了诸多矛盾。协商民主强调的是议事决策过程中，多元主体平等理性协商，是过程管理，也是对少数人利益的有效维护，能有效弥补选举民主的不足。在脱贫村的治理实践中，外部市场主体和社会主体自脱贫攻坚战略实施后，开始成规模进入贫困村和脱贫村。在既有的选举民主机制的作用下，即便其可以便捷地进入脱贫村治理场域，也依然无法有效维护和实现其利益，因此，在脱贫村现有选举民主的基础上嵌入协商民主必要且迫切。用协商民主弥补选举民主的不足，建立外部市场主体、外部社会主体、内部利益主体有效沟通和平等协商的共治机制，进而更好地实现二者利益的有效平衡。

其次，完善民主协商机制。完善规范的民主协商机制是推动协商民主的前提。完善的民主协商机制应包括协商主持人的选择、民主协商程序的规范、协商结果的执行和反馈机制等。协商主持人的选择应以村"两委"成员为主。脱贫村"两委"成员都是村民通过选举产生的，在脱贫村中有着崇高的威望，并且其也是脱贫村公权力的代表，作为主持人可以保证协商的权威性，也可以通过协商治理实践推动其对协商民主的认同，并能保证协商结果在脱贫村的后续执行。民主协商程序方面：协商议题应该在正式协商之前一段时期发布，为遴选协商主体以及增加大家对协商议题的了解留下较为充足的时间。协商对象原则上应该包括议题利益相关的所有主体，对于涉及人员较多的议题，协商对象可以采取自愿报名、推荐代表等方式遴选协商对象。协商具体规则应借鉴罗伯特议事规则，要维护协商主持人的权威，所有协商参与者的发言都要经过主持人的同意，发言要严格围绕协商主题，发言过程中不允许随意插话和打断，不允许进行人身攻击和质疑其他成员的动机。协商结果以共识为基础，起码以协商参与人的不反对作为形成协商结果的基础。协商结果执行的反馈和监督是保障协商民主实效的最后一环。如果协商结果没有得到切实的执行和落实，协商民主就会流于形式，也会失去其生存的环境和土壤。如果协商结果的执行没有监督，就可能会出现执行中的暗箱操作以及执行与协商方案相背离的情况。因此，亟须建立协商结果执行的反馈和监督机制。组织协商组织者、参与者、执行者以及村务监督机构对协商结果的执行进行实时监督，并将监督结果向利益相关方及时反馈。

再次，建立民主协商的救济途径。建立以乡镇政府为核心的村级协商救济机制。协商结果应该由乡镇政府进行备案，并由乡镇政府负责救济。协商双方都有维护协商结果执行的权利和义务。对于协商中，不遵守协商程序、协商结果违背共识精神、协商事项无法执行以及执行中出现偏差的，协商相关主体可以向乡镇政府反应情况，乡镇政府核实后，可以做出重新协商、责令执行等措施，保障协商的效果。

最后，推动脱贫村内外主体全面协商。在脱贫村治理中，将涉及外部市场主体和社会主体利益的事务全部纳入到当然协商的范畴。由村委会组织协商事宜，按照事先确定的民主协商议事程序进行有效协商。要积极鼓励村民参与协商，将村民参与民主协商的情况纳入到脱贫村村民评价体系当中，作为村民参加各种奖励和福利评选的条件。

脱贫村推行协商民主，一方面，有利于充分调动脱贫村内生治理主体的积极性，培养村民的民主意识，保障协商事项的后期执行。另一方面，能够赋予脱贫村外部市场主体和社会主体在脱贫村决策中的平等地位，避免村治决策中少数服从多数规则对外部市场主体和社会主体的排斥。脱贫村选举民主中嵌入协商民主，以协商民主弥补选举民主的不足，进而在脱贫村治理中形成共识意识，树立共识精神，在共识基础上有效推进内外主体的合作共治，为脱贫村的发展振兴凝聚合力。

决策机制是保障外部市场主体和社会主体对脱贫村治理过程有效介入的核心机制，结合脱贫村既有的决策机制以及外部市场主体和社会主体对脱贫村参与的特点，改革和完善脱贫村的决策机制，强化外部市场主体、外部社会主体和脱贫村内生主体在决策中的平等协商，进而实现外部市场主体和社会主体对脱贫村决策过程的有效介入。

四、推动外部力量参与村务监督

监督是治理过程的重要一环。脱贫村当前的监督存在强利益连接下的同体监督，不仅制约了脱贫村既有监督的效力，也制约了外部市场主体和社会主体对参与脱贫村治理的有效性。脱贫村治理过程的开放亟须引入外部监督主体。一方面可以通过监督保障其合法利益，进而调动外部力量对脱贫村参与的积极性；另一方面也可以消解脱贫村监督的同体性，提高脱贫村监督的效率。外部市场主体和社会主体对脱贫村的监督应从建立脱贫村小微权力清单制度、保障村务监督委员会的相对独立性、开放村务监督委员会的加入以及建立外部主体与党和国家监督监察机关的常态化联系机制等方面着手。

脱贫村小微权力清单制度以确定的、可视的方式明确了脱贫村权力的内容、边界、运行过程和责任主体。我国于 2005 年开始在政府部门推行权力清单制度。所谓政府权力清单是指"对各级政府及其各个部门权力的种类、数量、边界等予以详细统计，划定界限，形成清单"①。2014 年浙江省宁海县率先探索小微权力清单制度，将农村公共事务分为村级集体管理事项和便民服务事项两类，共计 36 条，针对每一项事项再从权力事项名称、权力来源、实施主体、操作流程、违规责任等方面分别绘制小微权力运行图，实现了对农村小微权力的全覆盖。2020 年 3 月中央全面依法治国委员会印发《关于加强法治乡村建设的意见》，指出要"编制村级小微权力清单，公开权力清单内容、运行程序、运行结果，建立健全小微权力监督制度"。权力清单制度的出现为农村规范了多种权力的内容、边界、责任主体、运作方式，为监督农村的小微权力提供了明确的可借鉴的方案。脱贫村小微权力清单制度的编制和运行，不仅可以规范脱贫村的小微权力，而且也为脱贫村的各类监督主体便捷高效地监督脱贫村的权力运作提供了明确的制度保障。

保障村务监督委员会的相对独立性。村务监督委员会是《村组法》中明确规定成立的负责村务监督的机构。按照党全面领导农村各类事务的总体要求，保证党员对村务监督委员会的参与以及从威望高、办事公道的党员中产生村务监督委员会主任都是必需且必要的。但是，鉴于村务监督委员会的主要职责是监督村"两委"的工作，保证村务监督委员相对独立于村"两委"也是必要的。脱贫村村务监督委员会的独立性建设，一方面要明确其成员为非村"两委"成员，另一方面要明确村务监督委员会主任原则上应由非"两委"成员的党员担任。Z 县部分脱贫村村"两委"成员兼任村务监督委员主任的

---

① 俞海涛.小微权力清单：法治社会建设的村治经验［J］.湖北社会科学，2020（7）：38.

实践并不可取。

开放脱贫村村务监督委员会的加入。开放村务监督委员会的加入是便捷外部市场主体和社会主体对脱贫村进行监督的有力措施。在强化村务监督委员会监督权责的基础上，为外部监督主体在村务监督委员会内增设兼职委员，能够有效促进外部市场主体和社会主体对脱贫村监督的便捷性和实效性。兼职委员应由参与脱贫村振兴的外部市场主体和社会组织推荐优秀代表担任，享有村务监督委员会其他成员同等的监督权并承担相应的监督义务。对于不能有效履行职责的兼职委员，应由村务监督委员会主任建议其推荐单位处罚和更换。

建立外部市场主体和社会主体与党和国家监督监察机关的常态化联系机制。监督的效果不仅取决于能不能发现问题，更重要的是在发现问题之后能不能及时制止并获得有效的救济。在脱贫村治理中，外部市场主体和社会主体相对于村民来讲，始终是外来的陌生人，而村民之间却是土生土长的熟人，费孝通先生将这种亲疏关系概括为差序格局。①脱贫村的这种人际关系格局容易在治理中形成排挤外部陌生人的同盟，因此，建立外部市场主体和社会主体与党和国家监督监察机关的常态化联系机制十分必要。建立外部市场主体和社会主体与乡镇党委政府以及纪委监委的定期交流和联系机制，能够有效地破解脱贫村内生治理主体的关系同盟，维护和保证外部市场主体和社会主体的合法利益，推动其积极参与脱贫村发展振兴。

外部市场主体和社会主体对脱贫村监督的全方位参与是脱贫村治理过程开放的重要内容。外部市场主体和社会主体对脱贫村治理过程的监督应从了解脱贫村现有权力运行状况出发，以脱贫村村务监督委员会为载体积极参与，并建立外部市场主体和社会主体与党和国家监督监察机关的常态化联系机制，保证外部市场主体和社会主体对脱贫村监督参与的有效性。

---

①　费孝通.乡土中国生育制度［M］.北京：北京大学出版社，1998：24–30.

小　结

　　脱贫村治理过程的开放主要体现在外部市场主体和社会主体对脱贫村治理过程的有效介入。脱贫村的治理过程主要包括决策、执行和监督三个环节。对脱贫村治理过程的有效介入也是三个环节的全面有效介入。决策过程的有效介入是关键，执行过程和监督过程的有效介入是保障。总体来看，对脱贫村治理过程的有效介入可以从完善脱贫村信息公开机制、强化党内民主、推进脱贫村的民主协商以及外部力量对脱贫村监督的有效参与四个方面入手。以外部市场主体和社会主体对脱贫村治理过程的全面规范有效介入推动脱贫村治理过程的开放，提升脱贫村开放治理的实效。

第六章　脱贫村治理方式的现代化

脱贫村治理方式的现代化是脱贫村治理工具层面的开放。近些年来，国家对基层治理方式的现代化高度重视。2017年党的十九大提出，乡村治理中要坚持自治、法治和德治相结合，学术界开始深入研究农村多种治理方式的结合问题，提出了三治融合、四治融合和五治融合说。三治融合就是自治、法治和德治的融合。四治融合说的典型代表有江必新（2018）的自治、政治、德治和法治的融合，[①] 刘鹏（2020）的自治、共治、法治和德治的融合，[②] 廖清梅等（2020）的自治、法治、智治和德治的融合。[③] 关于五治融合说，李远龙和荣达海（2020）认为，乡村社会治理要以政治统领，自治为基，逐步推进法治、德治和智治。[④] 随着国家治理现代化实践的推进，国家对农村治理方式的表述也在不断发展变化。2019年召开的党的十九届四中全会，在社会治理体系中增加了科技支撑的内容。2021年印发的《中共中央国务院关于加强基层治理体系和治理能力现代化建设的意见》重点从健全基层群众自治制度、推进基层法治和德治建设、加强基层智慧治理能力建设三个方面，就加强基层治理体系和治理能力的现代化做出了具体安排。自治、法治、德治和智治成为农村治理的重要方式。脱贫村治理方式的现代化就表现为自治、法治、德治和智治四个方面的现代化及其有机结合。

---

① 江必新. 构建"四治融合"的基层治理体系［J］.人民法治，2018（15）：32-37.

② 刘鹏."四治"融合促乡村有效治理［J］.当代广西，2020（6）：38-39.

③ 廖清梅，汤晓飞，陈将君."四治融合"探索乡村治理新模式［J］.当代广西，2020（15）：52-53.

④ 李远龙，荣达海.新时代乡村"五治"体系创新［J］.浙江工业大学学报（社会科学版），2020，19（2）：174-181.

第一节 脱贫村治理方式现代化的内涵

"现代化理论"形成于20世纪五六十年代。1951年6月，在美国《文化变迁》杂志社举办的学术研讨会上，用"现代化"一词来表示农业社会向工业社会的转变。1958年丹尼尔·勒纳出版的《传统社会的消逝：中东现代化》一书，将现代化界定为从传统社会向现代社会的转变。此后，现代化的研究逐渐扩展到政治、经济、社会、文化等诸领域。政治现代化的研究以亨廷顿、阿尔蒙德、阿普特和罗斯托等为代表。亨廷顿认为"政治现代化涉及权威的合理化、结构的分离和政治参与的扩大等三个方面"[①]。阿尔蒙德则认为，政治发展"首先是政治结构中分化出各种专门的角色……；其次是与这些角色相适应的社会上的价值观、态度和技艺，特别是服从法律的意愿，参与政治的倾向和对福利的期望等的广泛普及"[②]。阿普特认为，现代化意味着社会制度的不断革新，社会结构的分化和富有弹性，提供技能和知识的社会框架。[③]罗斯托和罗伯特认为政治现代化的三个必要条件是认同、权威和平等。[④]总体来讲，西方学者讨论的政治现代化主要涉及权威的合理化、结构的分化、政治参与扩大和法治化等内容。

中国的政治现代化必须结合中国治理的实际，在对西方政治现代化理论进行批判性借鉴基础上，建构属于中国特色的现代化论述和理论体系。习近平总书记在庆祝全国人民代表大会成立六十周年大会的讲话中指出："设计和发展国家政治制度，必须注重历史和现实、理论和实践、形式和内容有机统一。要坚持从国情出发、从实际出发，既要把握长期形成的历史传承，又要

---

① ［美］塞缪尔·P. 亨廷顿. 变化社会中的政治秩序［M］. 王冠华，刘为，等译. 上海：上海世纪出版集团，2008：78.

② ［美］加布里埃尔·A. 阿尔蒙德，小 G. 宾厄姆·鲍威尔. 比较政治学——体系、过程和政策［M］. 曹沛霖，郑世平，公婷，等译. 北京：东方出版社，2007：375.

③ ［美］戴维·E. 阿普特. 现代化的政治［M］. 陈尧，译. 上海：上海世纪出版集团，2011：47.

④ RUSTOW D A, ROBERT E W. Political modernization in Japan and Turkey［M］. Princeton：Princeton University Press，1964：6—7.

把握走过的发展道路、积累的政治经验、形成的政治原则，还要把握现实要求、着眼解决现实问题，不能割断历史。只有扎根本国土壤、汲取充沛养分的制度，才最可靠、也最管用。"①中国的政治现代化集中体现在国家治理体系和治理能力现代化，就是"实现党、国家、社会各项事务治理制度化、规范化、程序化，不断提高运用中国特色社会主义制度有效治理国家的能力"②。脱贫村是中国治理中较为特殊的领域，国家从20世纪80年代开始，在农村建构了以村民自治为核心的治理框架，并逐步形成了自治、法治和德治相结合的治理方式。随着信息技术、网络技术和数字技术的发展和普及，智慧治理也成为脱贫村治理的重要方式。基于此，脱贫村治理方式的现代化就是脱贫村治理方式的能动性、规范化、智慧化以及多种治理方式的有机结合和有效协同。

　　治理方式的能动性主要强调脱贫村治理中能够调动多种治理主体的积极性和主动性，让多元治理主体主动、自觉、有目的、有计划地开展脱贫村的治理，克服脱贫村内生治理主体的消极性和被动性。治理方式的能动性还体现在脱贫村能积极主动地推动自己治理方式的更新和完善，诸如脱贫村自治体制机制的完善和发展、脱贫村道德体系实时更新和德治方式方法的发展完善、脱贫村法治体制机制的实时完善和推进、脱贫村智慧治理的主动引入和发展等。治理方式的规范化是治理方式现代化的又一个重要维度。自治的规范化主要是规范脱贫村各治理主体的权利义务关系、脱贫村治权的运作等。德治的规范化主要表现在脱贫村伦理道德体系的明确化和作用方式的确定化。法治的规范化主要是完善脱贫村治理的法规体系。智治的规范化是要建立脱贫村智慧治理的相关制度体系，推进"线上＋线下"相结合的治理体制机制。治理方式的智慧化主要是强调脱贫村治理要适应国家治理信息化和智能化的大趋势，围绕国家推进数字乡村建设的战略大局，在国家积极推进数字乡村建设政策支持下，利用信息公共基础设施和公共支撑平台，结合自身实际和

---

① 习近平.毫不动摇坚持和完善人民代表大会制度坚持走中国特色社会主义政治发展道路［EB/OL］.（2014−09−06）［2021−11−15］.http：//cpc.people.com.cn/n/2014/0906/c64094−25615115.html.

② 中共中央文献研究室.十八大以来重要文献选编（上）［M］.北京：中央文献出版社，2014：549.

需求，克服时间和空间的阻隔，探索多样化的数字应用场景，积累智慧治理的运营管理经验，为居民提供实时、便捷、高效的智慧治理服务。

多种治理方式的有效协同是指脱贫村自治、法治、德治和智治的有机结合和有效协同。自治是脱贫村治理的根本性制度规范，是发挥村民治理主体性地位的根本性制度设计，通过民主议事的多样化、民主决策的规范化、民主监督的常态化，推动脱贫村村民自治的健康有序发展。法治是国家治理的根本依托，用法治来规范和保障脱贫村村民的权利义务以及自治的运作。德治是脱贫村内生的治理规则，是人们长期共同生产生活中形成的潜移默化地调节彼此关系的行为准则，发挥好德治的作用能够有效降低脱贫村治理的成本，提高脱贫村治理绩效。智治是脱贫村治理现代化的技术支撑，运用最新的科技成果改造乡村治理，为乡村的自治、法治和德治插上智慧的翅膀，是有效提高脱贫村治理绩效、推动脱贫村善治的重要支撑。脱贫村治理中自治、法治、德治和智治共同作用于脱贫村治理场域，为实现脱贫村的善治和振兴勠力同心，自治激发村治活力、法治保障村治的底线、德治弘扬村治公序良俗、智治提供村治技术支撑。

脱贫村开放治理在治理方式层面就表现为治理方式的现代化，即积极推进脱贫村治理场域中的自治、法治、德治和智治的能动性、规范化和智慧化，并在此基础上，实现四种治理方式在脱贫村治理场域中的有机结合和有机协同。

第二节　脱贫村治理方式现代化的挑战：现有治理方式的传统化

脱贫村现有的治理方式是对传统治理方式的延续。长期以来，脱贫村经济社会发展滞后，脱贫村关注的焦点是如何推动经济社会发展，脱贫攻坚更是将地方党委政府和脱贫村的主要精力集中于经济建设，致力于解决贫困群众的基本生产生活需要，无暇顾及脱贫村治理领域的改革和创新，使得脱贫村的治理方式更多地表现出传统化的特征，即自治弱化、制度之治强化、德治效能弱化以及智治刚起步。

一、脱贫村自治弱化

村民自治是脱贫村治理的根本性制度框架，其通过一系列制度设计来保障村民自我管理、自我教育和自我服务，但当前脱贫村治理中，自治有弱化的倾向，主要表现为脱贫村直接民主运转不畅、内生治理能力薄弱和自治趋行政化。

（一）脱贫村直接民主运转不畅

全国人大常委会前委员长、村民自治的积极推动者彭真在谈到基层自治时指出，"没有群众自治，没有基层直接民主，村民、居民的公共事务和公益事业不由他们直接当家作主办理，我们的社会主义民主就还缺乏一个侧面，还缺乏全面的巩固的群众基础"[①]。村民自治的本质是村民的直接民主，诸如全体村民参加的村民会议是村民自治的权力核心，村级重大事项采取"一事一议""四议两公开"决策程序，村委会成员由村民一人一票直接选举产生等。从Z县的调研来看，脱贫村的村民会议因为人口流失，基本由村民代表会议代行了其职权，村民代表代替了村民行使治权，间接民主代替了直接民主。在"一事一议"和"四议两公开"的议事决策程序中，村民直接发挥作用的空间也越来越小，尤其是在Z县脱贫村党支部书记和村委会主任一肩挑及村"两委"交叉任职的情况下，村党组织及其书记的决策话语权不断强化，村民的话语权在流失。另外，村委会选举也很难召集齐全体村民投票，委托投票成为一个普遍的现象。直接民主运转不畅成为脱贫村自治弱化的重要表征。

（二）脱贫村内生治理能力薄弱

脱贫村治理脱胎于贫困村治理。贫困村治理受经济社会发展长期滞后的影响，青壮年人口大量外流，留守人口严重老龄化，其内生治理能力本就薄弱。脱贫攻坚期间，政府主导的帮扶模式也未能较好地培养贫困村的内生治

[①] 彭真.彭真文选［M］.北京：人民出版社，1991：607.

理能力。脱贫村治理继承和延续了贫困村的治理，内生治理能力整体薄弱，主要表现为：脱贫村青壮年人群流失严重，农村空心化和老龄化情况严重；脱贫村村民参与乡村治理的能力和热情匮乏；脱贫村自我发展能力差，集体经济薄弱，没有成熟的优势性产业，政府扶持仍然是其发展的重要动力。Z县脱贫村的情况充分印证了这一点，35 个贫困村留守人口普遍在 30% 左右且多为老年人；外出村民和留守村民对脱贫村公共事务和公益事务参与的积极性都不足；脱贫村集体经济收入主要靠脱贫攻坚期间的光伏扶贫项目的收入以及集体经济破零资金入股企业的分红，自有产业发展滞后，村民的主要收入来源依然是外出务工和务农。脱贫村内生治理能力薄弱，也使其无法支撑起自身振兴发展的重任。

（三）脱贫村治理趋行政化

脱贫村治理趋行政化主要表现为：脱贫村"两委"的中心工作是乡镇政府交办的各种事务，脱贫村依然需要地方政府的强力支持，地方政府补助脱贫村运转经费并给予村"两委"成员一定的补贴，村"两委"主要成员采取坐班制等。Z县调研中发现：处于衔接过渡期的脱贫村，脱贫攻坚期间享有的帮扶政策总体上还在延续，地方政府依然从人力、资金和项目等方面给予脱贫村多种支持。脱贫村"两委"的中心工作是乡镇政府交办的各种事务，村"两委"主干普遍反映，他们的最重要工作就是去乡镇政府开各种会议，然后回村落实会议安排并及时反馈。脱贫村的运转的经费主要由地方财政给予支持，根据村户籍人口的数量分别给予 8 万 ~10 万元不等的运转经费，另外，也给予一肩挑的村党组织书记每年 3 万元左右的补助。村"两委"成员轮流到村委会坐班，村党支部书记经常留守。脱贫村治理的趋行政化是脱贫村自治弱化的重要表现。

自治的弱化是脱贫村治理面临的重要挑战，弱化的村民自治既无法调动内生治理主体的积极性，也无法有效培养脱贫村内生自为主体，更无法以内生治理主体的开放推动脱贫村治理的开放，建构脱贫村开放共治的格局。

二、脱贫村制度之治强化

法治是国家治理的重要方式，是党领导人民治理国家的基本方略。在国家不断推进法治化的背景下，脱贫村的法治化也取得了一定的成效，但总体来讲，脱贫村的法治化进程还处于初级阶段——法制化阶段。

脱贫村的法制化整体上跟随中国农村法制化进程亦步亦趋。中国农村的法制化快速推进是在 21 世纪初，中国社会正式进入了工业反哺农业、城市反哺农村的新阶段。国家开始加大对农村的资源投入，农村社会出现了地方势力与村干部共谋国家资源[①]以及灰黑势力和基层政权合谋截取国家向乡村转移的资源的情况。[②]村干部腐败成为农村治理中的重要挑战，国家开始规范农村小微权力的运作，推进了农村治理的法制化进程。脱贫村的法制化在脱贫攻坚期间也得以快速发展。脱贫攻坚期间，政府的强力介入使得政府的法制思维、法制理念和法制化运作方式向贫困村传导，政府也希望以法制的方式实现贫困村帮扶的规范化和法制化。脱贫攻坚带来了大量的外部利益流入，贫困群众对利益分配公平公正的诉求与乡村两级的干部保稳定、保公平的需要也在推动脱贫村治理的法制化进程。脱贫攻坚也带来外部陌生人，其与贫困群众的交往模式也主要以陌生人的交往模式为主，也在一定程度上推进了脱贫村的法制进程。但整体来讲，脱贫村法治化还停留在法制化的阶段。

脱贫村的法制化除了国家正式制度建构的《村组法》《工作条例》之外，脱贫村还自主制定了许多规章制度，并推进了痕迹化管理。在对 Z 县脱贫村的调查中发现，脱贫村的规章制度主要包括两类：一是脱贫村各治理主体的职责方面的规定，诸如村规民约、村民议事会章程、红白理事会章程、道德评议会章程、禁赌禁毒会章程、党员职责、村民代表职责、网格员职责等；二是议事程序方面的规定，诸如村党支部议事规则、村委会议事规则、村"两委"联席会议议事规则、党员大会议事规则、村民代表会议议事规则、村民各项事务的办事程序等。痕迹管理也是乡镇政府在脱贫村治理中着力推进的

① 贺雪峰.论乡村治理内卷化——以河南省 K 镇调查为例［J］.开放时代，2011（2）：86–101.

② 耿羽.灰黑势力与乡村治理内卷化［J］.中国农业大学学报（社会科学版），2011，28（2）：71–77.

一项工作。脱贫村通过建章立制明确了各个治理主体的职责权限以及诸事的办事流程，并基于此，着力推进了脱贫村公共事务和公益事务的痕迹化管理，努力做到事事有痕迹，事事有据可查。与此相配套，脱贫村也建立了较详细的各种档案，诸如党务档案、村务档案、财务档案、贫困户档案及日常管理档案等。

法治是脱贫村治理的重要方式，但脱贫村的法治还停留在法制的层面，即建立各种规章制度的阶段。亚里士多德在论述法治时谈道："已成立的法律获得普遍的遵从，普遍遵从的法律本身应该是制定得良好的法律。"[①]因此，法治的核心不仅仅是建章立制，更重要的是保证已制定法律内在价值的良善。脱贫村法治化的核心并不是建立大量的规章制度，而是要基于脱贫村治理的实践需要建立适合脱贫村规范化治理的良善的规章制度。当前脱贫村事务具有发生频次低和利益密度低的双低特征，对每一件具体事务都用详细的制度来规范显然是不现实的，并且过度的制度化会极大地束缚脱贫村干部应对农村突发事件的积极性，限制其能力的发挥。另外，法制具有自我强化的倾向。在脱贫村治理中，利益流入增加、群众对利益分配公平性的要求、高反腐压力推动的脱贫村"两委"推卸治理责任等因素的共同作用，将使脱贫村治理的法制化进入一个自我强化的循环，治理中的规章制度会越来越多，内容也会越来越详细，脱贫村治理将逐步步入依制治理的阶段。脱贫村治理中对法治的尊崇异化为对制度的过分依赖，脱离了脱贫村治理的实际，是脱贫村治理面临的重大挑战。脱贫村内部治理制度的过密化会强化既有治理的效能和路径依赖，也会为脱贫村的开放治理筑起另一重障碍。

三、脱贫村德治效能弱化

德治是脱贫村治理中不可或缺的重要组成部分。中国的农村社会长期是一个熟人社会，熟人社会的治理逻辑是以德治为主。费孝通认为，"在一个熟悉的社会中，我们会得到从心所欲而不逾规矩的自由。这和法律所保障的自

---

① 亚里士多德.政治学［M］.吴寿彭，译.北京：商务印书馆，1965：199.

由不同。规矩不是法律，规矩是'习'出来的礼俗"①。也即人们在长期共同生产生活实践中建立的道德共识。脱贫村在现代工业化和城市化的冲击下，出现了大量人口外流，如 Z 县流出人口在80%以上的脱贫村占脱贫村总数的40%，流出人口在70%以上的脱贫村占脱贫村总数的71.4%，流出人口在60%以上的脱贫村占脱贫村总数的91.4%。虽然 Z 县脱贫村人口出现了大规模的流出，但是脱贫村的外部陌生人流入有限，因此，脱贫村熟人社会结构保存得比较完整，德治依然在脱贫村治理中发挥着重要作用。但是，脱贫村的德治环境自脱贫攻坚以来也发生了许多变化，脱贫村的德治面临一系列挑战。

德治规范的滞后。脱贫攻坚之前，贫困村还是一个相对封闭的存在，贫穷导致封闭，封闭进一步固化了贫穷。在封闭的环境中，贫困村的人们在长期的共同生产和生活实践中形成了规范和调节彼此之间关系的各种习俗和道德规范。脱贫攻坚打破了贫困村封闭和贫困的传统，为贫困村带入了陌生人、新的发展理念和外部规则体系，贫困村也开始由熟人社会向半熟人社会、从封闭社会向开放社会逐渐转型。脱贫村延续了这一社会转型，传统德治规范面临一系列新挑战。随着脱贫攻坚过渡到乡村振兴和共同富裕，脱贫村的发展必定需要更多的外部力量加入，脱贫村也会迎来新的更多的陌生人，脱贫村也必然会更加开放，会融入社会主义市场经济的大潮中，这一切都需要脱贫村既有的德治规则体系和德治传统随之做出改变。

德治约束弱化。脱贫攻坚的过程主要是改善贫困村群众民生条件，即吃、穿、住房、医疗和教育等，这些条件的改善都是以物质利益的支持和流入为基础的。脱贫攻坚胜利收官进入乡村振兴的发展新阶段。乡村振兴虽然是乡村的全面振兴，但产业兴旺是关键，也就是说乡村振兴的基础依然是发展经济，脱贫村的振兴也必然以物质条件改善为基础。脱贫攻坚伊始，延续至今的脱贫村群众的持续利益流入，不仅激活了脱贫村群体的利益主体意识，而且也进一步激发了其对利益流入的期待和对新利益的追逐。另外，国家也在不断加大对农村的投入和支持力度，向脱贫村源源不断地注入大量的资源，乡镇政府出于工作便利和调动乡村工作积极性的需要，也在主动地通过物质

---

① 费孝通.乡土中国生育制度［M］.北京：商务印书馆，1998：10.

利益引导脱贫村发展。内外两方面因素的共同作用，极大地强化了物质利益在乡村治理中的作用，道德约束也随之弱化。在对 Z 县的调研中，部分村干部抱怨道："农村现在的工作难做，什么都要钱，甚至于部分村民几乎唯利是图，不给钱，什么事都不跟你谈。"

德治激励物质化。道德约束在物质利益的挤压下，作用空间逐渐缩小，迫使脱贫村的德治转型。转型的一个重要方向就是道德激励的物质化。Z 县部分集体经济条件较好的脱贫村——GY、LJP、HD 等，也在积极推进道德积分制管理。将村民的日常行为、参与村治的情况、遵守国家法律政策的情况以及协助村"两委"工作的情况分门别类进行量化打分，积够一定的积分就可以在村的积分超市兑换日常用品，并把积分作为评优奖励的依据。在积分制管理中，道德行为占据相当大一部分内容，如孝敬父母、夫妻和睦、团结邻里、美化环境、助人为乐等，都按照一定的标准进行积分奖励和减扣。道德行为的物质化激励带来了一系列的问题。一是忽视了物质激励和精神激励的差别，削弱了道德激励的精神作用。二是道德行为很难进行量化考核积分，很难确定不同类型的道德行为的优劣，并且道德行为并无大小之分，正所谓"勿以善小而不为"。三是将不同的道德行为分别进行量化赋分，一定时间内的积分可以兑换生活必需品，而这些兑换物品价值普遍较小，其对村民的激励本就有限，还会带来道德激励的庸俗化。

德治共同体的丧失。德治作用的有效发挥需要一个乡村共同体，共同体内有共同的生活空间、公共生产生活实践和共同的利益，基于此，形成了稳定的处理彼此关系以及作为日常行为规则的伦理道德体系。当前，脱贫村共同体在人口大规模外流、公共生产生活实践缺失、利益分化、外部市场主体和社会主体介入等多种因素的综合作用下趋于解体，传统德治作用的基础也在丧失，必须建立新的利益共同体和村治共同体。

脱贫村的德治正面临村治道德体系转型、德治约束弱化、德治激励物质化以及德治共同体解体等一系列挑战，使得脱贫村德治必须进行现代化改造和培育，才能重拾脱贫村德治的力量，并适应脱贫村开放治理的需要。

四、脱贫村智治刚起步

智治是农村治理方式现代化的重要内容。农村也出现了诸多利用现代信息技术、网络技术和数字技术创新乡村治理的实践，诸如数字乡村建设、互联网＋党建、智慧社区、智慧村庄综合管理平台、雪亮工程、数字农业、农村电商、乡村智慧旅游等。国家也出台了一系列政策法律支持农村智慧治理，诸如2021年通过的《乡村振兴促进法》就明确提出，要提升乡村公共服务数字化智能化水平，支持完善村级综合服务设施和综合信息平台；2021年由中共中央国务院印发的《中共中央国务院关于加强基层治理体系和治理能力现代化建设的意见》从做好规划建设、整合数据资源、拓展应用场景三个方面就加强基层智慧治理能力建设做出了具体要求和部署。智慧治理始于城市，并在城市的治理中不断快速发展迭代。当前，经济发达地区农村智慧治理也在迅速发展，诸如浙江建德市推进的"乡村钉"、湖北省宜城市"百姓通"数字平台、江苏张家港市"一网通办"等。这些智慧治理的实践为农村治理插上了智慧的翅膀，极大地提高了农村治理的效率，为农村居民提供了便捷的服务。

脱贫村的智慧治理则刚刚起步。从 Z 县脱贫村的调研来看，脱贫村村民的网络可及性基本可以保障。4G 网络基本实现了对脱贫村的覆盖，但部分居住较为偏僻的自然村，手机信号较差；智能手机普及情况较为乐观，村中留守老人基本都能使用智能手机（绝大部分智能手机是子女手机更新换代后留下的旧智能手机），子女为了与家中联系方便，也都办理了相应的流量套餐或者装了宽带网络。脱贫村智慧治理应用场景主要集中在"雪亮工程""乡村微信群""视频会议"等。"雪亮工程"主要是配合平安乡村建设，在各村的主要路口安装监控摄像头。"乡村微信群"主要是村"两委"借助微信这一即时通信平台，组建全体村民参加的微信群，并在群中发布信息、收集资料。"视频会议"系统由地方政府统一建立，主要用于远程召开网络会议，但在实践中较少使用，会议主要还是在线下进行。软件基础设施建设处于空白，脱贫村没有专门的"互联网＋"网络信息治理平台。整体来讲，脱贫村的智治还处于起步阶段，智治的可应用场景非常少，脱贫村对智治认知较为简单，村民对智治没有明确的需求。

五、"四治"未有机结合

国家有关农村治理的文件一直在强调自治、法治和德治的结合。党的十九届四中全会公报首次在社会治理体系建设中增加了科技支撑的表述，但是并未将科技支撑上升为农村治理的方式，国家关于农村治理方式的表述依然是"三治"结合。智治相对于农村自治、法治和德治来讲，处于较为次要的位置。"四治"有机结合并未真正实现。脱贫村治理受经济条件、人力资源、技术条件等多方面因素的制约，总体上落后于国家农村治理的整体水平。脱贫村的自治、法治和德治自身也存在诸多不足，"三治"结合依然面临诸多挑战，而智治也刚刚起步，智治的软硬件基础设施和应用场景、人力资源支撑、群众对智治的认可程度、地方政府对推进脱贫村智治的决心和投入等方面都较为滞后。脱贫村的"四治"结合、协同作用格局并未建立。

随着脱贫村经济社会的发展，脱贫村的治理方式也取得了诸多进步，但依然面临众多问题。总体上来讲，脱贫村经济社会发展较为落后，经济发展依然是脱贫村所有工作的中心，县乡村三级对治理层面的关注主要集中在选好村"两委"主干，至于治理方式方法的改革等并没有成为地方政府和脱贫村"两委"的重点工作。脱贫村的自治、法治、德治和智治四种治理方式在治理实践中呈现不均衡发展和作用的态势。具体表现为自治弱化、制度之治强化、德治失序和智治发展滞后，四种治理方式也未在脱贫村治理领域中有机有效结合。脱贫村现有的治理方式距离基层治理体系和治理能力现代化的要求还有较大的差距，其不仅不能有效提升脱贫村既有的治理效能，也没有为流出的户籍村民以及已经或即将进入脱贫村的外部市场主体和社会主体提供便捷参与脱贫村治理的工具支撑。

第三节 脱贫村既有治理方式传统化的原因

脱贫村治理方式的传统化是多方面因素共同作用的结果。当前，脱贫村对政府的强依赖，弱化了村民自治；脱贫村对法制的盲目认同，强化了脱贫村的法制化；脱贫村德治转型缓慢，使得德治效能弱化；脱贫村缺乏智治发展合力，制约了脱贫村智治的发展；四种治理方式协同机制不完善制约了四治的有机结合和有机协同，以上种种原因共同造成了脱贫村治理方式的传统化。

一、脱贫村对强政府的依赖

脱贫村自治的弱化很大程度上是对强势全能型地方政府的依赖造成的。脱贫村对政府的强依赖源于税费改革，强于脱贫攻坚。税费改革取消了村提留，加之脱贫村集体经济发展普遍较差，村委会失去收入的来源，不得不靠政府支持。之后在全面建成小康社会目标的指引下，党和国家开启了贫困村的脱贫攻坚。党中央和国务院通过层层签订扶贫军令状、脱贫攻坚一把手负责制、严格的脱贫考核评估给予了地方政府以刚性的扶贫责任和硬约束，脱贫攻坚就形成了以政府为主体和政府主导的帮扶模式，政府在人才、资金、项目等方面给予了贫困村以强有力的支持，开启了贫困村外源依赖型的发展。在脱贫攻坚过程中，基于长期扶贫的经验，党中央和国务院也多次强调要推动内源性的发展，并着重强调通过产业扶贫培养贫困村群众的自我发展能力。但脱贫攻坚时间紧、任务重以及压力型扶贫体制的作用，地方政府投入大量资源对贫困村群众进行针对性帮扶，贫困村群众轻松获得了大量的无偿的物质利益，其自身的发展积极性和能力并没有得到有效的培养，反而增加了对政府的依赖。这种情况在 Z 县的脱贫村中表现得较为明显，除个别示范村之外，脱贫村群众的主要收入来源还是外出务工、务农以及家庭养殖，脱贫村的集体经济收入来源主要靠光伏扶贫的分红以及政府垫资入股企业分红。脱贫摘帽后，国家设立了五年的过渡期，过渡期内帮扶政策总体保持稳定，进一步稳定了脱贫村及其群众对政府依赖的预期，脱贫村对强势政府的依赖得以维持。

二、脱贫村对法制的盲从

法制是社会治理的基础。改革开放后，中国社会开始从农业社会向工业社会、从封闭社会向开放社会转型，社会的治理也从人治向法治转换。法制也因其普遍性、公开性、可预期性、相对稳定性以及功能外显等优势，迅速在现代社会治理中占据主导性地位。中国快速推进法制化的努力也扩展到了脱贫村，加之脱贫攻坚以来，脱贫村利益流入的迅速增加以及流入利益获得的无偿性，也强化了脱贫村群众对利益分配公开化和公平性的诉求，使得贫困村和脱贫村治理的法治化需求猛涨。法治化是以法制为前提的，脱贫村治理的法治化首先表现出的就是治理的制度化、痕迹化、程序正义等。

脱贫村治理需要法制化，但法制化并不是脱贫村治理的目的。脱贫村治理亟须基于脱贫村的社会结构和治理的实际，选择适合脱贫村需要的治理方式。中国农村有长期的人治传统。费孝通认为，传统农村的乡土性、熟人社会、差序格局等形塑了农村社会人治传统，但人治并不是不要规则和秩序，人治和法治的区别"不在人和法这两个字上，而是在维持秩序时所用的力量，和所依据的规范的性质"[1]。中国农村乡土社会的规范是"礼"，维持"礼"这种规范的是传统。[2] 人治植根于传统的熟人社会。脱贫村由于地理环境、区位条件、经济社会发展水平滞后等原因，长期有大规模人口外流，但是人口流入极为有限，即便是脱贫攻坚期间，地方党委政府集中组织了对贫困村的人才、资金和项目支持，企业和社会主体也不同程度地参与了脱贫攻坚，但其参与的广度和深度有限，对贫困村既有的社会结构冲击也极为有限，脱贫村的治理依然是以户籍村民为主体，脱贫村的留守人口更是以生于斯、长于斯，彼此熟悉的老年人为主，因此在脱贫村治理中，人治依然有较大的作用空间

---

① 费孝通.乡土中国生育制度［M］.北京：商务印书馆，1998：49.

② 费孝通.乡土中国生育制度［M］.北京：商务印书馆，1998：49–50.

和较强的治理效能。Z县脱贫村调研也充分证实了这一点，脱贫村留守人口以老年人为主，他们彼此之间非常熟悉，互帮互助成为人们长期生活的习惯，遇到问题依然愿意通过找熟人和朋友来解决。

脱贫村治理要充分考虑脱贫村的熟人社会结构、存量利益的低密度、乡村人们行为的偶发性和低频化的特征，一方面保障治理的灵活性，及时高效地应对脱贫村治理中的偶发性行为和事件；另一方面要结合脱贫村治理的实际需要，制定必要的制度规则，规范和提升治理效能。脱贫村治理的法治化是一个循序渐进的过程，要以脱贫村治理的实际需要作为出发点，切忌对法制化的盲从。

三、脱贫村德治转型缓慢

脱贫村户籍人口的相对稳定和留守人口的熟人社会结构并不意味着脱贫村的传统德治规则可以长期稳定和持续有效。脱贫村自脱贫攻坚伊始，就开始了快速的经济社会转型。脱贫村的生产逐渐融入社会主义市场经济，熟人社会也正在迎接陌生人进场，脱贫村的未来振兴更是进一步推动了这种转型。脱贫村的德治必须积极主动适应这种转型。

脱贫村经济正在加速融入社会主义市场经济。贫困村长期的贫困和封闭，使得其游离于社会主义市场经济的大循环之外，其经济形态也以传统的经验性生产为主，生产的主要目的是满足自身生产和生活的需要。脱贫攻坚中，为帮助贫困村群众从根本上摆脱贫困，培养贫困村群众内生发展能力，从中央到地方都在强调产业扶贫的重要性，产业扶贫成为重要的扶贫策略。在精准扶贫实践中，因人施策，因村施策，开启了贫困村产业之路和市场化之路，强化了脱贫村与市场的联系。脱贫攻坚胜利收官开启了脱贫村振兴的新征程，乡村振兴的关键是产业兴旺，脱贫村产业发展和兴旺必然要更大范围和更深层次地融入社会主义市场经济的大潮，这就需要脱贫村的德治加速转型。

脱贫村开始有陌生人进场。脱贫攻坚开启了贫困村经济社会的发展之路。贫困村脱贫的首要任务是发展经济，虽然脱贫攻坚中，采取的是政府主导型的精准扶贫模式，即政府出人才、项目和资金推动脱贫村经济的发展，但地方政府也通过一系列的优惠政策吸引外部市场力量和社会力量参与贫困村的各项建设，贫困村也就有了外部陌生人进场。脱贫摘帽后，脱贫村走向乡村振兴，其发展目标更加多元，经济社会发展将向更高层次迈进，外部市场力量和社会力量将成为脱贫村振兴的重要力量，外部陌生人还将持续进入脱贫村，脱贫村的熟人社会结构必将发生转型，因此，脱贫村的德治也必须积极适应这一转型，适应脱贫村社会结构变革的需要。

脱贫村的经济社会结构正在并将继续转型，脱贫村德治也必须主动适应这种转型，从传统的封闭的熟人社会的德治向现代的开放的半熟人社会的德治转型，以新的德治构筑脱贫村乡村共同体，并激发脱贫村经济社会的发展活力。

四、脱贫村缺乏智治发展合力

脱贫村智治是脱贫村治理的信息化、网络化、数字化和智慧化，是脱贫村治理方式的一次重大变革，其建设包括软硬件基础设施建设、脱贫村多元治理主体智慧治理能力的培养、智慧治理场景的搭建和创新以及治理过程的再造等。脱贫村智治的发展需要政府、企业以及脱贫村在内的多方主体的共同努力。在对Z县的调研中发现，脱贫村智治建设的各方主体未达成脱贫村智治建设的共识，没有形成脱贫村智治建设的合力，更未对脱贫村智治投入足够的资源和精力，脱贫村的智治建设整体滞后。

首先，脱贫村智治建设的政府主体责任缺失。脱贫村智治的应用场景虽然多以服务脱贫村治理的形式出现，但其治理的底层逻辑是服务于整个国家治理的，是国家治理的重要组成部分。智慧治理建设中最大的制约因素是政府各职能部门的各自为政以及政府各职能部门之间的数据和信息隔离。在对Z县的调研中，政府许多职能部门都有自己专属的信息化平台，但不同部门的平台之间是相互隔离的，缺乏彼此间的数据和信息共享。脱贫村作为中国最基层的治理单元，其智慧治理几乎涉及所有的政府职能部门，单靠脱贫村的力量或仅从脱贫村的视角考虑其智治建设问题是远远不够的。脱贫村智治建设必须以政府为主导，发挥政府的主体性作用，通过政府的顶层设计打破政府部门之间的数据和信息分割，建设统一开放的智慧治理平台和应用。

　　其次，脱贫村智治的企业建设主体缺位。脱贫村大多地理位置偏僻、经济条件差、人口流失严重、网络基础设施建设相对落后且利用率较低。脱贫村推进智治需要相应的网络软硬件基础设施投入，但在脱贫村很难形成网络基础设施使用的规模化效应且盈利较为困难，企业对投身脱贫村智治基础设施建设的积极性和主动性不足。

　　再次，脱贫村智治的内生动力不足。脱贫村智治推进的内生动力不足主要表现为以下几点。一是脱贫村对智治的认知不足，对智治要解决的问题、智治的发展目标、智治的应用场景、智治基础设施等缺乏全面的认知。Z县的相当一部分村干部认为智治就是装摄像头、架网络、网上提交表格和信息等。二是脱贫村留守村民老龄化严重，其使用智能手机的能力不足，制约了其对智治的需求。流出的青壮年人口虽然能够较为熟练地使用智能手机，但其长期在外地工作和生活，对户籍所在地的利益关注度下降，并且脱贫村可供分配的存量利益稀薄，也使得其无意关心脱贫村的智治建设。三是脱贫村自身缺乏进行智治建设的经济条件以及人才支撑。多种因素共同造成了脱贫村智治建设的内在动力不足。

　　最后，脱贫村智治的外部参与缺失。脱贫村智治是脱贫村开放治理的重要组成部分。脱贫村的智治可以为外部力量参与脱贫村治理提供便捷的参与平台和渠道，打破传统治理中地域和时间的阻隔。但是，在外部市场主体和社会主体参与有限的情况下，其对脱贫村智治建设参与的积极性和动力也不足。

　　脱贫村的智治，既是脱贫村治理方式现代化的重要内容，也是脱贫村治理走向开放的重要技术支撑。当前，脱贫村智治正处于起步阶段，多方主体对脱贫村智治建设的重要性、智治建设的方案、智治的建设责任分工等都没有明确的认知，更没有形成智治建设的合力，极大地制约了脱贫村智治建设进程。

五、脱贫村"四治"结合机制不完善

　　脱贫村的"四治"不仅各自存在诸多不足，亟待完善，而且在形成村治合力方面也面临诸多挑战，诸如作用方式差异较大、结合的权力基础不同、结合的组织载体多元等，脱贫村"四治"结合的有效机制并未建立。

脱贫村"四治"的作用方式不同。自治的作用方式是直接民主，即民主选举、民主决策、民主管理和民主监督。法治的作用方式是建立各种规章制度并以国家强制力为后盾，规范脱贫村的治理。德治靠传统和社会舆论的力量发挥作用。智治主要依靠人们对科学的信仰以及其治理的便利化发挥作用。"四治"的权力基础不同。自治依托自治权，法治依托国家权力，德治依托传统和习俗的权力，智治依托技术权力，"四治"结合需要整合农村的权力体系。"四治"的组织载体多元。自治的组织载体——村民委员会和村务监督委员会等，法治的组织载体是政府，德治的组织载体更多的是村民自组织——道德评议会等，智治的组织载体是参与农村治理的政府和村民自治组织，不同的组织在功能和作用方式上的差异，也增加了"四治"结合的难度。脱贫村的"四治"结合虽然存在作用方式、权力基础以及组织载体等方面的结合难题，但是其都共同作用于脱贫村治理场域，在治理主体、治理对象和治理目标等方面存在内在一致性。治理主体是脱贫村的多元治理主体，治理对象是脱贫村的公共事务和公益事务，治理目标是实现脱贫村的善治，这些一致性使得脱贫村的四种治理方式必须结合，必须形成村治的合力。

脱贫村治理方式的传统化在自治、法治、德治和智治四个方面都表现得较为明显，究其原因主要是脱贫村对政府的依赖，对法治的盲目信仰，德治转型缓慢，智治发展合力不足，并且"四治"结合的具体机制也未建立。脱贫村未来发展亟须推动脱贫村治理方式现代化，整合脱贫村的多种治理方式，形成脱贫村治理合力。

第四节　脱贫村治理方式现代化的实现路径

脱贫村治理方式的现代化是脱贫村走向开放的必然，以现代化的治理方式支持和支撑脱贫村开放治理的实现。结合脱贫村治理实践和开放治理的要求，脱贫村治理方式的现代化要从自治、法治、德治和智治四个维度推动。

自治是国家确定的农村治理的基础性治理方式，其确立后随着社会的发展变化不断发展完善，但就脱贫村这一特殊的农村类型而言，转变政府的作用方式，并调动村民的治理积极性，回归村民自治的本质是其重要的内容。法制规定的是乡村治理的底线规则，其要以维持和保障脱贫村自治的积极性和自由度为基础，清理脱贫村治理中不合理的规范，完善法治也是脱贫村治理方式现代化的应有之义。德治是脱贫村群众治理主体性和活力的体现，应从构建现代村治道德体系、弘扬德治效果等角度推进德治现代化。智治是脱贫村治理现代化的重要体现，要从完善基础设施、丰富应用场景、建立智慧村庄治理平台、培养村民智治能力等多角度推进智治的落地。

一、完善脱贫村自治

习近平总书记强调："完善基层群众自治制度，发展基层民主，是社会主义民主政治建设的基础。要完善基层民主制度，畅通民主渠道，健全基层选举、议事、公开、述职、问责等机制……切实防止出现人民形式上有权、实际上无权的现象。"① 脱贫村治理方式的现代化必须夯实群众自治这一基石。在党的领导下，坚持一切权力属于人民，尊重并发挥人民群众在乡村治理中的主体地位，在基层群众自治实践中不断发展和完善群众自治制度，丰富和创新群众自治形式。完善脱贫村的群众自治需要从政府与脱贫村关系的重构、脱贫村内生治理能力培养两方面着力。

（一）政府与脱贫村关系的重构

近些年来，随着国家实力的不断增强，中国社会进入城市反哺农村的新阶段，国家开始强势回归乡村。针对贫困村和脱贫村，国家实施了脱贫攻坚战略和乡村振兴战略，并设立脱贫攻坚与乡村振兴的衔接过渡期，巩固脱贫攻坚成果并助力乡村振兴。脱贫攻坚战略实施以来，政府通过派驻第一书记、扶贫工作队，提供项目和资金等方式主导了贫困村和脱贫村发展进程和治理

---

① 习近平.充分发挥我国社会主义政治制度优越性——关于发展社会主义民主政治［J］.前进，2016（10）：5.

过程，脱贫村对政府的依赖不断增强，脱贫村治理逐渐偏离了自治的轨道。优化调整政府与脱贫村的关系就成为完善脱贫村自治的前提。政府与脱贫村关系处理的总体原则是求同存异、合而不统。

求同存异。"同"是二者合作的基础，但"异"才是处理二者关系的关键。"同"主要表现为二者目标相同，都是致力于脱贫村的发展振兴，致力于为脱贫村群众提供高效优质的服务，因此，脱贫村自治应该与基层政府合作，充分发挥彼此的优势。"异"主要表现为二者治理性质上的根本差异，基层政府是国家机构的组成部分，其权力是以国家机器作为依托，由国家财政提供经费支持，其工作人员是公务员，享有法定的管理权责。脱贫村的治理是自治，自治组织不是国家机构的组成部分，其治理主要是基于民众的普遍同意，其运作经费主要靠村集体经济发展的收益和地方政府的部分补助，其工作人员是由村民通过直接选举产生的，不属于公务员，没有财政支付的工资。政府治理和脱贫村村民自治存在着重大差别，明确二者的差别是处理二者关系的关键。政府应该在法律限定的范围内活动，而村民自治应该坚持法无禁止皆可为的原则，在不违反法律规定的前提下，大胆创新、积极探索。

合而不统。"合"强调脱贫村与政府应该密切合作，政府应该对脱贫村提供指导、支持和帮助，脱贫村应该积极配合政府的工作。"不统"是指基层政府在与脱贫村的合作中，不能以支持的名义和脱贫村内生治理能力不足为理由，包办和代替脱贫村自治范围内的事项。脱贫村正处于脱贫攻坚和乡村振兴的衔接过渡期，二者的合作模式延续了脱贫攻坚期间的政府主导型合作模式，该模式强化了政府的主导作用和帮扶义务，弱化了脱贫村的自我发展能力和治理能力。脱贫村振兴期间，政府主导型的合作模式必须转型，正所谓："外因是变化的条件，内因是变化的根据，外因通过内因而起作用。"[①] 地方政府必须着力培养脱贫村的内生治理能力和发展能力，应该继续从资金、人才、政策等方面为脱贫村振兴提供支持，但基层政府必须控制好与脱贫村合作的边界，支持而不包办代替，不断改革和完善双方合作的方式和内容，积极推进"兜底＋梯度奖励"的方式支持脱贫村的发展。"兜底"要按照公共服务均

---

① 毛泽东．毛泽东选集（第一卷）［M］．北京：人民出版社，1991：302.

等化的要求，保障脱贫村自治的正常运作和公共服务水平。"梯度奖励"主要是基于结果导向，通过"奖优"引导脱贫村发展，培养和发展脱贫村的自我发展能力和治理能力。

（二）内生治理能力培养

内生治理能力的培养是脱贫村振兴发展中面临的最现实和最紧迫的问题。脱贫村内生治理能力的培养可以从三个方面着手：一是强化农村基层党组织建设，二是整合脱贫村治理力量，三是加强对村民的教育引导。

脱贫村基层党组织是脱贫村治理的核心，脱贫村内生治理能力的培养应以基层党组织建设为核心。村党组建设应着重从党组织书记的选配、第一书记选派、村党组织运作规范化、党员培养等多维度推进。脱贫村党组织书记的选配应着重从志愿建设农村的外出务工返乡佼佼者、返乡的复转军人、返乡创业的大学生等群体中重点培养，完善优秀党支部书记的报酬机制和晋升机制，为优秀人才长期扎根农村创造条件。党组织从机关企事业单位选派优秀党员到贫困村担任第一书记对于推动脱贫攻坚发挥了重要作用，脱贫村振兴中应该将这一好的制度延续下去，继续从机关企事业单位中选派优秀人才支援脱贫村振兴，并将其参与脱贫村振兴的业绩作为提拔任用的条件，同等条件下优先提拔使用。乡镇党委政府应该将脱贫村党组织规范化建设纳入乡镇党委政府的重点工作之中，在人财物等方面给予脱贫村党组织以支持，并加强对脱贫村党组织规范化建设的考核，推动基层党组织的规范化建设。党员的培养是村党组织良性发展的重要保障。一方面要加强对现有党员的管理，尤其是流动党员管理。现有党员管理的目的不仅是要保障正常的党组织生活，更重要的是要激发其干事创业的积极性，发挥党员村治模范和振兴先锋作用。脱贫村的流动党员长期在外务工或生活，是脱贫村接触外部信息最多最便捷的人群。脱贫村党组织要利用流动党员的这一特点，将流动党员作为对外交流的桥梁和窗口，通过他们为脱贫村进行宣传和招商引资。另一方面要积极培养和发展优秀的年轻人进入党组织队伍，优化脱贫村党员队伍的年龄结构和知识结构，保持脱贫村党组织的活力和先进性。

整合脱贫村治理力量。近几年来，脱贫村发展中出现了许多新生力量和精英，诸如农民合作社的领头人、种养殖大户等，将这些治理力量和精英整合起来，形成脱贫村治理合力是提升脱贫村内生治理能力的重要内容。在脱贫村的治理实践中，可以采取组织吸纳和组织嵌入的方式进行整合。组织吸纳主要是指党组织和村民自治组织对脱贫村新生治理力量和精英的吸纳。党组织吸纳主要是将脱贫村发展中新生力量和精英吸纳进党组织；村民自治组织吸纳主要是以村民自治组织为载体，按照村民自治的相关法律法规的要求，创造条件将脱贫村治理中的各种新生力量和精英吸纳到村民自治组织体系中。党组织嵌入指的是农村党组织对既有治理体系的参与和介入。在脱贫村治理力量整合中，应充分发挥党组织和党员的积极性，以党组织嵌入为主进行村治资源的整合。除了《中国共产党基层组织工作条例》中明确规定的党组织对各类组织的领导之外，还应积极鼓励党员结合脱贫村实际建立各种组织，对村民进行有效的整合。对于党组织和村民自治组织还未有效整合的组织，可以通过在其内部建立党组织或发展党员的方式整合其治理资源。通过多种方式整合脱贫村的治理力量，将体制外的力量转化为体制内的力量，将体制外的参与转化为体制内的参与，将被动的参与整合为主动的参与，最终形成脱贫村有效治理的合力。

加强对村民的教育引导。脱贫村内生治理主体是脱贫村的全体村民，应加强对脱贫村村民的教育引导，培养其参与意识和合作意识。第一，利用多种宣传形式，如张贴宣传海报、入户宣传、印发各种宣传材料等，加强村民对村民自治的认知。第二，创新村民议事形式，如召开座谈会、民情恳谈会、民众议事会、妇女议事会等，为村民自治创造条件。第三，强化脱贫村村民的治理实践。正如"民主的最大目的：不是在公民都合格以后才实现民主，相反，民主是塑造合格公民的最好的方式"①。强化村民的治理实践也是培养村民治理能力和意识的重要方式。在脱贫村治理中，按照协商民主的精神，强化村民的议事决策权，争取议事决策的最大公约数，真正做到群众能参与、能决定、能监督，在治理的实践中不断强化村民参与、决策和监督的实效性。第四，为了调动村民参与村民治理的积极性和主动性，可以将群众参与治理

---

① 浦兴祖，洪涛．西方政治学说史［M］．上海：复旦大学出版社，1999：37.

的情况纳入脱贫村的各种物质利益分配和精神奖励的范畴内，适当给予奖励。第五，科技支撑脱贫村治理。脱贫村治理面临的一大问题就是户籍村民的人户分离，针对这一问题，必须通过技术进步，为脱贫村建立信息化治理平台，采取线上与线下相结合的方式，打破时空阻隔，为脱贫村的内生治理主体提供便捷的治理参与渠道和平台。

自治是脱贫村治理活力的体现，也是脱贫村培养积极自为内生治理主体的必然。脱贫村回归自治先要摆脱对政府的强依赖，按照求同存异、合而不统的原则处理好政府与脱贫村的关系。政府应从脱贫村的直接治理中逐步后退，回归《村组法》规定的指导、支持和帮助的角色定位，村民自治组织也应该积极配合政府的工作。完善脱贫村自治的根本在于脱贫村内生自为治理主体的培养，以村党组织建设为核心，通过村"两委"对村治力量的有效整合以及加强对村民的教育引导等措施培养和激活脱贫村内生治理力量。

二、推进脱贫村法治

习近平总书记强调："依法治国是坚持和发展中国特色社会主义的本质要求和重要保障。"[①]脱贫村的治理离不开法治，法治是脱贫村治理现代化的应有之义。法治思想可以追溯到古希腊，亚里士多德在其著作《政治学》中谈到法治中的法律本身应该是制定得良好的法律。[②]十八届四中全会也强调指出："法律是治国之重器，良法是善治之前提。"因此，脱贫村法治首先要从构建良善的制度体系开始。其次，要培养脱贫村群众的法治意识，让法治思维和理念在脱贫村群众中内化于心、外化于行，让法治成为脱贫村多元治理主体的自觉行为准则。再次，要完善脱贫村公共法律服务体系。

（一）完善脱贫村治理的制度体系

完善的脱贫村治理制度体系是脱贫村法治的前提，其勾勒了脱贫村治理的基本制度框架以及底线规则。完善的脱贫村制度体系是脱贫村法治化治理

---

① 习近平.习近平关于全面依法治国论述摘编［M］.北京：中央文献出版社，2015：4.
② 亚里士多德.政治学［M］.吴寿彭，译.北京：商务印书馆，1965：199.

的重中之重。脱贫村制度体系的构建要从国家制度建构和村民自主制度建构两个维度进行完善，并要避免过度规制化。

国家层面制度建构的完善。国家从20世纪80年代开始建构村民自治制度，并不断结合农村的发展进行修订和完善，目前已经形成了国家法律、政府行政法规和规范性文件以及党的文件相结合的制度规范体系。脱贫村治理中最核心的制度就是《村组法》，其虽几经完善，但依然有改善的空间。首先，完善村民自治的定位。村民自治的定位是自我管理、自我教育、自我服务，但是脱贫村治理中，村民的原子化和离散化的倾向已非常明显，其已经成为制约脱贫村有效治理的重要障碍。将脱贫村村民组织起来，重塑乡村共同体，并以组织力量参与和应对市场竞争是脱贫村治理和发展中必须慎重考虑的问题，因此，建议在村民自治的"三个自我"定位的基础上，增加"自我组织"的定位，强化其组织农民的功能。其次，增加村民会议的刚性。明确村民会议召开的频次，建议每年至少召开一次。将村民会议的权力分为可委托权力和不可委托权力两类，将审议村委会的年度工作报告、评议村委会成员的工作和涉及村民重大利益的事项纳入不可委托的权力范围，对于可委托给村民代表会议行使的权力，要明确委托的程序和时间效力。[①] 再次，进一步明确居住满一年以上的居民的治权。结合农村治理尤其是脱贫村治理实际，不断完善《村组法》，夯实脱贫村法治发展的国家制度基础。

村民自主制度建构的完善。以"村规民约"为核心进行村民自主制度建构的完善。"村规民约"是村民普遍意志的体现，是规范乡村生活的重要规范。当前，Z 县的脱贫村都制定了自己的"村规民约"，但有相当一部分"村规民约"并不是村民自己讨论的结果，更多的是基层政府意志的体现。完善脱贫村"村规民约"，首先，要强化"村规民约"与国家法律法规的衔接。要强调"村规民约"不是国家法律法规的细化，更不能替代国家的法律法规，只能在国家法律法规没有规定的领域内进行约定。其次，脱贫村"村规民约"的修订和完善要以村民为主，由村民普遍协商，普遍同意后实施。再次，建立脱贫"村规民约"的动态修订制度，任何村民都有权力提出"村规民约"的修

---

① 李小红，段雪辉.农村自治、法治、德治"三治融合"路径探析［J］.理论探讨，2022（1）：74.

改意见，履行规定程序即可成为"村规民约"条款。最后，建立脱贫村"村规民约"的备案审查制度，制定和修订后的"村规民约"应由乡镇政府进行备案审查，乡镇政府有权要求脱贫村就其违背国家法律法规和政策的条款进行修订。

脱贫村的法治化建设要避免过度规制化。完善的法律体系是推行法治的前提和基础。法制有明确、可预期、约束性、规范化等优势，其必然在脱贫村治理中发挥越来越重要的作用，但这并不意味着制度制定得越多、越详细越好，脱贫村的法治化进程要循序渐进，切忌过度规制化。脱贫村的诸种治理事务还存在发生频次低、利益密度小的特征，过度的规制化必然降低脱贫村干部治理的能动性和积极性。另外，脱贫村的社会结构还是以熟人社会为主，以习俗、道德和传统等软规制作为处理彼此关系的润滑剂，往往能够收到事半功倍的效果。脱贫村的法制化不能以完全制度化为取向，要以合理良善的法律体系为基础。

（二）培养脱贫村群众的法治意识

亚里士多德认为，法治的首要含义就是"已成立的法律获得普遍的服从"[①]。脱贫村群众对法治的信仰及其法治意识的培养是脱贫村法治顺利推进的关键。脱贫村的法律意识的培养要多方着力。第一，要强化普法宣传。利用海报、宣传栏、法律宣传小册子、普法讲座、入户宣讲等群众喜闻乐见的方式在脱贫村开展普法宣传，提升村民的法治意识。第二，强化村民对乡村治理制度制订的参与权和决定权。制度制定中要充分听取和尊重村民的意见和建议，多用民主协商、少用少数服从多数的方式进行决议，争取脱贫村治理制度制定的最大同心圆和最大公约数，让脱贫村的制度规定真正反映村民的实际需求和心声。第三，利用人们身边的法律顾问和志愿者队伍，实时提供便捷的法律咨询服务，让群众可以近距离接触法律，在用法过程中学法，在学法中用法，真正做到学以致用。第四，充分利用村民身边发生的事，现身说法，增强法治宣传的时效性。第五，利用信息技术和网络技术，开展网络法律知识宣讲和法律咨询等。

---

① 亚里士多德.政治学［M］.吴寿彭，译.北京：商务印书馆，1965：199.

（三）完善脱贫村公共法律服务体系

脱贫村法治化的顺利推进还需要完善脱贫村公共法律服务体系。脱贫村的公共法律服务体系建设相对滞后。从 Z 县脱贫村公共法律服务体系建设来看，各个乡镇的司法所承担一部分法律咨询和援助职能；法律顾问只设到乡镇一级，由乡镇政府出资从县里聘请律师，律师每周驻乡镇一天，向该乡镇所属村民提供法律咨询服务；村里没有法律明白人。民事调解方面：乡镇平安建设办公室下设民事调解办公室，各个村在村委会设有民事调解中心，村干部担当调解员。Z 县脱贫村的公共法律服务体系亟须完善。地方政府要将公共法律服务体系建设纳入城乡公共服务均等化的范畴内，由财政资金集中支持脱贫村公共法律服务体系规范化建设，为脱贫村提供资金和人才支持。结合脱贫村的居住状况，为脱贫村配备足量的法律顾问，培养法律明白人和民事纠纷调解员。完善公共法律服务体系、规范公共法律服务方式、丰富公共法律服务内容、改善公共法律服务的可及性。

脱贫村治理方式的现代化离不开脱贫村治理的法治化。在制度体系建设方面，要不断发展和完善脱贫村治理的国家制度建构和乡村的自主制度建构，并强化国家制度建构和乡村自主制度建构的衔接，保障脱贫村治理制度的稳定性与变动性的有机结合。加强法治宣传，多主体、多维度、多方式地培养脱贫村群众的法治意识，使法治内化于心、外化于行，让法治逐渐成为脱贫村村民的当然行为准则。与此同时，还要强化脱贫村公共法律服务的配套，将脱贫村公共法律服务体系建设纳入城乡公共服务均等化的范围内，由地方政府从资金和人才等方面为脱贫村公共法律服务体系建设提供充足的支持，持续有序推进脱贫村的法治进程。

三、加速脱贫村德治转型

德治在社会治理中发挥着重要的作用，是中国社会重要的治理方式。2013 年 11 月习近平总书记在山东考察调研时指出："国无德不兴，人无德不立。必须加强全社会的思想道德建设，激发人们形成善良的道德意愿、道德情感，培育正确的道德判断和道德责任，提高道德实践能力尤其是自觉践行能力，引导人们向往和追求讲道德、尊道德、守道德的生活，形成向上的力量、向善的力量。"①脱贫村的德治是国家德治的重要组成部分，且正面临发展阶段和发展任务转换、经济发展日益融入社会主义市场经济、脱贫村日益开放、陌生人逐渐进场等方方面面的挑战，脱贫村的德治亟须转型。目前，脱贫村的德治转型应从多方面推进：一要在挖掘传统优秀德治资源的基础上，结合社会主义核心价值观，构建脱贫村新型伦理道德体系；二要多方面强化德治实践；三要发挥脱贫村党员干部的模范和示范作用。

（一）构建脱贫村新型伦理道德体系

脱贫村新型伦理道德体系构建是脱贫村德治转型的根本。构建与时俱进的新型伦理道德体系，一方面要挖掘优秀传统德治资源，另一方面要结合脱贫村面临的新的发展环境和新的发展目标进行调整。

挖掘优秀的传统德治资源。"中国是一个完全现代化的社会，但其现代性所展现的方式又深深地为其前现代传统所塑造。"②中国古代社会，受农耕文明低流动性、生产力低下等多方面因素的影响，政府的行政权力并没有直接渗透到基层农村社会。"中国，三代之始，虽无地方自治之名，然确有地方'自治'之实。自隋朝中叶以降，直到清代，国家实行郡县制，政权仅止于州县。那时，乡绅阶层成为乡村社会的主导性力量，乡村公共事务主要由绅士出面组织，从而在客观上造就了乡村社会一定的自治空间。但是，与其说那时是乡村'自治'，还不如说是'乡村绅治'。"③美国著名家庭史专家威廉·J.古德也认为，"在帝国统治下，行政机构的管理还没有渗透到乡村一级，而宗族特有的势力却维护着乡村的安定和秩序"④。在乡村自治或者乡绅治理中，伦理道德发挥了重要作用。中国漫长的封建时代，积累了大量以儒家伦理为核心

---

① 习近平.汇聚起全面深化改革的强大正能量［EB/OL］.（2013-11-29）［2021-12-01］. http://cpc.people.com.cn/n/2013/1129/c64094-23690949.html.

② RANA M. Modern China：a very short introduction［M］. Oxford：Oxford University Press，2008：12.

③ 吴理财.民主化与中国乡村社会转型 {J}.天津社会科学，1999（4）：75.

④ ［美］威廉·J.古德.家庭［M］.魏章玲，译.北京：社会科学文献出版社，1986：166.

的德治资源，诸如"与人为善""言必信、行必果""兼善天下""勿以善小而不为，勿以恶小而为之""民本"等，并且"以儒家价值为核心的传统并非必然与中国的现代化相悖而行；相反，经过合理改造的中国传统应该成为中国现代化的必要内容"①。习近平总书记也强调："对历史文化特别是先人传承下来的道德规范，要坚持古为今用、推陈出新，有鉴别地加以对待，有扬弃地予以继承。"②因此，脱贫村德治的转型要积极挖掘中华优秀传统文化和道德资源。中国传统儒家道德体系的核心是经典的"五常"说，即仁、义、礼、智、信。汲取"五常"说的精华并进行现代性的改造，可以为脱贫村现代的伦理道德体系建构提供重要支撑。西北大学王永智将其转化创新，总结为善、孝、礼、勤、新。"善"就是爱人、利人、群体本位、仁爱，"孝"强调对父母的爱、养、敬、成就事业、爱国等，"礼"强调让、敬、同、合、别，"勤"是勤劳、节俭、公忠等，"新"是自我的实现和超越。③挖掘中国传统德治资源并结合脱贫村治理实践创新是脱贫村德治体系构建的重要内容。

构建脱贫村新型伦理道德体系。正如恩格斯所言："一切以往的道德论归根到底都是当时的社会经济状况的产物。"④脱贫村正处在从脱贫攻坚向乡村振兴、从封闭向开放、从经验型农业向现代农业、从熟人社会向半熟人社会和陌生人社会转型的关键时期。脱贫村伦理道德体系必须积极应对这些新挑战，适应这些新变化，与时俱进，积极构建。脱贫村新型伦理道德体系构建要以习近平新时代中国特色社会主义思想为指导，以社会主义核心价值观为基础，结合脱贫村社会生产生活实践和传统的优秀德治资源，从私德和公德两个方面强化脱贫村道德体系建设。私德方面要从个人、家庭关系、邻里关系以及陌生人关系四个维度进行构建。个人层面要以自尊自强、诚实守信为核心；家庭关系方面要以尊老爱幼、男女平等、夫妻和睦、勤俭持家为核心；邻里关系方面要以团结邻里、互帮互助为核心；陌生人关系方面要以重信践

① 姚新中.传统与现代化的再思考[J].北京大学学报（哲学社会科学版）,2015,52(3):51.
② 习近平.汇聚起全面深化改革的强大正能量[N].人民日报,2013-11-28(1).
③ 王永智.中国传统道德价值观的核心理念[N].光明日报,2015-05-23(7).
④ 中共中央马克思恩格斯列宁斯大林著作编译局.马克思恩格斯选集（第3卷）[M].北京：人民出版社,2012:471.

诺、待人友善、平等合作、共建共治共赢为核心。公德方面要以爱党、爱国、爱人民、爱中华民族、忠诚奉献、克己奉公、爱岗敬业等为核心。

脱贫村的新型伦理道德体系建设是脱贫村德治的基础。脱贫村的伦理道德体系建设要以习近平新时代中国特色社会主义思想为指导，以社会主义核心价值观为基础，不断挖掘中国优秀的传统德治资源，并结合脱贫村经济社会转型发展的实际积极建构，为脱贫村德治转型奠定基础。

（二）加强脱贫村德治实践

德治实践是将脱贫村新型德治体系应用于脱贫村治理并检验其实效性的关键环节。脱贫村的德治实践可以从加强德治宣传，丰富德治实践形式，强化德治实践效果评价和激励等方面着手。

加强德治宣传。脱贫村德治的宣传要结合脱贫村的实际高效宣传。脱贫村德治宣传的主体应包括村党组织、村民委员会、村民自组织、党员以及村民等，形成多元主体共同宣传的格局。宣传形式应多样。除了脱贫村的板报、宣传栏、新闻媒体等传统宣传渠道和平台外，还要发展和利用贴近农民生活的"民间戏曲、民谣、俚曲、故事、小品等传播渠道"[①]。增加宣传的力度、频次和覆盖面，最终使脱贫村的新型德治规范在脱贫村治理中生根。

丰富德治实践形式。当前，各地农村不断创新农村德治实践形式，诸如"七在农家"，即孝在农家、善在农家、和在农家、信在农家、勤在农家、俭在农家、净在农家。道德积分制中的，"积孝、积善、积信、积勤、积俭、积美、积学"的"七积"活动等，这些实践极大地提高了农村德治效能。就脱贫村德治而言，德治实践要围绕个人、家庭和村庄三个层面进行。个人层面，可以结合道德规范的具体要求，评选各种类型的道德模范，诸如尊老爱幼模范、公益模范、卫生模范等；家庭层面，可以根据对家庭道德的要求，评选星级文明户；村庄层面，由政府部门评选各种道德荣誉，增强村庄的集体荣誉感。脱贫村的德治需要政府和脱贫村双方的共同努力，政府要提供必要的资金支持并组织相关道德评选，掌握脱贫村德治实践的主动权；脱贫村要积

---

① 李小红，朱姝.我国古代农村软治理的现代借鉴［J］.中共山西省委党校学报，2017，40（3）：90.

极履行脱贫村德治实践的主体责任，践行和推动脱贫村的德治实践。

强化德治实践效果评价和激励。一是以脱贫村道德评议会为载体，开展群众主导、群众参与和群众评价的脱贫村道德评价活动，调动群众德治的积极性，强化群众德治实践主体资格。二是荣誉评价显性化。德治以扬善为主，对于获得各种道德荣誉的个人、家庭和村庄要在村庄显眼的位置进行展示，并附以事迹说明，一方面强化对道德模范的监督，另一方面要让典型事迹发挥示范的功能。三是激励的持续性。结合各种评价形式，采取月评、季评、年评相结合的方式，强化德治实践评价的持续性。四是赋予道德模范以多种形式的实际权益。将道德评价的结果与升学、就业、享受公共服务等方面的实际权益联系起来，但不建议以微小物质利益的方式对道德模范进行奖励，这样做会矮化道德的作用。

多种形式的德治实践是强化德治效果的利器，充分发挥政府支持、脱贫村组织和村民参与的多方合力，从宣传、实践、评价和奖励全方位多角度开展德治实践活动，强化脱贫村德治效能。

（三）发挥党员干部的德治示范作用

中国传统德治实践一直在强调统治者的身体力行和模范带头作用。汉朝设立经学博士，增补《孝经》为儒家七经；唐玄宗亲自注《孝经》，并下诏颁行；明太祖朱元璋颁布"圣谕六言"教化天下；康熙九年颁布"圣谕十六条"推行道德教化。[①] 权力主体对德治的宣扬和实践极大地强化了德治的作用。脱贫村的党员干部是脱贫村治理的中坚力量，也是正式权力在乡村社会的代表，其对脱贫村道德规范的弘扬以及带头实践，必将极大地推动脱贫村的德治实践进程。脱贫村的党员干部应成为乡村德治的积极践行者、示范者和德治价值的维护者。党员干部必须成为乡村道德规范的积极践行者，自觉将脱贫村道德规范内化于心、外化于行，用自己的实际行动全面积极践行乡村道德规范。党员干部还应成为乡村德治践行的示范者，用榜样的力量，示范带动群众践行德治。党员干部还要成为乡村德治的积极维护者，主动同不道德的行

---

① 李小红，朱姝.我国古代农村软治理的现代借鉴［J］.中共山西省委党校学报，2017，40（3）：89.

为做斗争。通过党员干部的践行、示范和价值维护全面推动脱贫村德治进程。

德治是脱贫村治理的重要方式。当前脱贫村正处于脱贫攻坚向乡村振兴过渡的关键时期，脱贫村的发展环境和社会结构也在经历深刻变迁，这就需要脱贫村的德治与时俱进。以习近平新时代中国特色社会主义思想为指引，以社会主义核心价值观为基础，围绕脱贫村经济社会发展的实际，构建脱贫村德治道德体系，丰富德治实践形式，强化党员干部的示范作用，高效推进脱贫村的德治转型。

四、发展脱贫村智治

智治是指用信息技术、网络技术、数字技术等新技术改造农村治理，满足民众个性化的服务需求，提高公共服务的精准性、高效性和可及性。智治是脱贫村治理方式现代化的重要抓手，是脱贫村外流户籍人口、外部市场主体和外部社会主体便捷参与脱贫村治理的重要途径。2019年5月，中共中央办公厅、国务院办公厅印发《数字乡村发展战略纲要》，明确提出"数字乡村是伴随网络化、信息化和数字化在农业农村经济社会发展中的应用，以及农民现代信息技能的提高而内生的农业农村现代化发展和转型进程"。2019年10月召开的党的十九届四中全会明确提出，加强和创新社会治理要强化科技支撑。农村的数字化和智慧治理得到党和政府的高度关注。2020年的中央一号文件明确要求，"依托现有资源建设农业农村大数据中心，加快物联网、大数据、区块链、人工智能、第五代移动通信网络、智慧气象等现代信息技术在农业领域的应用。开展国家数字乡村试点"。2021年的中央一号文件从完善农村信息化基础设施入手，明确要求推进数字乡村建设，推动农村千兆光网、第五代移动通信（5G）、移动物联网与城市同步规划建设。2021年9月，中央网信办等七部委组织有关机构和地方编写了《数字乡村建设指南1.0》，提出了数字乡村建设的总体参考架构和若干可参考的应用场景。总体架构包括信息基础设施、公共支撑平台、数字应用场景、建设运营管理和保障体系建设等内容。脱贫村的智慧治理要充分利用国家推进数字乡村建设的契机，充分利用当前大数据、区块链、云计算、物联网、人工智能等方面取得的积极成果，推进脱贫村治理的智慧化进程。

（一）形成脱贫村智治建设合力

脱贫村智慧治理应用场景主要在脱贫村，但其是国家智慧治理的重要组成部分，是国家智慧治理向乡村的延伸，并且脱贫村的智慧治理几乎涉及政府的所有职能部门，需要打破政府职能部门之间的信息和数据壁垒，这些任务都需要政府的顶层设计和规划。另外，企业具有智慧治理软硬件基础设施建设的技术和人才等方面的优势，是智慧治理建设不可或缺的重要力量。总体来看，脱贫村智慧治理建设需要政府、企业和脱贫村的多方合力，其中政府发挥脱贫村智慧治理建设的主导作用，企业发挥智慧治理的建设主体作用，脱贫村作为智慧治理的服务对象，提供智慧治理的需求和应用场景。

政府主导脱贫村智慧治理建设。脱贫村智慧治理涉及整体规划、打破信息和数据壁垒、硬件基础设施建设、软件开发、日常管理、后期维护等诸多环节，需要大量的资金投入和人才支撑，这些都需要政府的全面支持。另外，脱贫村是国家最基层的治理单元和国家治理体系的末梢，其治理的好坏直接关系国家治理效能的高低和社会的和谐稳定。因此，脱贫村智慧治理必须跳出脱贫村内部治理的范畴，进入政府公共事务和公共服务的范畴，由政府主导建设。政府主导脱贫村智慧治理建设可以将其与城市智慧治理同时规划、同时建设，一方面可以形成智慧治理建设的规模效应，从而降低智慧治理建设的成本，另一方面，能够保障智慧治理的规范化，进而强化对基层治理的管控。政府主导脱贫村智慧治理建设，要从智慧治理的规划设计、基础设施配套、人才的培训、数据库和平台的搭建、信息数据的采集和使用、监管等方面着手，按照统一规划、统一建设、统一运营、统一维护的原则进行建设。为了提高脱贫村智慧治理建设的合力，可以引入企业资金，采用 PPP 的模式进行开发建设。

企业发挥建设主体作用。企业是智慧治理技术的拥有者和开发者，并在前期的智慧城市、城市智慧治理以及农村智慧治理中开发了诸多应用场景，积累了丰富的建设经验。脱贫村的智慧治理建设整体落后，急需推进其建设进程。企业可以发挥自己在资金、人才以及技术等方面的优势，借鉴城市智慧治理和其他农村智慧治理建设的经验，并结合政府的需要和脱贫村治理的实际进行脱贫村智慧治理软硬件基础设施建设和应用的开发。

围绕脱贫村进行建设。脱贫村的智慧治理是政府治理在脱贫村的延伸，在保证政府智慧治理系统的统一性和规范性的基础上，结合脱贫村实际和脱贫村群众的需求进行脱贫村层次智慧治理建设。以针对性、可及性和服务性为原则，以电子民主破解脱贫村民主参与难、村民会议运转难等难题；以数据共享破解乡村治理数据孤岛、信息失真等难题；以网络化服务破解脱贫村治理服务的可及性差和治理成本高等难题；以智慧化破解脱贫村治理决策效能低和服务的精准性差等难题。不断发展和丰富脱贫村智慧治理场景、便捷服务流程、提升服务效能。

（二）建设脱贫村智治综合平台

近些年来，国家积极主动推动数字乡村建设，在网络基础设施，诸如移动通信网络、物联网、数据中心、智慧终端等方面进行了大量的投资和建设。2021年的中央一号文件明确要求，农村千兆光网、第五代移动通信（5G）、移动物联网与城市同步规划建设，这些为脱贫村进入智慧治理奠定了硬件基础。脱贫村智慧治理最大的短板是智慧治理平台建设。脱贫村的智慧治理要利用脱贫村现有的网络基础设施，针对性开发脱贫村智慧治理综合平台。

脱贫村智慧治理综合平台是脱贫村智慧治理的核心，也是推进脱贫村智慧治理的当务之急。智慧治理平台应该囊括信息公开子系统、党务服务子系统、民情民意收集子系统、民主决策支持子系统、政务村务服务子系统、村务监督子系统、民生支持子系统、志愿服务子系统、外部市场主体和社会主体介入子系统等。信息公开子系统要将脱贫村党务、政务、村务和财务以及乡村的基本情况等全部纳入到公开的范围，并以大家可以理解的方式实时公开。党务服务子系统主要是将脱贫村党组织的组成情况、党员的基本情况、驻地党员和流动党员的管理、党员发展计划、党组织的日常工作纳入其中，并开展政治宣传、党性教育、党员服务、党内电子民主实践等活动。民情民意收集子系统，为脱贫村多方治理主体提供交流互动的平台，接受民众的咨询和民意表达，对民意及时进行反馈和沟通。另外也可以通过该系统收集整理村治数据，进行统计分析，总结当前治理存在的问题并揭示未来的发展趋势，为管理者下一步治理决策提供可靠依据，提高治理科学性。民主决策支持子系统提供电子民主解决方案，为外出村民以及外部市场主体和社会主体参与脱贫村议事决策过程提供技术支撑，利用该系统，打破时空的阻隔，开展网络议事和网络投票，确保脱贫村直接民主的正常运作。政务村务服务子系统主要整合基层政府和村委会向村民提供的公共服务。通过这一平台及时发布乡镇政府和村委会的相关决定和文件、工作计划等，办理需要村委会和乡镇政府审批备案的相关服务，推进服务流程的规范化、便捷化和电子化，让脱贫村居民足不出户享受各种公共服务。村务监督子系统主要为村民及外部市场主体和社会主体提供电子化监督的平台，包括对村级公共权力的运作、村"两委"负责人的履职情况、决策过程、执行过程以及治理的相关情况的评价等。民生支持子系统囊括百姓生活相关的各类企业服务，诸如通信费、水费、电费、煤气、养老、医疗、代办等服务内容。志愿服务子系统主要为脱贫村搭建与各类志愿服务组织和个人沟通与对接的平台，引导社会组织为脱贫村提供各种服务，参与脱贫村治理。外部市场主体和社会主体介入子系统主要是便利外部市场主体和社会主体对脱贫村的介入。外部市场主体和社会主体介入脱贫村治理是一个较为困难的过程，该系统能够为外部市场主体和社会主体提供了解脱贫村的基本情况、脱贫村未来的发展规划、地方政府支持脱贫村发展的相关支持政策、外部力量参与脱贫村经济社会发展的方式方法等方面的渠道。

脱贫村智慧治理综合平台的建设是脱贫村智慧治理建设的核心，其将补齐脱贫村智慧治理的短板，实现脱贫村治理方式的电子化、信息化、网络化和智能化，真正推动脱贫村既有的治理模式和治理方式转型，开启脱贫村智慧治理快速发展的进程。

（三）发展"线上 + 线下"智治形态

脱贫村推进智治的目的是改善村民享受的公共服务水平，通过技术的进步实现公共服务的精准化、个性化和便利化。脱贫村推进智治要结合脱贫村实际，采取"线下 + 线上"的综合服务模式。线下服务主要针对脱贫村的留守人口,脱贫村留守人口以网络可及性较差且使用智能终端能力较差的老年人为主,但他们具有驻村的地理优势,可以与村"两委"进行便利的线下沟通,为他们提供线下服务能够弥补他们在网络可及性和智能化设备使用能力方面的短板。线下服务要结合脱贫村的居住情况,按照居住和服务便利化的原则设立相应的线下服务点,为脱贫村村民提供便利的线下服务。线上服务主要提供给外出的青壮年人及外部市场主体和社会主体,他们具有方便接触网络和高效使用智能终端设备的优势,为他们提供线上服务,能弥补他们因不在脱贫村而信息不通畅的劣势。

再造脱贫村治理流程。脱贫村的智治不是简单地将线下服务搬到网上,是要通过技术赋能,转变传统的乡村治理方式。用精准化、个性化、及时化的新服务模式代替模糊化、大众化、延时性的传统服务模式。首先,将现有的线下服务流程进行网络化适配,实现线下和线上服务并行。其次,进行线上线下服务流程的优化整合,推动脱贫村治理外部流程内部化,实现一站式办理和一网通办,优化办事流程。最后,要实现脱贫村治理和服务流程的完全线上化,在具体的治理和服务供给过程中建立线上和线下双窗口,即服务主要通过线上实现,在线下设立人工代办点。

脱贫村智慧治理的目标不是取代人工服务,而是打破服务的时空限制,通过"线上+线下"的服务方式,实现服务流程的再造、服务的精细化、治理效能的提升。用最新的技术为脱贫村治理赋能,用智慧治理推动脱贫村治理的开放。

五、强化"四治"有机结合

脱贫村治理方式的现代化不仅仅是自治、法治、德治和智治四种治理方式各自的现代化,而且要推动四种治理方式的有机结合,形成脱贫村治理合力,共同推动脱贫村的高效治理。

以党组织为核心推动脱贫村"四治"有机结合。中国共产党的领导是社会主义最本质的特征,农村党组织是党在农村全部工作和战斗力的基础。近些年来,国家通过多种举措夯实了农村党组织在农村的领导核心地位。脱贫村治理中的"四治"结合应该以村党组织为核心推进。通过"一肩挑"和"交叉任职"实现对村民自治组织的领导，通过对脱贫村重大事项议程的主导，实现对村民自治事务的掌控，全面实现对自治的领导；通过党组织主导的以"村规民约"为核心的治理规范的制定，来主导和影响脱贫村的法治；通过党员对脱贫村道德规范的模范践行，引导和带动广大群众积极进行德治实践，进而实现对脱贫村德治的引领和推动。通过积极推进智治进程，培养村民的智治能力，实现对脱贫村智治的主导。脱贫村党组织的领导核心地位及其对脱贫村治理的全面引领，使得脱贫村的"四治"结合必然要以村党组织为核心推进。

以政治权力为依托推进"四治"有机结合。治理本身需要权力的支撑。政治权力是脱贫村治理最重要的权力类型，具有强制性，并代表国家参与脱贫村治理。自治依托自治权力，依靠大家的普遍同意进行治理；法治依靠政治权力支持；德治依托道德和习俗的力量，依靠教育、引导以及榜样示范等方式发挥作用；智治则依托技术的力量参与治理。在所有权力类型中，政治权力以其法定权威性和强制力，居于权力的核心地位，是治理权力体系的元权力，其他权力只有以政治权力为依托，才能巩固和提升其权力效能，因此，脱贫村的"四治"要以政治权力为依托进行结合。

以自治为载体推动脱贫村"四治"有机结合。村民自治是脱贫村治理的根本性制度框架，是国家以法律方式确定的农村治理的模式和方式。法治、德治和智治都是实现村民自治的方式和手段。法治具有普遍性、公开性、确定性、相对稳定性等优势，规定了脱贫村治理的基本规则和程序，是脱贫村规范化治理的保障。德治是脱贫村治理活力的体现，体现了人们积极向上的力量，其作用的发挥以人们在长期共同生产生活实践中形成的调整个体之间、个体与集体、个体与社会以及个体与国家间关系的软规则体系为基础。习近平总书记在谈到法治和德治的关系时强调："法律是成文的道德，道德是内心的法律，法律和道德都具有规范社会行为、维护社会秩序的作用。治理国家、治理社会必须一手抓法治、一手抓德治，既重视发挥法律的规范作用，又重视发挥道德的教化作用，实现法律和道德相辅相成、法治和德治相得益彰。"①法治和德治的有机结合就是在乡村事务治理中实现法律和道德规范领域的有机衔接,实现法律和道德对脱贫村生活的全覆盖。智治作为工具也是服务于自治的,在村民自治领域中,智治条件日渐成熟,以智治为支撑可以破解脱贫村治理的诸多难题,诸如针对脱贫村人口外流、村民会议召开困难的问题,可以利用智治提供的网络治理,跨越时空阻隔,构建虚拟沟通交流的空间;可以利用大数据技术,提供更加精准的服务;可以利用区块链技术,提供信用认证等。脱贫村治理场域中的"四治"结合应以自治为载体有机结合。

以智治为支撑推进脱贫村"四治"结合。智治是利用信息技术、网络技术以及数字技术领域的最新成果改造传统的治理模式,其近期目标是实现脱贫村治理的数字化和信息化,其长远目标是实现脱贫村的治理结构、治理方式、治理流程等的再造,最终推动脱贫村治理模式和治理方式的根本性变革。智治将为脱贫村的自治、法治和德治提供多种形式的技术支撑,脱贫村的自治、法治和德治都可以依托智治提供的平台和技术整合资源、处理信息、交流沟通和再造服务流程,实现自治、法治和德治效能的提升。

小 结

脱贫村治理方式的现代化是脱贫村开放治理在工具层面的支撑。脱贫村治理方式包括自治、法治、德治和智治四种,自治的现代化要从政府与脱贫村关系重构以及脱贫村内生主体现代化治理能力培养的角度去推动。法治的现代化要从完善脱贫村法治的制度体系,培养脱贫村群众的法律意识和完善公共法律服务体系等方面去推动。德治的现代化要从建立脱贫村新型伦理道德体系,强化德治实践和发挥党员干部的示范作用等方面去推动。智治的现代化则需要从政府、企业和脱贫村的多方合作共建,建设脱贫村智治综合治理平台,推动"线下 + 线上"的服务模式等方面去推动。四种治理方式不仅

---

① 中共中央文献研究室.十八大以来重要文献选编(中)[M].北京:中央文献出版社,2016:185.

要实现各自的现代化，还要在脱贫村治理场域内以党组织为核心、以政治权力为依托、以自治为载体、以智治为支撑，实现四种治理方式的有机结合和有机协同，形成脱贫村治理合力。

结束语

脱贫攻坚胜利收官，贫困村蜕变为脱贫村，也开启了脱贫村振兴的新征程。党和国家为了巩固脱贫攻坚成效，推动脱贫攻坚和乡村振兴的有效衔接，专门设立了五年的衔接过渡期，并在衔接过渡期内保持帮扶政策总体稳定，使得贫困村脱贫攻坚期间的治理模式延续到了脱贫村。贫困村脱贫攻坚和脱贫村乡村振兴在发展目标、发展条件、外部直接支持力量等方面的转换，使得脱贫村的治理模式必须转型，脱贫村治理必须走向开放。

一、脱贫村经济社会发展基础依然薄弱

从对 Z 县的调研来看：Z 县 35 个贫困村在政府的强力帮扶下，实现了贫困村的脱贫摘帽，但脱贫攻坚为脱贫村奠定的发展基础较为有限，主要表现为脱贫村人口流失严重和脱贫村经济发展基础薄弱。

Z 县的 35 个脱贫村人口流失严重。从各个脱贫村的统计数据来看，Z 县 35 个脱贫村中，流出人口占户籍人口 80% 以上的脱贫村占脱贫村总数的 40%，流出人口占户籍人口 70% 以上的脱贫村占脱贫村总数的 71.4%，流出人口占户籍人口 60% 以上的脱贫村占脱贫村总数的 91.4%。Z 县脱贫村流出人口主要以青壮年为主，留守人口以老年人为主。流出人口对户籍所在地的政治、经济、社会的主动参与较为有限，留守人口的经济发展能力和政治参与能力明显不足，积极性也不高，脱贫村经济社会发展和治理面临内部发展能力和治理能力不足的挑战。

脱贫村经济发展基础薄弱。Z 县脱贫攻坚期间，通过异地扶贫搬迁、发展产业、生态项目扶贫、光伏扶贫、健康扶贫、教育扶贫、金融扶贫、危房改造、完善基础设施等措施，实现了整县的脱贫摘帽，但总体来讲，35 个脱

贫村在脱贫攻坚期间奠定的经济基础依然薄弱，主要表现为脱贫村自主产业发展滞后和集体经济薄弱。脱贫村的产业发展方面：外出务工和村内务农是35个脱贫村村民的重要收入来源，其中有20个村没有任何产业，村民单纯以外出务工和村内务农作为收入来源，占所有脱贫村的57.1%。另外，有4个村的木耳产业有一定的规模、8个村的核桃种植有一定规模、4个村发展了养殖业、1个村有蔬菜种植业。脱贫村集体经济方面：光伏扶贫企业分红和地方政府支持村集体经济破零垫资入股企业分红是许多脱贫村的重要收入来源，分别有18个村和10个村，自主发展产业带来的集体收入相对较少。2021年Z县脱贫村的集体经济收入分布情况为：集体经济收入在10万元以下的脱贫村有24个（其中5万元及以下的10个），占脱贫村总数的68.6%；集体经济收入在10万元到20万元的脱贫村有2个，占脱贫村总数的5.7%；集体经济收入在30万元到40万元的脱贫村有1个，占脱贫村总数的2.9%；集体经济收入在40万元到50万元的脱贫村有3个，占脱贫村总数的8.6%；集体经济收入在50万元以上的脱贫村有5个，占脱贫村总数的14.3%。总体来看，Z县脱贫村的经济发展基础依然薄弱，自身发展能力有限，且相当一部分脱贫村对未来发展缺乏明确的规划，脱贫村未来发展振兴和现代化依然需要外部力量的支持。

二、脱贫村发展振兴亟须推动外部支持力量转换

脱贫攻坚期间，贫困村的外部支持力量以地方党委政府为主。地方党委政府动员整个社会的力量，通过人力、物力和财力等方面的高强度投入，快速实现了贫困村的脱贫摘帽。随着贫困村的脱贫攻坚向脱贫村的乡村振兴和共同富裕转变，脱贫村的外部支持力量也必然面临转换。乡村振兴，产业兴旺是核心。脱贫村的产业兴旺是高质量的兴旺，其必然要更深入地参与市场竞争，在市场竞争中发展壮大。现代市场经济理论和社会主义市场经济发展的实践也一再证明，现代市场经济体制下，产业的高质量发展需要政府与市场的密切协调配合，政府的作用主要是宏观调控，微观产业发展领域的作用主体应该以市场主体和社会主体为主。因此，脱贫村振兴阶段的外部直接支持力量必然从政府转向市场力量和社会力量。政府应从直接帮扶中逐渐退出，

重点从政策和资金等方面引导企业和社会组织参与脱贫村的产业发展和振兴。充分发挥企业和社会组织熟悉市场运作规律的优势,以企业和社会组织为依托,通过企业、社会组织与脱贫村内生主体的通力合作,在合作中培养脱贫村的内生发展能力,在合作中壮大脱贫村的产业发展基础,最终推动脱贫村的全面振兴和共同富裕。脱贫村振兴的外部直接支持力量应从政府转移到企业和社会组织。

三、脱贫村治理亟须走向开放

脱贫村振兴的外部支持力量从政府转换为市场力量和社会力量。市场力量和社会力量对脱贫村振兴的全面参与,必然会对脱贫村现有的利益结构和利益关系产生冲击。政治是经济的集中表现,政治服务于经济利益的实现和维护。市场力量和社会力量对脱贫村振兴的深度参与也必然会产生介入脱贫村治理的诉求,以治理层面的平等协商与合作共治协调内外利益主体的利益矛盾和冲突,使得内外利益主体能够形成乡村振兴的合力,共同致力于脱贫村的振兴。但外部市场力量和社会力量进入脱贫村治理领域必须基于脱贫村的同意,必须基于脱贫村治理领域的开放。当前,脱贫村的治理领域还是封闭的,其封闭性可以追溯到20世纪五六十年代,国家通过城乡二元户籍制度、政社合一的人民公社体制、计划经济体制等建构了一个相对封闭的农村。改革开放后,人民公社被乡政府取代,计划经济体制逐渐被社会主义市场经济体制取代,城市户籍也不断向农村开放,农村人口大量流入城市,农村整体趋于开放。但由农村户籍制度、集体产权制度以及村民自治制度等共同建构的农村治理还是一个较为封闭的领域,外部市场力量和社会力量很难进入农村的治理领域,直接参与农村治理。进入21世纪,中国脱贫攻坚共识别12.8万贫困村,这些农村大多交通不便、人口流失严重、经济社会发展长期滞后,其封闭性较其他农村尤甚。国家实施的脱贫攻坚战略更多着力于改善贫困村的经济社会条件,并未积极推动贫困村治理层面的改革和开放,贫困村治理依然较为封闭。脱贫村治理整体上延续了贫困村的治理模式,脱贫村治理领域也依然封闭。脱贫村治理领域的封闭制约了外部市场力量和社会力量对脱贫村治理的直接参与，进而也阻碍了外部市场力量和社会力量对脱贫村经济领域的参与。因此，脱贫村全面振兴亟须脱贫村治理领域的开放。

四、脱贫村开放治理是一个系统工程

脱贫村开放治理是一个系统工程，涉及治理主体、治理结构、治理过程和治理方式四个维度。治理主体是脱贫村开放治理的基础，治理主体维度的开放体现在治理主体的自为多元。治理结构是脱贫村开放治理的结构载体，治理结构维度的开放体现在治理结构的弹性化。治理过程是脱贫村开放治理的核心，治理过程维度的开放体现为多元治理主体对治理过程的有效介入。治理方式是开放治理的工具支撑，治理方式维度的开放体现在治理手段的现代化。治理主体的自为多元、治理结构的弹性化、治理过程的有效介入和治理方式的现代化共同构成了脱贫村开放治理的基本架构。

治理主体的自为多元。马克思主义认为，人是社会实践的主体，既被现实社会所塑造，又在推动社会进步中实现自身发展。建设什么样的社会、实现什么样的目标，人是决定性因素。脱贫村封闭的治理格局形塑了脱贫村治理主体的封闭性，脱贫村治理主体的封闭性又进一步强化了脱贫村治理的封闭性。走向乡村振兴的脱贫村，必然要融入社会主义市场经济，充分利用脱贫村内外两种力量及其资源，这也就注定脱贫村振兴需要主体层面的开放。治理主体的开放主要体现在治理主体的自为多元。"自为"主体是指对自己的利益和角色有准确认知并为之积极努力的主体，"自为"主要针对脱贫村的内生主体。"多元"是要突破脱贫村封闭的治理边界，引入外部市场主体和社会主体，实现内外治理主体对脱贫村治理的协同共治。

治理结构的弹性化。治理结构是脱贫村治理的结构载体，治理结构的开放体现在治理结构的弹性化。脱贫村的振兴带来了脱贫村发展环境、支持力量、发展目标等方面的深刻变革，脱贫村的治理结构必须实时调整以适应这些变化。脱贫村治理结构的弹性化是指脱贫村为适应外部环境实时变化以及发展目标转换等的挑战，通过增量创新和存量改革等方式，实时优化调整既有的治理结构的过程。赋予脱贫村现有治理结构以弹性，实时吸纳和整合脱贫村振兴中的各种力量，进而为外部市场主体和社会主体进入脱贫村发展和治理场域创造条件。

治理过程的有效介入。治理过程是脱贫村治理的核心，治理过程的开放体现在多元治理主体对脱贫村治理过程的有效介入。治理过程的有效介入包括两方面的含义：一是对治理过程的介入，即能够进入治理过程；二是有效介入，"有效"强调介入的合法合理合目的性，即是一种常态化、合法化和有实际效果的介入。脱贫村开放治理场景中的治理过程有效介入是指脱贫村外部市场主体和社会主体通过合法合规合理的方式进入脱贫村治理过程，通过平等协商的方式实现双方的有效合作，最终实现合作共赢。治理过程的有效介入是脱贫村开放治理的重中之重，其承担着将外部市场主体和社会主体对脱贫村治理的参与落到实处的重任。

治理方式的现代化。治理方式是脱贫村治理的工具支撑，治理方式的开放体现为治理方式的现代化。脱贫村的治理方式主要是自治、法治、德治和智治。自治是脱贫村治理的根本性制度框架，法治和德治是自治的方式，村民通过法治和德治实现自治。法治建构了脱贫村治理的制度体系，德治是脱贫村治理活力的体现和保障。智治是脱贫村治理现代化的技术支撑，通过信息技术、网络技术、数字技术等助推脱贫村开放治理突破时间和空间的限制，为外部力量参与脱贫村治理提供便捷化的通道。脱贫村治理方式的现代化就是脱贫村自治、法治、德治和智治的现代化以及自治、法治、德治和智治四种治理方式的有机结合和有效协同。

五、脱贫村以治理开放推动全面开放

近些年来，国家高度重视农村的改革和开放，不断增强农村资源的流动性，诸如农村土地三权分置改革、集体经营性建设用地入市、宅基地管理制度改革等。随着乡村振兴和共同富裕等一系列国策的提出和推进，农村将更加深入地融入社会主义市场经济，深刻地参与国际和国内市场竞争，农村的改革开放也必然不断扩大并走向深入。脱贫村治理的开放只是脱贫村开放的一个侧面。脱贫村治理层面的开放源于脱贫村振兴亟须引入外部市场力量和社会力量的需要，但外部市场力量和社会力量进入脱贫村经济领域的目的在于分享脱贫村振兴的经济红利，因此脱贫村的经济领域也必然要走向开放。外部市场力量和社会力量进入脱贫村，也必然会冲击脱贫村既有的社会结构，重构脱贫村的社会关系，也就必然推动脱贫村社会领域的开放。总而言之，脱贫村的开放始于经济领域的开放，经济领域的开放又会推动治理领域和社会领域的开放，最终必然走向全面开放。

六、脱贫村开放治理需要党委政府的主导

2021 年印发的《中共中央国务院关于加强基层治理体系和治理能力现代化建设的意见》进一步明确了农村基层治理中的各个主体的地位和作用，提出建立起党组织统一领导、政府依法履责、各类组织积极协同、群众广泛参与，自治、法治、德治相结合的基层治理体系。由此可以看出，党组织和政府是推动农村变革的核心力量。脱贫村开放治理是脱贫村治理领域的一次重大变革，涉及农村户籍制度、集体产权制度、村民自治制度等的改革完善，涉及传统利益结构和利益关系向新的利益结构和利益关系的转换，改革的难度非常大，亟须各级党委政府的支持和推动。坚持党委政府顶层设计和基层创新相结合，以宏观制度变革引导和推动脱贫村的开放治理，并尊重农村治理的底层创新，形成推动农村开放治理变革的合力。

脱贫攻坚启动了贫困村的外源型发展进程。在脱贫攻坚中，以各级党委政府为核心，动员整个社会的力量，通过资金、人才、项目等方面的高强度投入，实现了脱贫村的脱贫摘帽。贫困村脱贫摘帽后蜕变为脱贫村，又面临乡村振兴、共同富裕以及农业农村现代化等多重发展目标的新挑战。其发展目标和实现的难度又远远高于脱贫攻坚。脱贫村面对新的发展环境和新的挑战，必须全力以赴，通过治理领域的开放带动脱贫村的全面开放，吸引外部市场力量和社会力量全面深入参与脱贫村的发展和治理，构建多主体共商、共建、共治的新治理格局，通过多主体的合作共治，全面推动脱贫村的振兴和现代化。

参考文献

一、中文文献

（一）著作类

［1］亚里士多德.政治学［M］.吴寿彭，译.北京：商务印书馆，1965.

［2］毛泽东.毛泽东著作选读（下册）［M］.北京：人民出版社，1980.

［3］毛泽东.毛泽东军事文选［M］.北京：中国人民解放军战士出版社，1981.

［4］［美］威廉·J古德.家庭［M］.魏章玲，译.北京：社会科学文献出版社，1986.

［5］［美］冯·贝塔朗菲.一般系统论：基础、发展和应用［M］.林康义，魏宏森，等译.北京：清华大学出版社，1987.

［6］邓小平.邓小平同志论改革开放［M］.北京：人民出版社，1989.

［7］彭真.彭真文选［M］.北京：人民出版社，1991.

［8］毛泽东.毛泽东选集（第一卷）［M］.北京：人民出版社，1991.

［9］毛泽东.毛泽东选集（第二卷）［M］.北京：人民出版社，1991.

［10］毛泽东.毛泽东选集（第三卷）［M］.北京：人民出版社，1991.

［11］毛泽东.毛泽东选集（第四卷）［M］.北京：人民出版社，1991.

［12］邓小平.邓小平文选（第一卷）［M］.北京：人民出版社，1994.

［13］邓小平.邓小平文选（第二卷）［M］.北京：人民出版社，1994.

［14］邓小平.邓小平文选（第三卷）［M］.北京：人民出版社，1993.

［15］中共中央马克思恩格斯列宁斯大林著作编译局.马克思恩格斯全集

（第一卷）［M］.北京：人民出版社，1995.

　　［16］费孝通.乡土中国生育制度［M］.北京：商务印书馆，1998.

　　［17］浦兴祖，洪涛.西方政治学说史［M］.上海：复旦大学出版社，1999.

　　［18］［英］卡尔·波普尔.开放社会及其敌人（第一卷）［M］.陆衡，张群群，杨光明，等译.北京：中国社会科学出版社，1999.

　　［19］中共中央马克思恩格斯列宁斯大林著作编译局.马克思恩格斯全集（第44卷）［M］.北京：人民出版社，2001.

　　［20］荣敬本，高新军，杨雪冬，等.再论从压力型体制向民主合作体制的转变［M］.北京：中央编译出版社，2001.

　　［21］马克思.资本论（第三卷）［M］.北京：人民出版社，2004.

　　［22］中共中央文献研究室.十六大以来重要文献选编：上卷［M］.北京：人民出版社，2005.

　　［23］中共中央文献研究室.十六大以来重要文献选编：中卷［M］.北京：人民出版社，2006.

　　［24］江泽民.江泽民文选（第一卷）［M］.北京：人民出版社，2006.

　　［25］江泽民.江泽民文选（第二卷）［M］.北京：人民出版社，2006.

　　［26］江泽民.江泽民文选（第三卷）［M］.北京：人民出版社，2006.

　　［27］［美］加布里埃尔·A.阿尔蒙德，小 G.宾厄姆·鲍威尔.比较政治学——体系、过程和政策［M］.曹沛霖，郑世平，公婷，等，译.北京：东方出版社，2007.

　　［28］［美］塞缪尔·P.亨廷顿.变化社会中的政治秩序［M］.王冠华，刘为，等译.上海：上海世纪出版集团，2008.

　　［29］［法］皮埃尔·戈丹.何谓治理［M］.钟震宇，译.北京：社会科学文献出版社，2010.

　　［30］［美］C.W.莫里斯.开放的自我［M］.定扬，译.上海：上海人民出版社，2010.

　　［31］许欣欣.中国农民组织化与韩国经验［M］.北京：社会科学文献出版社，2010.

［32］［美］乔治·索罗斯.开放社会——改革全球资本主义［M］.王宇,译.北京:商务印书馆,2011.

［33］［美］戴维·E.阿普特.现代化的政治［M］.陈尧,译.上海:上海世纪出版集团,2011.

［34］中共中央马克思恩格斯列宁斯大林著作编译局.马克思恩格斯选集（第一卷）［M］.北京:人民出版社,2012.

［35］中共中央马克思恩格斯列宁斯大林著作编译局.马克思恩格斯选集（第二卷）［M］.北京:人民出版社,2012.

［36］中共中央马克思恩格斯列宁斯大林著作编译局.马克思恩格斯选集（第三卷）［M］.北京:人民出版社,2012.

［37］中共中央马克思恩格斯列宁斯大林著作编译局.马克思恩格斯选集（第四卷）［M］.北京:人民出版社,2012.

［38］中共中央文献研究室.十七大以来重要文献选编（下）［M］.北京:中央文献出版社,2013.

［39］贺雪峰.新乡土中国［M］.北京:北京大学出版社,2013.

［40］中共中央文献研究室.十八大以来重要文献选编（上）［M］.北京:中央文献出版社,2014.

［41］陈家刚.协商民主与国家治理［M］.北京:中央编译出版社,2014.

［42］俞可平.论国家治理现代化［M］.北京:社会科学文献出版社,2014.

［43］祁勇,赵德兴.中国乡村治理模式研究［M］.济南:山东人民出版社,2014.

［44］习近平.习近平关于全面依法治国论述摘编［M］.北京:中央文献出版社,2015.

［45］燕继荣.国际治理及其改革［M］.北京:北京大学出版社,2015.

［46］金太军,张振波.乡村社区治理路径研究:基于苏南、苏中、苏北的比较分析［M］.北京:北京大学出版社,2016.

［47］中共中央文献研究室.十八大以来重要文献选编（中）［M］.北京:中央文献出版社,2016

［48］罗平汉.农村人民公社史［M］.北京：人民出版社，2016.

［49］［英］安东尼·吉登斯.社会的构成：结构化理论纲要［M］.李康，李猛，译.北京：中国人民大学出版社，2016.

［50］高满良.农村治理中正式制度与非正式制度的整合方式研究［M］.北京：中国社会科学出版社，2016.

［51］胡锦涛.胡锦涛文选（第一卷）［M］.北京：人民出版社，2016.

［52］胡锦涛.胡锦涛文选（第二卷）［M］.北京：人民出版社，2016.

［53］胡锦涛.胡锦涛文选（第三卷）［M］.北京：人民出版社，2016.

［54］王浦劬.国家治理现代化：理论与策论［M］.北京：人民出版社，2016.

［55］胡兵.中国农村基层治理研究［M］.上海：华东理工大学出版社，2016.

［56］李楠."互联网＋"与国家治理现代化［M］.济南：山东大学出版社，2016.

［57］许耀桐.中国国家治理体系现代化总论［M］.北京：国家行政学院出版社，2016.

［58］杜飞进.中国的治理——国家治理现代化研究［M］.北京：商务印书馆，2017.

［59］井世洁，赵泉民.组织发展与社会治理：以乡村合作社为中心［M］.北京：中国经济出版社，2017.

［60］杨道田.新时期我国精准扶贫机制创新路径［M］.北京：经济管理出版社，2017.

［61］周庆智.中国基层社会自治［M］.北京：中国社会科学出版社，2017.

［62］习近平.习近平谈治国理政（第二卷）［M］.北京：外文出版社，2017.

［63］曾文.农村社会治理新理念研究［M］.北京：光明日报出版社，2017.

［64］徐勇.中国农村村民自治［M］.北京：生活书店出版有限公司，

2018.

［65］［法］亨利·伯格森.道德和宗教的两个来源［M］.彭海涛,译.北京:北京时代华文书局,2018.

［66］王德福.农村产权改革的社会风险［M］.武汉:华中科技大学出版社,2018.

［67］张成林.信息化与农村治理现代化研究［M］.北京:知识产权出版社,2018.

［68］蒋永甫.农民组织化与农村治理研究［M］.北京:人民出版社,2019.

［69］［日］酒井富夫,等.日本农村再生:经验与治理［M］.李雯雯,殷国梁,高伟,译.北京:社会科学文献出版社,2019.

［70］王浦劬.国家治理现代化研究(第三辑)［M］.北京:中国社会科学出版社,2019.

［71］王德福.农村产权改革的社会风险［M］.武汉:华中科技大学出版社,2019.

［72］陈柏峰.半熟人社会:转型期乡村社会性质深描［M］.北京:社会科学文献出版社,2019.

［73］冉昊.国家治理与社会治理:历史比较、国际视野与现代化分析［M］.杭州:浙江大学出版社,2020.

［74］王彤.中国之治:新时代国家治理体系和治理能力现代化研究［M］.北京:中共中央党校出版社,2020.

［75］汪杰贵.农民自组织公共参与与村庄治理现代化［M］.北京:中国社会科学出版社,2020.

［76］雷国珍.21世纪以来中国农村治理结构改革研究［M］.北京:人民出版社,2020.

［77］贺雪峰.乡村治理的社会基础［M］.北京:生活·读书·新知三联书店,2020.

［78］张锋.乡村振兴视域下农村社区协商治理研究［M］.武汉:武汉大学出版社,2021.

［79］杜姣.村庄治理现代化的实现路径［M］.北京：中国社会科学出版社，2021.

［80］郝兴娥.乡村振兴战略引领下的乡村治理之路［M］.北京：九州出版社，2021.

［81］王滢涛.中国特色乡村治理体系现代化研究［M］.上海：上海社会科学院出版社，2021.

［82］王少伯.新时代乡村治理现代化研究［M］.北京：知识产权出版社，2021.

［83］袁红.新时代国家治理现代化理论与实践研究［M］.北京：人民出版社，2021.

（二）期刊论文类

［1］吴理财.民主化与中国乡村社会转型［J］.天津社会科学，1999（4）.

［2］郑丹.国外农业合作社在农业科技推广中的作用及启示［J］.农业科技管理，2009（2）.

［3］江俊伟.福建省福清长汀两县村企党组织联建活动比较研究［J］.经济与社会发展，2010（2）.

［4］贺雪峰.论乡村治理内卷化——以河南省 K 镇调查为例［J］.开放时代，2011（2）.

［5］耿羽.灰黑势力与乡村治理内卷化［J］.中国农业大学学报（社会科学版），2011（2）.

［6］孔铎，刘士林.我国逆城市化研究发展述评［J］.学术界，2011（11）.

［7］刘娟.扶贫新挑战与农村反贫困治理结构和机制创新［J］.探索，2012（3）.

［8］陶建钟.风险与转型语境下社会秩序的路径选择——控制、吸纳与协作［J］.浙江社会科学，2013（8）.

［9］顾昕.发展主义的发展：政府主导型发展模式的理论探索［J］.河北学刊，2014（3）.

［10］王浦劬.国家治理、政府治理和社会治理的含义及其相互关系［J］.

国家行政学院学报，2014（3）.

　　［11］马德普.协商民主是选举民主的补充吗［J］.政治学研究,2014（4）.

　　［12］王重贤.新时期甘肃贫困地区农村基层党组织建设创新研究［J］.内蒙古农业大学学报（社会科学版），2014（4）.

　　［13］王伟勤.农村空心化治理问题研究——基于韩国的经验［J］.西安财经学院学报，2014（5）.

　　［14］李小红.农民专业合作社参与新型职业农民培育研究［J］.山西农业大学学报（社会科学版），2014（9）.

　　［15］祁建民.从村落构造到自治传统：中国和日本的乡村治理比较［J］.国家治理，2014（13）.

　　［16］王同昌，蒲玲.农村基层党务公开制度建设的现状及对策［J］.桂海论丛，2015（1）.

　　［17］丁志刚.论国家治理能力及其现代化［J］.上海行政学院学报，2015（3）.

　　［18］姚新中.传统与现代化的再思考［J］.北京大学学报（哲学社会科学版），2015（3）.

　　［19］庄天慧，陈光燕，蓝红星.精准扶贫主体行为逻辑与作用机制研究［J］.广西民族研究，2015（6）.

　　［20］李勇华.乡村治理与村民自治的双重转型［J］.浙江社会科学，2015（12）.

　　［21］郑志国.共同富裕的制度设计与安排［J］.马克思主义研究,2015(5).

　　［22］付振奇.村与组所有权：村民自治有效实现的产权基础［J］.东南学术，2016（2）.

　　［23］肖滨，方木欢.寻求村民自治中的"三元统一"——基于广东省村民自治新形式的分析［J］.政治学研究，2016（3）.

　　［24］邱海平.共同富裕的科学内涵与实现途径［J］.政治经济学评论，2016（4）.

　　［25］刘志昌.习近平国家治理现代化思想研究［J］.社会主义研究，2016（5）.

［26］李勇华.农村集体产权制度改革对村民自治的价值［J］.中州学刊，2016（5）.

［27］骆希，庄天慧.贫困治理视域下小农集体行动的现实需求、困境与培育［J］.农村经济，2016（5）.

［28］李晓鹏.论"村民自治"的转型和"乡—村"关系的重塑［J］.社会主义研究，2016（6）.

［29］郑万军.谁选谁：人口空心化下贫困村"两委"换届的困境与治理［J］.学术论坛，2016（8）.

［30］许汉泽.精准扶贫与动员型治理：基层政权的贫困治理实践及其后果——以滇南M县"扶贫攻坚"工作为个案［J］.山西农业大学学报（社会科学版），2016（8）.

［31］胡军.老龄化社会下的韩国农村治理及其启示［J］.湖北文理学院学报，2016（9）.

［32］马建新.城镇化进程中农村基层党组织建设面临的挑战及对策［J］.中州学刊，2016（9）.

［33］王晓毅.社会治理与精准扶贫［J］.贵州民族大学学报（哲学社会科学版），2017（1）.

［34］李渡，汪鑫.中美地方基层政府与农村社区自治组织法律关系比较分析——以我国村民委员会为例［J］.长沙大学学报，2017（1）.

［35］董丽.农村财务监督机制有效性检验［J］.华南农业大学学报（社会科学版），2017（2）.

［36］冷志明，茹楠.丁建军.中国精准扶贫治理体系研究［J］.吉首大学学报（社会科学版），2017（2）.

［37］李小红，朱姝.我国古代农村软治理的现代借鉴［J］.中共山西省委党校学报，2017（3）.

［38］钱宁，卜文虎.以内源发展的社会政策思维助力"精准扶贫"——兼论农村社会工作的策略与方法［J］.湖南师范大学社会科学学报.2017（3）.

［39］吴松江，刘锋，米正华.社会治理组织结构创新：网络化、互动化与弹性化［J］.江西社会科学，2017（4）.

［40］唐鸣，江省身.农村集体产权治理：特征、困局与突破［J］.河南师范大学学报（哲学社会科学版），2017（4）.

［41］田丰韶.从体制区隔走向协同治理：兰考精准脱贫的实践与思考［J］.中国农业大学学报（社会科学版），2017（5）.

［42］马勇进.农村基层党组织功能及实现路径［J］.青海社会科学，2017（5）.

［43］莫炳坤，李资源.十八大以来党对共同富裕的新探索及十九大的新要求［J］.探索，2017（6）.

［44］周忠丽.利益、组织与价值：农村基层党组织凝聚力弱化的三维解释框架［J］.行政论坛，2017（6）.

［45］侣传振，李华胤.家户联结：探索村民自治基本单元的社会因素［J］.广西大学学报（哲学社会科学版），2017（6）.

［46］周敏，张锐昕.电子村务：超越 X 镇村务公开模式的探讨［J］.电子政务，2017（8）.

［47］刘慧.逻辑与实现：马克思恩格斯共同富裕思想的发展理路［J］.河南社会科学，2017（8）.

［48］杨凌云.完善郑州农村财务管理模式的策略探讨［J］.农业经济，2017（11）.

［49］陈锡文.实施乡村振兴战略，推进农业农村现代化［J］.中国农业大学学报（社会科学版），2018（1）.

［50］薛宝贵，何炼成.先富带动后富实现共同富裕的挑战与路径探索［J］.马克思主义与现实，2018（2）.

［51］霍军亮，吴春梅.乡村振兴战略背景下农村基层党组织建设的困境与出路［J］.华中农业大学学报（社会科学版），2018（3）.

［52］佟磊.农村基层党组织组织力建设：问题、成因及思路创新［J］.中共山西省委党校学报，2018（3）.

［53］芮洋.内源发展视角下社会工作介入农村精准扶贫的路径探索——基于重庆"三区"社工人才支持计划项目的结项评估数据［J］.云南行政学院学报，2018（3）.

［54］唐梅玲，曹旺.我国贫困治理政策的回顾与展望［J］.学习与实践，2018（3）.

［55］马池春，马华.农村集体产权制度改革的双重维度及其调适策略［J］.中国农村观察，2018（1）.

［56］贾金云.村级党务公开实践探索的经验、启示与价值分析——以湖北省襄阳市襄城区黄家湾社区（贾洲村）为例［J］.廉政文化研究，2018（4）.

［57］夏英，钟桂荔，曲颂，等.我国农村集体产权制度改革试点：做法、成效及推进对策［J］.农业经济问题，2018（4）.

［58］张艺颉.乡村振兴背景下村民自治制度建设与转型路径研究［J］.南京农业大学学报（社会科学版），2018（4）.

［59］聂继红，吴春梅.乡村振兴战略背景下的农村基层党组织带头人队伍建设［J］.江淮论坛，2018（5）.

［60］温铁军，刘亚慧，唐溧，等.农村集体产权制度改革股权固化需谨慎——基于 S 市16年的案例分析［J］.国家行政学院学报，2018（5）.

［61］刘祖云，刘传俊.后生产主义乡村：乡村振兴的一个理论视角［J］.中国农村观察，2018（5）.

［62］韩文龙，祝顺莲.新时代共同富裕的理论发展与实现路径［J］.马克思主义与现实，2018（5）.

［63］刘雪梅.社会力量促进乡村振兴的模式及机制研究——基于公益组织 S 赋能乡村 M 案例［J］.四川行政学院学报，2018（6）.

［64］尹红英.乡村振兴战略背景下强化农村基层党组织整体功能建设的对策［J］.桂海论丛，2018（6）.

［65］欧阳静.乡村振兴背景下的"三治"融合治理体系［J］.天津行政学院学报，2018（6）.

［66］侯宏伟，马培衢."自治、法治、德治"三治融合体系下治理主体嵌入型共治机制的构建［J］.华南师范大学学报（社会科学版），2018（6）.

［67］贺雪峰.关于实施乡村振兴战略的几个问题［J］.南京农业大学学报（社会科学版），2018（8）.

［68］印子.农村集体产权变迁的政治逻辑［J］.北京社会科学，2018（11）.

［69］郁建兴，任杰.中国基层社会治理中的自治、法治与德治［J］.学术月刊，2018（12）.

［70］江必新.构建"四治融合"的基层治理体系［J］.人民法治，2018(15).

［71］孔新峰.习近平关于推进国家治理体系和治理能力现代化重要论述的历史逻辑与科学内涵［J］.当代世界社会主义问题，2019（1）.

［72］何显明.习近平国家治理体系和治理能力现代化重要论述的理论创新意蕴［J］.观察与思考，2019（1）.

［73］王文彬.自觉、规则与文化：构建"三治融合"的乡村治理体系［J］.社会主义研究，2019（1）.

［74］俞可平.国家治理的中国特色和普遍趋势［J］.公共管理评论，2019（1）.

［75］鲁可荣.脱贫村的文化重塑与乡村振兴［J］.广西民族大学学报（哲学社会科学版），2019（1）.

［76］陈丹，张越.乡村振兴战略下城乡融合的逻辑、关键与路径［J］.宏观经济管理，2019（1）.

［77］李民圣.新时代中国经济的两大主题：创新与共同富裕［J］.马克思主义与现实，2019（1）.

［78］钱再见，汪家焰."人才下乡"：新乡贤助力乡村振兴的人才流入机制研究——基于江苏省 L 市 G 区的调研分析［J］.中国行政管理，2019(2).

［79］左停，李卓.自治、法治和德治"三治融合"：构建乡村有效治理的新格局［J］.云南社会科学，2019（3）.

［80］叶兴庆.扩大农村集体产权结构开放性必须迈过三道坎［J］.中国农村观察，2019（3）.

［81］李晓梅，白浩然.双重政府权力运作：农村脱贫场景的治理逻辑——基于国家级贫困县村庄减贫实践的调研［J］.公共管理学报，2019（4）.

［82］贺雪峰.乡村振兴与农村集体经济［J］.武汉大学学报（哲学社会科学版），2019（4）.

［83］黄君录.协商民主的地方治理模式及其内生机制——基于村民自治地方经验的四种模式［J］.南京农业大学学报（社会科学版），2019（4）.

［84］左停，刘文婧，李博.梯度推进与优化升级：脱贫攻坚与乡村振兴有效衔接研究［J］.华中农业大学学报（社会科学版），2019（5）.

［85］张明皓.新时代"三治融合"乡村治理体系的理论逻辑与实践机制［J］.西北农林科技大学学报（社会科学版），2019（5）.

［86］李小云，陈邦炼，唐丽霞.精准扶贫：中国扶贫的新实践［J］.中共中央党校（国家行政学院）学报，2019（5）.

［87］汪三贵，冯紫曦.脱贫攻坚与乡村振兴有机衔接：逻辑关系、内涵与重点内容［J］.南京农业大学学报（社会科学版），2019（5）.

［88］刘渊.西部农村党组织组织力建设的内涵解析、现实反思与实践进路——基于三个行政村的调研［J］.探索，2019（6）.

［89］刘俊杰.中国共产党领导协商民主的逻辑进程与动力分析［J］.理论探讨，2019（6）.

［90］李若兰.完善三治融合的治理模式［J］.中国领导科学，2019（6）.

［91］刘金海.中国农村治理70年：两大目标与逻辑演进［J］.华中师范大学学报（人文社会科学版），2019（6）.

［92］高鸣，芦千文.中国农村集体经济：70年发展历程与启示［J］.中国农村经济，2019（10）.

［93］刘建生，涂琦瑶，施晨."双轨双层"治理：第一书记与村"两委"的基层贫困治理研究［J］.中国行政管理，2019（11）.

［94］林移刚.社会工作介入贫困乡村社会治理的创新模式——四川外国语大学社工团队在重庆市城口县的实践［J］.中国社会工作，2019（24）.

［95］李小红，段雪辉.后脱贫时代脱贫村有效治理的实现路径研究［J］.云南民族大学学报（哲学社会科学版），2020（1）.

［96］白浩然，李敏，刘奕伶.复合治理：地方脱贫进路的一个理论解释——基于153个脱贫摘帽县的扎根研究［J］.公共行政评论，2020（1）.

［97］丁波.精准扶贫中贫困村治理网络结构及中心式治理［J］.西北农林科技大学学报（社会科学版），2020（1）.

［98］刘俊祥，曾森.中国乡村数字治理的智理属性、顶层设计与探索实践［J］.兰州大学学报（社会科学版），2020（1）.

［99］胡小君.从维持型运作到振兴型建设：乡村振兴战略下农村党组织转型提升研究［J］.河南社会科学，2020（1）.

［100］于语和，雷园园.村民自治视域下的乡村德治论纲［J］.山东大学学报（哲学社会科学版），2020（1）.

［101］李博.“一体两翼式”治理下的“三治”融合——以秦巴山区汉阴县 T 村为例［J］.西北农林科技大学学报（社会科学版），2020（1）.

［102］吕普生.数字乡村与信息赋能［J］.中国高校社会科学,2020（2）.

［103］董江爱，张瑞飞.联村党支部：乡村振兴背景下农村基层党建方式创新［J］.中共福建省委党校（福建行政学院）学报，2020（2）.

［104］李远龙，荣达海.新时代乡村“五治”体系创新［J］.浙江工业大学学报（社会科学版），2020（2）.

［105］任彬彬.内在机理与规律认识：我国农村基层治理的体制变迁——基于政策范式的理论视角［J］.新疆社会科学，2020（2）.

［106］高卉.后脱贫时代农村贫困治理的进路与出路——基于发展人类学的讨论［J］.北方民族大学学报（哲学社会科学版），2020（2）.

［107］姜晓萍，阿海曲洛.社会治理体系的要素构成与治理效能转化［J］.理论探讨，2020（3）.

［108］黄佳彦，熊春林，陶琼，等.村干部对农村社区治理信息化的满意度及其影响因素［J］.湖南农业大学学报（社会科学版），2020（3）.

［109］周晶晶，朱力.新政策环境下的农村微观治理结构转型［J］.甘肃社会科学，2020（3）.

［110］汪超.村民自治：何以失落？以何落地？——以家户制传统为分析线索［J］.东北师大学报（哲学社会科学版），2020（3）.

［111］丁波.乡村振兴背景下农村集体经济与乡村治理有效性——基于皖南四个村庄的实地调查［J］.南京农业大学学报（社会科学版）,2020（3）.

［112］叶敬忠.中国贫困治理的路径转向——从绝对贫困消除的政府主导到相对贫困治理的社会政策［J］.社会发展研究，2020（3）.

［113］方帅.村民自治重心下移的结构与困境［J］.求实，2020（3）.

［114］李小红，段雪辉.外力参与贫困村振兴的治理模式演进［J］.理论

探讨，2020（4）.

［115］孟书广，朱可辛.马克思恩格斯论证"人类共同富裕何以可能"的四个维度［J］.毛泽东邓小平理论研究，2020（4）.

［116］龚志伟.乡村振兴视阈下社会组织参与公共服务研究［J］.广西社会科学，2020（4）.

［117］刘欢，韩广富.后脱贫时代农村精神贫困治理的现实思考［J］.青海社会科学，2020（4）.

［118］朱喆，徐顽强，高明.后脱贫攻坚时代驻村干部公共服务动机及其影响因素——基于武陵山区的实证研究［J］.湖南农业大学学报（社会科学版），2020（4）.

［119］刘圣欢，杨砚池.农村宅基地有偿使用的村民自治路径研究［J］.华中师范大学学报（人文社会科学版），2020（4）.

［120］张师伟.中国乡村协商民主治理框架中的权利秩序、法律关系及法制建构［J］.理论探讨，2020（5）.

［121］齐卫平.习近平关于国家治理现代化重要论述研究［J］.当代世界与社会主义，2020（5）.

［122］郑永君.农村基层协商治理何以可能——一个多案例的比较研究［J］.西南民族大学学报（人文社科版），2020（5）.

［123］鲁可荣，徐建丽.基于乡村价值的农业大县脱贫攻坚与乡村振兴有机衔接的路径研究［J］.贵州民族研究，2020（6）.

［124］魏后凯.从全面小康迈向共同富裕的战略选择［J］.经济社会体制比较，2020（6）.

［125］丁智才，陈意.内源式发展：后脱贫时代生态型脱贫村产业选择［J］.青海社会科学，2020（6）.

［126］张和清，闫红红.乡村振兴背景下社区经济的乡村减贫实务模式研究——以西南少数民族村落反贫困社会工作项目为例［J］.社会工作，2020（6）.

［127］陈淑倩.农村集体财务公开的措施研究［J］.农业经济，2020（6）.

［128］张晓山.完善农村基本经营制度夯实乡村治理基础［J］.中国农村经济，2020（6）.

［129］冯川.农村老年群体本位治理模式及其运行基础——基于山东省蚕庄镇西村的治理经验［J］.中国农村观察，2020（6）.

［130］韩广富，辛远.相对贫困视角下中国农村贫困治理的变迁与发展［J］.中国农业大学学报（社会科学版），2020（6）.

［131］俞海涛.小微权力清单：法治社会建设的村治经验［J］.湖北社会科学，2020（7）.

［132］涂圣伟.脱贫攻坚与乡村振兴有机衔接：目标导向、重点领域与关键举措［J］.中国农村经济，2020（8）.

［133］邓婷鹤，聂凤英.后扶贫时代深度贫困地区脱贫攻坚与乡村振兴衔接的困境及政策调适研究——基于H省4县17村的调查［J］.兰州学刊，2020（8）.

［134］胡小君.民主协商与社会治理共同体建设：价值、实践与路径分析［J］.河南社会科学，2020（9）.

［135］李晚莲，高光涵，黄建红.乡村振兴战略背景下多中心农村贫困治理模式研究——基于粤北L村的考察［J］.广西社会科学，2020（10）.

［136］龚睿.政党嵌入与主体塑造——乡村振兴视阈下农村基层治理的生成逻辑［J］.河南社会科学，2020（10）.

［137］谢岳.中国贫困治理的政治逻辑——兼论对西方福利国家理论的超越［J］.中国社会科学，2020（10）.

［138］王驰，燕连福.构建反贫困长效机制推动国家治理体系和治理能力现代化［J］.广西社会科学，2020（11）.

［139］郭晓鸣，王蔷.农村集体经济组织治理相对贫困：特征、优势与作用机制［J］.社会科学战线，2020（12）.

［140］冯朝睿，李昊泽.后脱贫时代多中心反贫困治理的影响因素与效果实证研究［J］.学术探索，2020（12）.

［141］刘志鹏，刘丽莉."干部下乡"背后的"政策落地"——基于"精准扶贫"中干部互动视角的分析［J］.中国行政管理，2020（12）.

［142］戴中亮.脱贫村后续发展的治理路径［J］.人民论坛，2020（29）.

［143］王文彬.由点及面：脱贫攻坚转向乡村振兴的战略思考［J］.西北

农林科技大学学报（社会科学版），2021（1）．

　　［144］王永香，王心渝，陆卫明．规制、规范与认知：网络协商民主制度化建构的三重维度［J］．西安交通大学学报（社会科学版），2021（1）．

　　［145］刘建．后脱贫时代内源式贫困治理体系的建构——以家庭本位为视野［J］．福建农林大学学报（哲学社会科学版），2021（1）．

　　［146］潘文轩．"后脱贫时代"反贫困体系城乡一体化的前瞻性研究［J］．经济体制改革，2021（2）．

　　［147］吴本健，罗玲，邓蕾．多样化种植与农村相对贫困的形成及治理［J］．华南师范大学学报（社会科学版），2021（2）．

　　［148］吴昊．农村集体经济组织法人治理机制建构［J］．河南社会科学，2021（2）．

　　［149］文雷，王欣乐．国家治理现代化视域下乡村智慧治理体系构建与实现路径［J］．陕西师范大学学报（哲学社会科学版），2021（2）．

　　［150］高万芹．村社组织再造及其对集体产权制度改革的启示——基于广东 Y 市农村综合改革试验区的经验［J］．南京农业大学学报（社会科学版），2021（2）．

　　［151］廖清成，罗家为．中国协商民主的文化渊源、制度创新与逻辑进路［J］．江西社会科学，2021（2）．

　　［152］何阳．村民自治中农村流动人口的数字化参与［J］．西北农林科技大学学报（社会科学版），2021（2）．

　　［153］李红娟，董彦彬．中国农村基层社会治理研究［J］．宏观经济研究，2021（3）．

　　［154］郁建兴，任杰．共同富裕的理论内涵与政策议程［J］．政治学研究，2021（3）．

　　［155］秦振兴．资源下乡、农村社会心态秩序失衡与基层治理内卷化［J］．社会科学战线，2021（3）．

　　［156］郑瑞强，郭如良．"双循环"格局下脱贫攻坚与乡村振兴有效衔接的进路研究［J］．华中农业大学学报（社会科学版），2021（3）．

　　［157］陈黎梅．新时代我国国家治理现代化的理论意蕴四维解读——兼

驳斥"国家治理现代化即资本主义化"论［J］.西南大学学报（社会科学版），2021（3）.

［158］陈华平，曾小文.习近平国家治理话语体系研究［J］.安徽行政学院学报，2021（3）.

［159］望超凡.实践型党建：党建引领农村基层治理的实践路径［J］.兰州学刊，2021（3）.

［160］王文彬.农村基层治理困局与优化路径：治理资源运转视角［J］.深圳大学学报（人文社会科学版），2021（3）.

［161］纪宁辉.协同治理：农村社区网格化有效治理的内嵌机制——以安徽省查湾村为例［J］.福建农林大学学报（哲学社会科学版），2021（3）.

［162］梅燕，鹿雨慧，毛丹灵.典型发达国家数字乡村发展模式总结与比较分析［J］.经济社会体制比较，2021（3）.

［163］姜珂.后脱贫时代乡村振兴的伦理审视与重构——以构建乡村伦理共同体为视角［J］.河南社会科学，2021（3）.

［164］段治文，朱元南.论我国社会协商民主历史形态的逻辑演进［J］.浙江大学学报（人文社会科学版），2021（3）.

［165］张成岗，阿柔娜.智慧治理的内涵及其发展趋势［J］.国家治理，2021（3）.

［166］梁宵，张润峰.从攻坚式到制度性：后脱贫时代相对贫困治理的范式转换［J］.理论月刊，2021（4）.

［167］韩瑞波.敏捷治理驱动的乡村数字治理［J］.华南农业大学学报（社会科学版），2021（4）.

［168］付振奇.家户关系视角下传统农村社会治理的机理与价值［J］.华南农业大学学报（社会科学版），2021（4）.

［169］王雪珍."互联网＋"农村社会治理创新探赜［J］.湖南行政学院学报，2021（4）.

［170］张芳娟，张乾元.我国农村反贫困的制度创新及其治理效能［J］.江西社会科学，2021（4）.

［171］卫志民，吴茜.脱贫攻坚与乡村振兴的战略耦合：角色、逻辑与

路径［J］.求索，2021（4）.

　　［172］曹兵妥，李仙娥.村域脱贫攻坚与乡村振兴的衔接机制及路径［J］.西北农林科技大学学报（社会科学版），2021（4）.

　　［173］章军杰.从脱贫攻坚到乡村振兴：脱贫村空间再生产——以茶卡村为例［J］.西北农林科技大学学报（社会科学版），2021（4）.

　　［174］杨嵘均.城乡基层智慧治理体系构建的基本范式、制约因素与创新路径［J］.河海大学学报（哲学社会科学版），2021（4）.

　　［175］张献生.主导性协商：社会主义协商民主的特色和优势［J］.中央社会主义学院学报，2021（4）.

　　［176］袁方成，刘桓宁.从规约有效到治理有效——以村规民约中的惩罚性规条为研究对象［J］.江苏行政学院学报，2021（5）.

　　［177］林超，陈卫华，吕萍.乡村振兴背景下农村宅基地功能分化机理、规律及治理对策研究——基于资产专用性视角［J］.湖南师范大学社会科学学报，2021（5）.

　　［178］王冠群，杜永康.技术赋能下"三治融合"乡村治理体系构建——基于苏北 F 县的个案研究［J］.社会科学研究，2021（5）.

　　［179］徐冠清，崔占峰.从"政经合一"到"政经分离"：农村集体经济治理的一个新逻辑［J］.农业经济与管理，2021（5）.

　　［180］郭珍.绩效引导的农村闲置宅基地治理模式选择［J］.郑州大学学报（哲学社会科学版），2021（5）.

　　［181］李荣彬.农村居民公共事务参与的治理之道——来自宗族网络的证据与解释［J］.经济社会体制比较，2021（5）.

　　［182］蒋永甫.农村环境治理中政府主导与农民参与良性互动的实现路径——基于行动的"嵌入性理论"视角［J］.云南大学学报（社会科学版），2021（5）.

　　［183］丁文，戴凯.合作共治：三治融合视阈下的村民自治转型——基于 W 村的实证调查［J］.华中师范大学学报（人文社会科学版），2021（5）.

　　［184］曲秀玲.全过程人民民主的数字协商向度：优势、问题与优化［J］.统一战线学研究，2021（6）.

［185］黄博.数字赋能：大数据赋能乡村治理现代化的三维审视［J］.河海大学学报（哲学社会科学版），2021（6）.

［186］何阳，汤志伟.迈向技术型自治：数字乡村中村民自治的"三化"变革［J］.宁夏社会科学，2021（6）.

［187］鲁杰，王帅.乡村振兴战略背景下农村基层党组织的定位、困境与发展［J］.西北农林科技大学学报（社会科学版），2021（6）.

［188］胡志平.基本公共服务、脱贫内生动力与农村相对贫困治理［J］.求索，2021（6）.

［189］衡霞.农村社区治理能力现代化的双重困境研究［J］.理论探索，2021（6）.

［190］蔡玉梅.建党百年农村贫困治理的嬗变逻辑与启示［J］.北京社会科学，2021（8）.

［191］刘思思."三治融合"乡村治理体系中村规民约的价值功能、实践难点及完善路径［J］.宏观经济研究，2021（8）.

［192］丁建彪，张善禹.驻村工作队在农村贫困治理中的多重功能［J］.社会科学战线，2021（8）.

［193］田鹏.嵌入视角下农村集体产权治理的实践逻辑及反思［J］.农业经济问题，2021（9）.

［194］童成帅，周向军.提升农村基层干部治理能力的实现理路——基于乡村振兴战略的分析视角［J］.西南民族大学学报（人文社会科学版），2021（9）.

［195］赵迪，罗慧娟.欧美国家农村相对贫困治理的经验与启示［J］.世界农业，2021（9）.

［196］李小伟."三治融合"创新农村社会治理体系［J］.经济问题，2021（10）.

［197］沈永东，毕荟蓉.数字治理平台提升政社共治有效性的多元机制：以"社会治理云"与"微嘉园"为研究对象［J］.经济社会体制比较，2021（6）.

［198］李小红，段雪辉.农村自治、法治、德治"三治融合"路径探析［J］.理论探讨，2022（1）.

［199］覃漩.协商民主与政治发展［J］.复旦学报（社会科学版）,2022(1).

［200］苏岚岚,彭艳玲.农民数字素养、乡村精英身份与乡村数字治理参与［J］.农业技术经济, 2022（1）.

［201］冯兴元,鲍曙光,孙同全.社会资本参与乡村振兴和农业农村现代化——基于扩展的威廉姆森经济治理分析框架［J］.财经问题研究,2022(1).

［202］孙琦,田鹏.基层社区文化治理体系转型及重建的实践逻辑——基于苏北新型农村社区的实地调查［J］.南京农业大学学报（社会科学版）,2022（1）.

［203］张诚,刘旭.农村人居环境整治的碎片化困境与整体性治理［J］.农村经济,2022（2）.

［204］丁波.数字治理：数字乡村下村庄治理新模式［J］.西北农林科技大学学报（社会科学版）,2022（2）.

［205］王亚美,马华."国家化"视角下政党整合乡村治理的建构理路与反思［J］.山西大学学报（哲学社会科学版）,2022（2）.

［206］陈全功,程蹊.中国共产党治理农村集体经济的策略［J］.中南民族大学学报（人文社会科学版）,2022（3）.

［207］赵琼,徐建牛.再组织化：社会治理与国家治理的联结与互动——基于对浙江省社区社会组织调研的思考［J］.学术研究,2022（3）.

（三）报纸类

［1］习近平.汇聚起全面深化改革的强大正能量［N］.人民日报,2013-11-28.

［2］王永智.中国传统道德价值观的核心理念［N］.光明日报,2015-05-23.

［3］习近平.共倡开放包容共促和平发展［N］.人民日报,2015-10-23.

［4］中共中央组织部.中国共产党党内统计公报［N］.人民日报,2021-07-01.

（四）学位论文

［1］邢成举.乡村扶贫资源分配中的精英俘获——制度、权力与社会结构的视角［D］.北京：中国农业大学，2014.

［2］卢云辉.社会治理创新视域下的农村扶贫开发研究——基于西部地区的调查研究［D］.武汉：武汉大学，2016.

［3］许汉泽.行政主导型扶贫治理研究——以武陵山区茶乡精准扶贫实践为例［D］.北京：中国农业大学，2018.

［4］徐加玉.农村基层治理现代化研究——蕉镇的实践与阐释［D］.北京：中国农业大学，2018.

［5］言浩杰.中国式协商民主发展的基本问题研究［D］.长春：东北师范大学，2019.

［6］董文静.中国社会主义协商民主制度化研究［D］.长春：吉林大学，2019.

［7］周芸帆.十八大以来中国农村贫困治理研究［D］.成都：电子科技大学，2019.

［8］向鑫.脱贫攻坚视阈下党的利益协调路径研究［D］.北京：中共中央党校，2019.

［9］管文行.乡村振兴背景下农村治理主体结构研究［D］.长春：东北师范大学，2019.

［10］孟莉莉.社会企业参与贫困治理模式优化研究——基于J省J县社会工作介入农村扶贫实践［D］.长春：吉林大学，2021.

二、外文文献

（一）著作类

［1］THOMPSONE P. The making of the English working class［M］.New York：Vintage，1963.

［2］RUSTOW D A，ROBERT E W. Political modernization in Japan and

Turkey［M］. Princeton：Princeton University press，1964.

　　［3］RANA M. Modern China：a very short introduction［M］. Oxford：Oxford University press.2008.

（二）期刊论文类

　　［1］WEICK K E. The collapse of sense making on organisations：the Mann Gulch disaster［J］. Administrative science quarterly，1993（4）.

　　［2］FIKSEL J. Designing resilient，sustainable systems［J］. Environmental science and technology，2003（23）.

　　［3］SEVILLE E，BHAMRA R，DANTAS A，et al. Organisational resilience：researching the reality of New Zealand organisations［J］.Journal of business continuity& emergency planning，2007（3）.

　　［4］JHONSON N，ELLIOTT D. Using social capital to organise for success? a case study of public-private interface in the UK Highways agency［J］.Policy and society，2011（2）.

　　［5］EVERSOLE R. Community agency and community engagement：re-theorising participation in governance［J］. Journal of public policy，2011（1）.

　　［6］MAFABI S，MUNENE J，NTAYI J. Knowledge management and organisational resilience：organisational innovation as a mediator in Uganda parastatal［J］. Journal of strategy and management，2012（1）.

　　［7］NORMANN R，VASSTROM M. Municipalities as governance network actors in rural communities［J］. European planning studies，2012（6）.

　　［8］MORRISON T，WILSON C，BELL M. The role of private corporations in regional planning and development：opportunities and challenges for the governance of housing and land use［J］. Journal of rural studies，2012（10）.

　　［9］MCDONALD C，KIRK B，Frost L，et al. Partnerships and integrated responses to rural decline：the role of collective efficacy and political capital in northwest Tasmania，Australia［J］. Journal of rural studies，2013（5）.

　　［10］LU M，JACOBS J. Rural regional governance in the United States：the case of the resource conservation and development program [J] . Geographical review, 2013（1）.

[11] ULYBINA O. Interaction, cooperation and governance in the Russian Forest Sector [J] .Journal of rural studies, 2014（4）.

[12] MORRISON T. Developing a regional governance index: the institutional potential of rural regions [J] .Journal of rural studies, 2014（6）.

[13] COOPER S, WHEELER T. Adaptive governance: livelihood innovation for climate resilience in Uganda [J] . Geoforum, 2015（10）.

[14] IMPERIALE A, VANCLAY F. Experiencing local community resilience in action: learning from post-disaster communities [J] . Journal of rural studies, 2016（10）.

[15] HOLMGREN L, SANDSTORM C, ZACHRISSON A. Protected area governance in Sweden: new modes of governance or business as usual? [J] . Local environment, 2017（1）.

[16] WANG X, WANG X, WU J W. Social network analysis of actors in rural development: a case study of Yan-he village, Hubei Province, China [J] .Growth and change, 2017（4）.

[17] BJARSTIG T, SANDSTROM C. Public-private partnerships in a Swedish rural Context: a policy tool for the authorities to achieve sustainable rural development? [J] . Journal of rural studies, 2017（1）.

[18] AROLA-JONSSON S. The realm of freedom in new rural governance: micro-politics of democracy in Sweden [J] . Geoforum, 2017（2）.

[19] WANG J, HOCHMAN Z, TAYLOR B, et al. Governing through representatives of the community: a case study on farmer organizations in rural Australia [J] .Journal of rural studies, 2017（7）.

[20] WILSON C. MORRISON T, EVERINGHAM J. Linking the "meta-governance" imperative to regional governance in resource communities [J] . Journal of rural studies, 2017（2）.

[21] KOOPMANS M, ROGGE E, METTEPENNINGEN E, et al. The role

of multi-actor governance in aligning farm modernization and sustainable rural development [J] . Journal of rural studies, 2018 (4) .

[22] LIN, H. Constructing legitimacy: how do Chinese NGOs become legitimate participants in environmental governance? the case of Environmental Protection Law Revision [J] . The journal of Chinese sociology, 2018 (1) .

[23] YANG Y. Community participation for sustainable rural development: revisiting South Korean rural modernization of the 1970s [J] . Community development journal, 2018 (1) .

[24] KNICKEL K, REDMAN M, DARNHOFER A, et al. Between aspirations and reality: making farming, food systems and rural areas more resilient, sustainable and equitable [J] . Journal of rural studies, 2018 (4) .

[25] LIU Q, WANG R, DANG H. The hidden gaps in rural development: examining peasant-NGO relations through a post-earthquake recovery project in Sichuan, China [J] . The China quarterly, 2018 (1) .

[26] XI J, WEN F. Sustainable rural governance: how rural elections in China lead to long-term social stability? [J] . Sustainability, 2019 (22) .

[27] MORELL A.The role of public private partnership in the governance of racialized poverty in a marginalized rural municipality in Hungary [J] .Sociologia ruralis, 2019 (3) .

[28] UBLES H, BOCK B, HAARTSEN T. The dynamics of self-governance capacity: the Dutch rural civic initiative "Project Ulrum 2034" [J] . Sociologia ruralis, 2019 (4) .

[29] KUMPULAINEN K, SOINI K. How do community development activities affect the construction of rural places? A case study from Finland [J] . Sociologia ruralis, 2019 (4) .

[30] CASTRO-ARCE K, PARRA C, VANCLAY F. Social innovation, sustainability and the governance of protected areas: revealing theory as it plays out in practice in Costa Rica [J] . Journal of environmental planning and management, 2019 (13) .

［31］TAN M，YAN X，FENG W. The mechanism and empirical study of village rules in rural revitalization and ecological governance［J］. Revista decercetare siinterventie sociala，2019（3）.

［32］KVARTIUK V，CURTISS J. Participatory rural development without participation：insights from Ukraine［J］. Journal of rural studies，2019（7）.

［33］MULLER O，SUTTER O，WOHLGEMUTH S. Learning to LEADER：ritualised performances of "participation" in local arenas of participatory rural governance［J］.Sociologia ruralis，2020（1）.

［34］WANGY. Institutional interaction and decision making in Chinas rural development［J］.Journal of rural studies，2020（5）.

［35］YANG B，FELDMAN M，Li S. The status of perceived community resilience in transitional rural society：an Empirical study from central China［J］. Journal of rural studies，2020（11）.

［36］GOMERSALL K. Imposition to agonism：voluntary poverty alleviation resettlement in rural China［J］. Political geography，2020（10）.

［37］KOSEC K，WANTCHEKON L. Can information improve rural governance and service delivery?［J］. World development，2020（1）.

［38］CHEN X，LIU J. Village leaders，dual brokerage and political order in rural China［J］. The China quarterly，2021（9）.

［39］OLMEDO L，VAN TWUIJVER M，OSHAUGHNESSY M. Rurality as context for innovative responses to social challenges–the role of rural social enterprises［J］. Journal of rural studies，2021.

［40］GEORGIOS C，BARRAI H. Social innovation in rural governance：a comparative case study across the marginalised rural EU［J］. Journal of rural studies，2021.

［41］DENG Y，OBRIEN K. Value clashes，power competition and community trust：why an NGOs earthquake recovery program faltered in rural China［J］. The journal of peasant studies，2021（6）.

［42］WANG R，LIU Q. Probing NGO–community interactions through village cadres and principal-agent relationships: local effects on the operation of NGO projects in rural China [J]. Journal of contemporary China, 2021 (135).

[43] KALLERT A, BELINA B, MIESSNER M, et al. The cultural political economy of rural governance: regional development in Hesse (Germany) [J]. Journal of rural studies, 2021 (10).

附录　脱贫村开放治理访谈提纲

一、县乡村振兴局干部访谈提纲

1. Z 县的整体情况。

2. Z 县脱贫攻坚的主要措施。

3. 上级各级政府部门的支持情况

4. 目前 Z 县的乡村治理的基本情况。

5. 目前 Z 县政府的乡村振兴规划。

6. Z 县推进村民自治的情况。

7. Z 县推进乡村法治的情况。

8. Z 县推进乡村德治的情况。

9. Z 县推进乡村数字治理的情况。

10. 企业参与乡村振兴的整体情况。

11. 社会组织参与乡村振兴的整体情况。

12. Z 县人才引进的情况。

13. Z 县乡贤回村的情况。

14. Z 县招商引资的情况。

二、乡镇访谈提纲

1. 乡镇的整体情况。

2. 乡镇脱贫攻坚的主要措施。

3. 上级各级政府部门的支持情况

4. 目前乡镇乡村治理的基本情况。

5. 乡镇推进村民自治的情况。

6. 乡镇推进乡村法治的情况。

7. 乡镇推进乡村德治的情况。

8. 乡镇推进乡村数字治理的情况。

9. 企业参与乡村振兴的整体情况。

10. 社会组织参与乡村振兴的整体情况。

11. 乡镇人才引进的情况。

12. 乡镇乡贤回村的情况。

13. 乡镇招商引资的情况。

三、驻村工作队访谈提纲

1. 驻村工作队的基本情况。

2. 驻村工作队与乡镇政府的合作情况。

3. 贵单位未来的帮扶规划。

4. 您对脱贫村整体帮扶效果如何评价？

四、脱贫村两委访谈提纲

1. 村庄的基本情况。

2. 驻村工作队帮扶的情况

3. 乡镇政府的支持情况。

4. 村党组织建设的情况。

5. 村民委员会的情况。

6. 村务监督委员会的情况。

7. 村民自组织建设的情况。

8. 村民会议、村民代表会议、村民小组会议、党支部会议、村民委员会会议、村两委联席会议、党员大会等的运行情况。

9. 村务公开情况。

10. 重大事项"四议两公开"的运行情况。

11. 乡村自治的情况。

12. 乡村德治建设的情况。

13. 乡村法治建设的情况。

14. 乡村数字治理的情况。

15. 本村集体经济的发展情况。

16. 企业参与本村发展的情况。

17. 社会组织参与本村发展的情况。

五、企业访谈提纲

1. 贵企业的基本情况。

2. 贵企业参与扶贫的情况。

3. 贵企业投资项目落地过程中有没有遇到什么困难？

4. 贵企业投资项目推进过程中，与县乡两级政府的关系如何？

5. 贵企业投资项目推进过程中，与村两委的关系如何？

6. 贵企业投资项目推进过程中，与当地村民的关系如何？

7. 贵企业有没有参与当地乡村振兴的计划？贵企业与村有没有形成利益共同体？

六、社会组织访谈提纲

1. 贵组织的基本情况。

2. 贵组织在公益活动开展过程中有没有遇到什么困难？

3. 贵组织在公益活动开展过程中，与县政府的关系如何？

4. 贵组织在公益活动开展过程中，与乡镇政府的关系如何？

5. 贵组织在公益活动开展过程中，与村两委的关系如何？

6. 贵组织在公益活动开展过程中，与当地村民的关系如何？

7. 当地政府、村两委有没有与贵组织商谈乡村振兴的计划？

8. 贵组织有没有参与当地乡村振兴的计划？

七、村民访谈提纲

1. 个人基本情况。

2. 您对您目前生活状况的满意程度。

3. 您目前生活遇到的最大困难。

4. 您对村两委领导班子的工作满意程度。

5. 您对驻村工作队的工作满意程度。

6. 您参与村民大会的情况。

7. 您是怎么了解村里发生的重大事情？

8. 您对村务公开的满意程度。

9. 您参与社会组织公益活动的情况。

10. 您是否在村子里的企业打工？

11. 您与村庄其他村民的交往情况。

12. 您对村庄村容村貌的满意程度。

13. 您对村庄文体活动的满意程度。

14. 您对村庄积分超市的满意程度。

15. 您对村庄基础设施建设的满意程度。

16. 您对村庄矛盾纠纷调解的了解情况。

17. 您认为目前村庄发展遇到的最大困难是什么？

18. 您对村庄未来发展的信心程度。

19. 您认为未来村庄发展的出路是什么？

后　记

本书是在我的博士论文基础上完成的，也是我主持的教育部人文社会科学研究规划基金项目——脱贫村开放治理研究（21YJA810006）的成果。

农村治理是我长期学术研究的领域，目前已在该领域发表学术论文二十余篇，出版著作一部。2020年底，脱贫攻坚全面收官，贫困村脱贫摘帽成为脱贫村，脱贫村成为中国农村的一个重要类型。贫困村脱贫攻坚胜利收官开启了脱贫村振兴的新进程。乡村振兴，治理有效是基础，另外，国家也在积极推进基层治理体系和治理能力现代化，因此，脱贫村的有效治理及现代化就成为脱贫村发展振兴的重要内容。本研究从开放治理的视角来探讨脱贫村的有效治理和治理现代化。

本书内容分为六章。第一章是绪论部分。主要介绍脱贫村开放治理的研究背景、研究意义、研究思路、核心概念、研究方法、研究对象、研究创新等。第二章是脱贫村开放治理的理论建构部分。主要基于西方开放社会理论的合理内核、马克思主义开放思想和中国特色国家治理理论构建脱贫村开放治理的理论框架。提出脱贫村开放治理是治理主体、治理结构、治理过程和治理方式的有机统一。治理主体的开放体现为治理主体的自为多元，治理结构的开放体现为治理结构的弹性化，治理过程的开放体现为多元治理主体对治理过程的有效介入，治理方式的开放体现为治理方式的现代化。第三章是脱贫村治理主体自为多元。该章内容包括治理主体自为多元的内涵，治理主体自为多元面临的挑战——自在二元，治理主体自在二元的原因分析以及治理主体自为多元的实现路径四部分内容。第四章是脱贫村治理结构弹性化。该章内容包括治理结构弹性化的内涵，治理结构弹性化面临的挑战——治理结构刚性，治理结构刚性的原因分析以及治理结构弹性化实现路径四部分内容。第五章是脱贫村治理过程有效介入。该章内容包括治理过程有效介入的内涵，治理过程有效介入面临的挑战——治理过程的封闭性，治理过程封闭性的原因分析以及治理过程有效介入的实现路径四部分内容。第六章是脱贫村治理方式现代化。该章包括治理方式现代化的内涵，治理方式现代化面临的挑战——治理方式的传统化，治理方式传统化的原因分析以及治理方式现代化的实现路径四部分内容。

　　书稿完成之际，有太多要感谢的人和事。回首过去的三年，重回母校、幸遇良师，终使我百尺竿头更进一步。二十年前，我有幸进入历史悠久、人才辈出的山西大学，开始大学生活。感受她的厚重、聆听师者的谆谆教导、认识五湖四海的朋友。四年的大学生活以满满的收获和不舍结束。十数年后，我再次以学子身份进入这所百年学府，再一次感受她奋发向上的活力，再一次从中汲取力量。感谢这三年给予我莫大帮助的博学德高的师者。苏昕教授博学、睿智、乐观、亲切、随和。她对学术极其敏感，有强烈的好奇心，能敏锐捕捉学术热点，对学术问题总能抽丝剥茧、化繁为简。她对工作极其认真，凡事追求完美。她对学生因材施教，总能给予我们恰当的指导和帮助。毕业论文从选题、调研、写作直至最后成文都得到了苏昕教授的悉心指导和帮助。王臻荣教授不仅是一位师者，还是一位长者，对学术和生活，随时都能提出真知灼见，让人醍醐灌顶，受益匪浅。董江爱教授总是满脸笑容，时时让大家如沐春风，关于学术总有新想法，总能提出各种洞见，总能给人启迪。谢谢你们的无私付出！谢谢你们的谆谆教导！

　　还有一些朋友要特别感谢。非常感谢山西农业大学的段雪辉博士，从本书的选题、构思、写作、调研乃至校对等都给予了我非常大的支持和帮助，在这里说声谢谢！还有为我调研提供帮助和支持的白玉强、高少波、刘玮杰和乔旭峰等，也在此一并致谢。

　　最后，还要感谢我的家人，她们是我坚强的后盾。我是在家庭鼓励中完成学业的。我的妻子总是说："老公你是最棒的！"我可爱的女儿李莹烁对我寄予厚望，充满信心，总是说："爸爸你肯定行！"谢谢你们的无限信任和支持。

　　本书得到2021年度教育部人文社会科学研究规划基金项目——脱贫村开放治理研究（21YJA810006）的支持，特致感谢。